세상을 바꾼
창조자들

인류를 암흑에서 해방시킨 생각과 발견

세상을 바꾼
창조자들

이종호 · 박홍규 지음

인물과
사상사

이집트, 메소포타미아, 인도, 중국에서 세계 4대 문명이 나타난 이래, 각 지역에서 나름대로 문명과 문화가 발달했지만 오늘날 우리가 누리는 현대 문명은 서유럽에서 시작되었다고 해도 과언이 아니다.

물론 서유럽이 처음부터 현대 문명의 온상지가 된 것은 아니다. 기원전, 기원후에 그리스·로마라는 찬란한 문명이 있었으나, 훈족에 쫓긴 게르만족에 의해 로마가 멸망한 후 서유럽은 암흑시대로 들어간다. 십자군 전쟁을 비롯한 우여곡절을 겪은 후 르네상스 시대를 거쳐 산업혁명이 일어나자 인간들의 재주가 폭발적으로 발휘된다.

산업혁명 이후 유럽인들이 부를 추구하는 과정에서 만든 식민지 정책이 피지배자들에게 고통과 억압이라는 족쇄를 채워주기도 했지만, 이 부는 현대 문명을 꽃피우는 원동력이 되기도 했다. 이 과정에서 획기적 아이디어로 과거의 통설에 과감하게 도전장을 던짐으로써 새로운 시각으로 세상을 볼 수 있게 만들어준 선구자들이 없었다면 현대 문명은 결코 이루어지지 않았을 것이다.

그렇다면 이 같은 아이디어로 과거와 현대의 획을 그은 사람은 누구일까? 이 해답이 간단한 것은 아니다. 현대 문명은 그야말로 수많은 분야로 나뉘어져 이를 획일적으로 정한다는 것은 문제가 있기 때문이다.

과학은 몇 개의 핵심 개념 즉 어떤 분야 전체를 떠받치는 기둥을 중심으로 구성되어 있다. 자연현상은 수없이 다양한 형태로 나타나지만 이들을 지배하는 법칙은 몇 개 되지 않는다는 사실은 정말 놀라운 일이다.

과학은 마치 거미집 같은 구조로 되어 있다고 비유된다. 거미집 가장자리 어디서 출발하든 안으로 들어가다보면 결국 같은 중심에 이르게 되듯, 과학의 모든 분야는 몇 개의 원리로 서로 통한다는 설명이다. 이 중심을 이해하는 것이 과학의 알파요 오메가이므로 이 원리를 아는 것의 중요함은 말할 것 없는데 바로 이 중요한 원리를 '위대한 지혜'라고 명명한다.

위대한 지혜의 진정한 중요성은 자신의 영역을 넘어 다른 분야와 연결된다는 점이다. 위대한 원리는 자연과 같아서 이음매 없는 일체가 되어 과학적 지식의 통합체가 되기 때문이다. 이에 대해 『과학의 열쇠』의 작가 로버트 M. 헤이즌은 "화학의 법칙을 모르고 유전학을 공부할 수 없으며 동사를 외면하고 명사만 익혀서 외국어를 공부할 수 없다"라고 말했다.

이는 주요 개념의 흐름을 이해하면 과학은 물론 모든 세상사에 접근하는 데 상당한 이점이 있다는 말로도 이해된다. 미생물이나 주기율표를 이해하면 미래에 제기될 문제를 이해하는 데 필요한 지적 기반을 얻을 수 있다는 말이기도 하다. 미생물을 모르고서 질병을 치료할 수 있는 약품을 개발한다는 것은 사실상 불가능하다고 할 수 있다. 그래서 이 책에서는 인간에게 가장 중요한 사고의 변환을 가져온 원리의 창안자를 다루었고, 이들이 창안한 아이디어가 어떻게 현대 문명의 탄생에 일조했는지 중점적으로 알아보았다.

　세계를 바꾼 소위 천재들이 만든 세상을 따라간다는 것처럼 즐거운 일은 없다. 더구나 그들의 업적을 더듬어 과학적 발견의 역사를 이해한다면, 현재를 넘어 미래를 바꿀 수 있는 아이디어를 도출할 수 있을지도 모를 일이다. 이 책이 그 일에 조금이라도 도움이 된다면 더 바랄 나위가 없다.

2014년 7월
이종호

차례

들어가는 말　5

제1부 과학의 창조자들

자연법칙은 사람에게 도움이 된다　　　　　　　탈레스: 자연 관찰　12

넘치는 물의 양은 물체의 부피와 같다　　　　　아르키메데스: 부력　24

배에 화포를 올린다는 발상　　　　　　　　　최무선: 화포해전　38

우주의 중심을 옮겨오다　　　　　니콜라우스 코페르니쿠스: 태양중심설　54

현대의학의 새 장을 열다　　　　　　　　윌리엄 하비: 혈액순환설　76

사과는 떨어지는데 달은 왜 떨어지지 않을까?　아이작 뉴턴: 만유인력　90

인류에게 날개를 달아준 이론　　　　　다니엘 베르누이: 베르누이 정리　106

종 다양성에 대한 해답　　　　　　　　　찰스 다윈: 진화론　118

시간과 공간은 상대적이다　　　　　알베르트 아인슈타인: 상대성이론　142

인류사에 지각변동을 일으키다　　　　　알프레트 베게너: 대륙이동설　162

제2부 가치의 창조자들

미신과 도그마를 내려놓다   붓다: 평등   188

차별 없이 모두를 사랑하라   묵자: 겸애   202

국경도 국가도 없는 자유   디오게네스: 세계시민   214

우상을 거부한 고난의 길   예수: 사랑   230

박해받는 자를 위한 투쟁   바르톨로메 데 라스카사스: 인류애   244

어떤 경우에도 전제는 옳지 않다   샤를 루이 드 몽테스키외: 권력분립   262

이성을 공공적으로 사용하라   이마누엘 칸트: 이성   280

'삶의 예술'을 실천하다   헨리 데이비드 소로: 자연   298

자유 없이는 진보도 없다   존 스튜어트 밀: 자유   312

모든 폭력을 거부하라   마하트마 간디: 비폭력   328

나가는 말   342

용어 찾기   345   도서 찾기   348   참고 도서   350

THALES

ARCHMEDES

崔茂宣

NICOLAUS COPERNICUS

WILLIAM HARVEY

ISAAC NEWTON

DANIEL BERNOULLI

CHARLES DARWIN

ALBERT EINSTEIN

ALFRED WEGENER

제1부

과학의 창조자들

탈레스

THALES
기원전 640? ~ 기원전 546?

자연 관찰
자연법칙은 **사람**에게 **도움**이 **된다**

그리스에서 태동한 현대과학

기원전 3000년경부터 1500년경에 걸쳐서 크레타 섬을 중심으로 크레타 문명이 꽃을 피웠다. 기원전 1500년경 크레타 문명이 멸망하고, 기원전 800년경 해양 민족인 페니키아인이 아프리카 북안에 카르타고 식민지를 세웠다. 그리스인은 이 페니키아 문자를 차용해 알파벳을 만들었다.

그리스 문명은 중앙집권적인 왕국이 아니라 분산된 도시국가 형태로 발전했고 알렉산드로스 대왕이 기원전 4세기에 그리스를 통일할 때까지 느슨한 구조를 유지했다. 그리스의 역사를 둘로 나누어 알렉산드로스 이전 시대를 헬레나 시대Hellenic era(기원전 600년~기원전 300년)라 부르며 이후를 헬레니즘 시대Hellenistic era(기원전 334년~기원전 30년)라 부른다.

현대과학은 그리스에서 태동했다고 하는데 이는 헬레나 시대에 태어났다는 뜻이다. 헬레나 과학은 다른 고대 문명에서는 전혀 볼 수 없는 특징을 가지고 있다. 가장 두드러진 특징은 과학적 이론, 즉 '자연철학'의 발명이다. 우주에 관한 초기 그리스인의 생각과 헬레나 시대의 다소 비실용적으로 보이는 추상적 지식 탐구는, 그리스인의 과학에 근본적으로 새로운 요소를 추가했다. 자연철학이야말로 과학의 진로를 바꾸어놓은 계기였다.

두 번째 특징은 제도적 지위에 관한 것이다. 헬레나 시대에는 그리스 과학에 대한 어떤 국가적 지원도 없었고, 과학을 위한 제도적 기관도 없었다. 그리스 문화에 몇몇 중요한 학파가 출현했지만 그것들은 교육기관이라기보다는 사적 모임이나 동아리에 가까웠다. 고등교육이나 도서관, 관측소를 위한 공적 지원은 없었고 과학자나 자연철학자가 공직에 고용되는 일도 없었다.

헬레나 시대에 과학자들은 어느 곳에도 얽매지 않은 자연인이었으므로 자연 세계에 관한 일련의 추상적 사변을 발전시키는 데 주저함이 없었다. 더구나 특별한 사람을 제외하고는 개인 교사나 의사 또는 기술자를 하면서 생계를 유지하지 않았고, 사유재산도 소유하지 않았다. 즉 자연철학자나 과학자에게 주어지는 사회적 역할도 따로 없었다.

다른 고대 문명에서 지식은 실용적인 목표와 목적을 지향했다. 그러나 헬레나 시대의 그리스에서는 철학을 사회적·경제적 목적과 분리했다. 예를 들어 플라톤은 자연에 관한 지식의 추구를 생산이나 기술 같은 하찮은 활동에서 분리할 것을 주장했다. 이런 의미에서 그리스인들은 자연철학을 놀이나 유희로, 또는 이성의 삶이나 철학적 성찰과 관련된 더 높은 목표를 위해 수행했다고 볼 수 있다. 다시 말해 헬레나의 자연철학은 새로운 유형의 과학, 의도적인 이론적 자연 탐구였다.

그리스의 과학은 이집트에서 많은 영향을 받았다. 다양한 마술, 민간 전승, 연금술, 점성술, 종교적 신비주의 등이 헬레나 시대 민중에게 유행했다는 사실은 이들이 상호 밀접한 관계에 있었음을 알려준다.

그리스에서 어떻게 자연철학이 태어났는지는 학자들의 부단한 관심사다. 그리스의 고대 문명은 관개농업과 식량 생산에 기반을 두고 발생했지만, 그리스 도시국가의 농업은 거의 전적으로 계절 강수와 산악 지대의 눈 녹은 물에 의지했다. 그리스는 큰 강과 광활하고 비옥한 범람원이 없었기 때문에 소규모의 물 관리 시설로도 충분했다. 그러나 신석기 시대의 산림 감소와 침식으로 절대적 인구를 먹여 살리는 데는 부족했다. 그리스는 식량을 자급할 수 없어 수입 곡물에 의지해야 했는데, 그리스인이 기원전 8세기에서 6세기에 걸쳐 지중해 연안에 20여 곳의 식민지를 만든 것도 이와 관련이 있다.

지리 여건도 그리스 문명에서 빼놓을 수 없는 요소다. 산이 지역을 여러 계곡으로 나누었으므로 헬레나 문명은 정치적으로 분산적이며 작고 독립적인 도시국가로 나누어질 수밖에 없었다. 따라서 이집트나 메소포타미아 같은 절대군주 왕국처럼, 사회적·문화적 활동을 국가로 집중시키는 완벽한 관료 체제를 형성할 만큼의 부를 축적하기도 힘들었다.

이와 같은 토양에서 그리스인들은 법과 정의에 관해 상당한 수준의 정치적 토론을 해 왕정, 귀족정, 민주정, 폭군정 등을 분석했다. 사실 정치 구조에 관한 합리적 토론과 자연 구조에 관한 탐구는 현대의 과학적 관점에서 보면 종이 한 장 차이로 볼 수 있다. 그리스에서만 새로운 과학 문화가 발생한 이유를 정확하게 파악하는 것은 매우 어려운 일이지만, 과학적

지식의 실용적 목적을 중시했던 다른 고대 문명과 달리,
헬레나 시대의 그리스에서는 하나의 유희로서
지식을 탐구했다. 그림은 표도르 브로니코브의
〈해돋이를 찬양하는 피타고리안들〉.

연구나 가르침에 사회적 기치를 결부시키지 않고 고등교육을 위한 학교를 공적으로 지원하지 않는 사회에서 그리스의 과학은 나름대로 독특한 모양을 갖추었다. 또 우리가 익히 알고 있는 과학의 선구자들도 낳았다.

최초의 과학자 탈레스

그리스의 동방 식민지는 이오니아로 소아시아(터키) 서단부와 에게 해의 섬을 포함한다. 이오니아 문명의 중심은 밀레투스, 에페수스, 사모스 지역이다. 그리스 서방 식민지의 중심은 남이탈리아의 에레아와 크로톤, 시칠리아섬의 시라쿠사와 아쿠라가스였다. 밀레투스는 지금은 터키의 영토로 당시에는 소아시아, 중동과의 교역으로 매우 번창한 곳이었다.

바로 이 밀레투스에서 기원전 640년경 탈레스가 태어났다. 과학사가들은 탈레스를 최초의 과학자이자 수학자일 뿐 아니라, 동시대의 입법가인 솔론Solon과 함께 고대 그리스의 '7대 현자'의 하나로 거명한다.

탈레스가 태어날 당시, 문화의 중심지는 바빌로니아와 이집트였다. 탈레스는 당대 최고의 문명을 배우기 위해 이집트로 유학을 갔다. 이집트에 도착한 탈레스는, 이집트인의 선조가 그리스보다 2,000년이나 전에 쿠푸의 대피라미드 등을 건설했지만, 정작 피라미드의 높이를 측정하는 지식은 없다는 것을 알았다. 탈레스는 닮은 삼각형의 성질을 이용해서 피라미드의 높이를 측정했다. 훗날 탈레스는 이와 유사한 방법으로 바다에서 선박까지의 거리를 측정했다.

탈레스는 내친 김에 이집트와 학문적으로 쌍벽을 이루는 바빌로니아로 가서 천체에 관련된 수학과 과학을 연구하는 열성을 보였다. 말하자면 세계 유수의 학문지를 모두 섭렵한 것이다. 탈레스는 그리스로 돌아와 학교를 차린 후 학생들에게 자신이 배운 지식을 전달했다. 우선 그리스 인에게 작은곰자리의 위치를 알려주었다. 작은곰자리를 찾으면 북극의 위치를 알 수 있고 따라서 항해에 절대적 도움이 된다는 것은 잘 알려진 사실이다.

그가 이룬 전설적 업적 중 하나는 기원전 585년의 일식을 예언한 것이다. 헤로도토스에 의하면 일식은 사디아와 메디아라는 두 나라가 6년에 걸쳐 싸우던 전쟁 마지막 해에 일어났다. 탈레스의 예언대로 일식이 일어나자, 두 나라 지도자들은 전쟁의 어리석음을 일깨우기 위해 신이 내린 징조라 확신했고, 전쟁을 종결하고 지속적 평화 유지 협약을 맺었다.

자연 관찰로 돈을 벌다

탈레스는 세상이 무엇으로 만들어졌는지에 대해 의문을 가졌다. 당대의 상식은 신이 세상을 만들었다는 것이었지만, 탈레스는 이런 고차적 의문은 그리스신화로는 풀 수 없다는 주장을 굽히지 않았다. 그는 우주는 신들이 멋대로 만든 것이 아니고 영원히 변하지 않는 자연법칙에 의해 만들어졌다고 생각했다. 더욱이 자연법칙을 인간이 주의 깊게 관찰한다면 그 법칙을 실생활에 이용할 수도 있다고 설파했다.

우박이 떨어져 올리브 농사를 망친 것은 농부가 제우스나 헤라의 노여움을 사서 자초한 징벌이 아니라, 대기 속의 물이 얼어붙는 자연현상으로 생성된 우박이 불운하게도 농부의 올리브 농장에 떨어졌기 때문이라고 탈레스는 말했다. 그러므로 탈레스는 '신들을 몰아냈다'라고도 일컬어지는데 요컨대 탈레스는 자연과학적 방법을 써서 우주를 이해하려고 한 최초의 사람이었다.

탈레스는 신의 변덕에 의존하지 않고도 자연과 이성에 호소할 수 있다고 말했다. 그는 과학이라는 개념을 인간에게 접목시켜 이후 인류 문명을 획기적으로 발전시키는 계기를 마련했다. 그를 '과학의 탄생'이라는 커다란 발자국을 남긴 인류 사상 최초의 과학자로 거론하는 이유다.

탈레스는 종종 "자연법칙은 사람에게 도움이 된다"라고 이야기했다. 그러자 그를 시기하는 사람이 "자연법칙이 사람들에게 도움이 되고 탈레스가 정말로 현명하다면 그는 부자가 될 수 있었을 텐데, 그가 부자가 아니라는 것은 탈레스가 현명하지 않다는 증거다"라고 조롱했다.

이 소문을 들은 탈레스는, 어느 해에 올리브가 풍작이 될 것이라고 예측한 후 올리브기름을 짜는 기계를 남몰래 매점했다. 그의 예측대로 그해 올리브가 풍작을 이루자 올리브기름을 짜는 기계에 대한 수요가 급증했다. 이때 탈레스는 이미 매점해 놓은 기계를 비싼 가격으로 대여해서 큰 부자가 되었다.

오늘날에는 탈레스와 같은 행위를 하면 매점매석이라 해, 불공정 거래로 큰 곤욕을 치를 것이다. 그럼에도 오늘날의 기업들 역시 경쟁력 우위를 점하기 위해 독점적 특허권을 합법적으로 취득하려 애쓴다. 수요가 많

탈레스는 "자연법칙은 사람에게
도움이 된다"고 말했다. 그는 인간에게
미지의 대상이었을 뿐인 자연을
과학의 영역 안으로 끌어들인
최초의 과학자였다.

은 곳에서 공급을 독점하는 행위는 예부터 큰돈을 벌 수 있는 기회를 제공했다. 하지만 탈레스는 자신을 조롱했던 사람들에게 자연법칙을 아는 게 도움이 된다는 것을 보여주기 위해 올리브 압착기를 매점했을 뿐, 그 후 두 번 다시는 그런 일을 하지 않았다고 한다. 엄밀하게 말해서, 우리는 탈레스를 최초로 과학을 이용해 사업에 성공한 벤처기업가로도 볼 수 있다.

탈레스의 업적은 기후를 예측해 많은 돈을 번 것이 아니라, 자연을 관찰하는 것이 인간에게 이롭다는 것을 알렸다는 데 있다. 사실 자연을 관찰하는 행위가 우리에게 큰 도움을 준다는 말에 모든 사람이 크게 공감하는 것은 아니다. 대부분의 사람들은 산이나 바닷가에 나가 쾌청한 밤하늘의 별을 쳐다보면서 북극성 정도를 찾아보며 즐거워하는 게 고작이다. 이보다 하늘에 더 관심이 있는 사람은 별자리를 찾아보기도 하지만 하늘의 수많은 별자리 중 일반인이 얼마나 많은 별자리를 구별할 수 있을까.

고대에는 하늘을 관찰하는 사람을 매우 특별한 능력의 소유자로 여겼다. 인류가 신석기 시대의 농경 생활로 들어간 것도 하늘을 알면서부터다. 농사를 지으려 해도 태양이 없으면 농작물이 자라지 않는다는 것을 모르는 사람은 없을 것이다. 옛사람들도 마찬가지였다. 태양이 강한 때는 식물이나 짐승들이 왕성하게 자라고, 태양이 약할 때는 식물이 시들고 말라 죽으며, 비 대신에 차가운 눈이 내릴 때도 있다는 것을 잘 알았다. 남다른 눈썰미가 있는 사람들은 이런 일이 한 해를 주기로 되풀이된다는 사실을 알아서 이를 농사에 이용했다. 뿐만 아니라 초승달이 점점 차올라 보름달이 되었다가, 다시 점점 줄어들어 초승달로 되돌아오는 데 걸리는 시간도 알았다.

천체의 변화가 지구에 영향을 주어 이상 변화가 일어난다는 믿음을 근거로 별자리가 인간의 미래를 결정하고 예시해준다고도 생각했다. 그래서 천체의 이상 상황에 주목해 일식, 월식, 흑점 등을 주의 깊게 관찰했다. 이를 위해서는 하늘을 지속적으로 보면서 이를 정리해야 했으므로, 궁극적으로 기초 수학의 탄생에 공헌했다. 이러한 일관된 작업이 현대 문명의 단초가 되었다는 것은 잘 알려진 사실이다.

탈레스는 다방면에 걸쳐 탁월한 능력을 발휘했는데, 그는 기하학을 토대로 다른 기술을 도출하는 법을 알려주기도 했다. 기하를 이용해 피라미드의 높이를 측정할 수 있게 된 것도 마찬가지라 볼 수 있다. 이는 피라미드 높이에만 국한되는 것은 아니다.

한마디로 어떤 질문에 대한 답을 찾으려면 사전에 질문을 상정해 이를 토대로 답을 전개하는 것이 가장 효율적인 방법이라는 것이다. 그는 모든 사물에 대한 질문이 연상으로 이어지는 것이 중요하다고 그리스인들에게 강조했다. 이런 태도야말로 인간의 사고를 한 차원 높이는 계기가 되었다. 한마디로 탈레스에 의해 비로소 실용적인 적용에서 추상적인 원리를 도출하는 방법이 창안되었다는 말이다. 이것은 한 문제의 해답에서 다른 문제의 해답도 얻을 수 있다는 것을 뜻한다. 탈레스는 인류가 현대과학 문명 시대로 들어가는 데 필요한 논리를 정립했다.

탈레스는 정확하게 무엇에서 무엇이 도출되는지를 규정할 규칙의 필요성을 의식하고, 최초로 논리적 추론의 체계를 발명했다. 그가 최초로 발명한 논리 체계 중에서 잘 알려져 있는 것이 '같음'이라는 정의다. 그는 만일 한 평면에 있는 두 도형 중, 한 도형이 다른 도형과 완전히 겹친다면 두 도형은 같은 것이라고 정의했다. 게다가 수에 적용되는 '같음' 개념을 공간상의 실물에도 확장할 수 있다고 생각했다. 오늘날이라면 초등학생도 아는 이야기지만, 기원전 7세기경에 이런 생각을 도출한 것은 무척 경이로운 일이라는 사실을 알아야 한다.

아르키메데스

ARCHIMEDES
287? ~ 212?

부력
넘치는 물의 양은 물체의 부피와 같다

현대 문명을 탄생시킨 단어

"유레카(발견했다)!"

아르키메데스가 목욕탕에서 뛰쳐나오며 외친 이 말은 현대 문명을 탄생시킨 결정적 단어 중 하나다. 금 세공사가 만든 왕관이 가짜라는 것을 이론적으로 증명한 '유레카'야말로 이론과 현대 공학을 접목한 결정적인 단어이기 때문이다.

유레카의 중요성은 왕관의 진위를 가려낼 수 있었다는 데 있는 게 아니다. 오히려 가짜 금덩어리를 가려낸 기초 이론 즉 '부력'이라는 개념을 도출했다는 데 있다. 그는 지렛대의 원리도 정확하게 알고 있었는데, 그는 이 원리를 이용해서 수많은 군사용 무기를 제작한 최초의 군사기술자이기도 했다.

이론과 실제에서 어느 것이 더 중요한지를 두고 설전이 가끔 일어나지만 이론이 없는 발명이나 발견은 곧바로 사장되거나 다음 사람에게 추월당한다. 기초가 튼튼해야만 건물이 부서지지 않는다는 것을 인류에게 알려준 사람이 바로 아르키메데스고, 이것이 그가 현대 문명사에서 가장 중요한 인물 중 하나인 이유다.

태양 반사를 이용해 적선을 물리치다

아르키메데스는 기원전 287년경에 시라쿠사에서 뛰어난 천문학자인 피디아스의 아들이자 경제적으로 어려움이 없는 귀족 집안에서 태어났다. 젊은 시절, 아르키메데스는 당시 그리스 문화와 학문의 중심지였던 알렉산드리아로 유학을 갔고, 그곳에서 유클리드의 제자이자 수학자인 코논 밑에서 수학했다. 아르키메데스는 순수 수학만이 아니라 기술과 공학의 응용에 흥미를 가졌는데, 시라쿠사의 정황이 매우 긴박해지자 고향으로 돌아간다.

당시는 지중해의 패권을 두고 로마와 카르타고가 싸우는 중이었다. 시라쿠사의 왕 히에론 2세는 로마와 동맹을 맺어 평화를 유지하고 있었는데, 그가 죽고 나자 손자 헤로니마스는 당시의 정세를 예의주시하다가 로마보다 강력하다고 생각한 카르타고와 손을 잡았다. 화가 난 로마는 마르셀루스 장군에게 시라쿠사를 공격하도록 명령했다.

헤로니마스는 즉각 아르키메데스에게 도움을 청했다. 시라쿠사군은 아르키메데스가 개발한 투석기를 사용해 로마군을 격퇴했다. 어떤 기계는 발사할 때 엄청난 소리가 났기 때문에 뒷날 아르키메데스가 화약을 발명했다는 이야기가 나올 정도였다.

　로마군은 해상에서도 고전을 면치 못했다. 로마군의 배를 수면 위로 높이 추어올린 후 흔들어 승무원을 한 사람도 남김 없이 바다로 떨어뜨리고, 텅 빈 배는 바다에 내동댕이쳐 산산조각 내는 전법을 썼다. 가장 잘 알려진 이야기는 플루타르코스와 안데미우스 등 고대 작가들이 기록한 것으로 아르키메데스가 태양 광선을 반사시켜 로마 함대에 화공을 퍼부었다는 내용이다. 아르키메데스가 고안한 이 장치 때문에 로마는 참패했다고 기록되어 있다. 이 기록은 2,000년 전에 일어난 일이라고는 믿겨지지 않아 과장으로 여겼는데, 1973년 그리스의 공학자 이오아니스 사카스 박사가 실험을 통해 이것이 가능하다는 것을 입증했다. 청동을 입힌 거울 50개의 초점을 조그만 보트에 맞추고 햇빛을 반사시켰더니 몇 초 이내로 배에서 연기가 났고 2분 후에는 불꽃이 솟아올랐다.

　로마군은 시라쿠사군이 있는 성벽 가까이 가는 것조차 두려워했다. 시라쿠사의 포위는 3년 동안이나 계속되었다. 지휘관 마르셀루스는 휘하의 병사들에게 다음과 같이 말했다.

　　그(아르키메데스)와의 싸움을 끝낼 도리가 없겠는가. 그가 바다에서 물을 퍼내는 데 쓰는 컵처럼 우리 배를 다루었다. 그가 우리한테 쏟아대는 탄알들은, 팔이 100개 달린 신화 속 거인(프리아리우스)을 단번에 앞지르고 있다.

　마르셀루스는 정면공격을 피해 배후에서 시라쿠사를 공격했다. 여신 아르테미스의 제삿날, 시라쿠사의 사람들이 술에 취해 있을 때 성내에 심어 둔 배반자의 내통을 받아 기습 공격을 한 것이다.

마르셀루스 장군은 아르키메데스의 명성을 익히 알고 있었다. 그러므로 그는 "아르키메데스를 살려서 정중하게 대우하라"고 병사들에게 명령했다. 그날 아르키메데스는 모래에 그림을 그리고 있었다. 모래 위로 로마 병사의 그림자가 비치자 화가 난 아르키메데스는 "나의 그림을 망치지 말라"며 소리를 질렀다(그가 수학 도구를 넣은 상자를 들고 걷고 있었는데, 그 상자 속에 금이 들어 있는 줄 안 로마 병사가 그것을 빼앗으려다가 살해했다는 설도 있다). 병사는 역정을 내는 75세의 노인을 칼로 찔렀다. 마르셀루스의 명령이 장병들에게까지 전달되지 않은 것이다. 아르키메데스의 죽음을 애통해한 마르셀루스는 예우를 갖춰 매장하고 "아르키메데스의 가족을 편안하게 모시도록 하라"고 지시했다.

지렛대의 원리를 증명하다

아르키메데스는 수학 논문을 쓰거나 실용적인 발명을 했고, 각 실험에 얽힌 일화를 남겼다. 그가 남긴 기하학 논문은 모두 알기 쉽고 간결한 문체로 작성되어 있다. 『평면의 평형』에서는 지렛대의 원리를 증명하고 중력의 중심을 검토했다.

지레를 지탱하는 점을 '지점支點'이라 하는데, 지점 양쪽에 무게가 다른 추를 올려놓았을 때 지레가 균형을 잡기 위해서는 어떠한 조건이 필요한지 그는 분명히 밝혔다. 추 2개의 힘의 모멘트(어떤 물리량을 어떤 정점 또는 축에서 그 물리량이 있는 곳까지의 거리의 거듭제곱으로 곱한 양)가 같을 때 지레가 균형을 잡는다는 것이 아르키메데스가 얻은 결론이다. '힘의 모멘트의 균형 원리'라고도 불리는 이 원리는 정역학靜力學에서 가장 중요한 원리다.

지렛대의 원리를 사용하면 작은 힘으로 무거운 것을 들어올릴 수 있다. 큰 바위를 들어올리기 위해서는 그 바위를 지점 가까이에 둔다. 그리고 지레상의 지점에서 멀리 떨어진 점에 작은 바위를 보태는 것만으로 무거운 바위를 들어올릴 수 있다. 지점에서 극단으로 먼 곳에 힘을 주면 극단으로 무거운 것도 들어올릴 수 있다는 원리다. 현재 공사장에서 많이 쓰이는 크레인의 기본 원리도 지레다.

"지구 밖에 내가 서 있을 자리를 달라. 그러면 지구라도 움직여 보이겠다"라고 아르키메데스는 선언했다. 그러자 시라쿠사의 왕 히에론 2세는 그에게 "지구 대신 무엇인가 크고 무거운 것을 움직여보라"고 명령했다. 아르키메데스는 지레의 원리에 따라 겹도르레를 만들고 세 개의 돛대가 달린, 짐을 가득 실은 배를 준비했다. 그러고는 구경꾼들이 지켜보는 가운데 느긋하게 의자에 앉아 밧줄을 서서히 잡아당겼다. 이때의 광경을 다음과 같이 적었다.

배는 마치 돛에 바람을 맞은 것처럼 잔잔한 해상에서 일정한 속도로 끌려왔다.

"지구 밖에 내가 서 있을 자리를 달라.
그러면 지구라도 움직여 보이겠다."

히에론 2세는 이 놀라운 장면을 보고 "오늘부터 아르키메데스가 무슨 말을 하든지 믿으라"고 외쳤다고 한다. 아르키메데스가 만든 지레를 제1종 지레라고 한다. 지렛대의 원리는 못 뽑는 망치, 펌프의 손잡이, 가위 등 다양한 도구를 탄생시켰다.

아르키메데스의 발명품 중에서 가장 유명한 것은 지레와 도르래의 원리를 써서 물을 퍼올리는 '아르키메데스의 나사'다. 이것이 바로 지하수를 끌어올리는 데 사용되는 나선형 관인 '끝없는 스크루'로, 한쪽 끝을 물속에 비스듬히 넣고 내부 스크루를 회전시키면, 아래쪽의 물이 나사 모양으로 된 홈의 빈 곳을 지나 올라온다.

하천의 물 등을 높은 곳으로 퍼올리는 데 썼기 때문에 '아르키메데스의 펌프'라고도 한다. 현재도 이 원리는 나사 운반기의 형태로 액체의 운반에 이용되고 있는데 이 발명품은 그 후 수많은 발명가에게 희망과 절망을 안겨준 것으로도 유명하다.

아르키메데스의 나사는 무한 동력 즉 영구 동력을 발명하려는 사람에게 성서처럼 모셔졌다. 한 번 가동시키면 무한정으로 물을 퍼올릴 수 있을 것 같은 착각을 일으켰기 때문이다. 세계 7대 불가사의로 유명한 바빌론의 '공중 정원'도 아르키메데스의 나사와 같은 원리로 옥상 정원에 물을 공급했다는 말이 있을 정도다. 당시로는 물이 자동적으로 상부로 올라가는 기구가 찬탄을 자아냈음이 틀림없다.

부력의 원리를 알아내다

'부력의 원리'에 대한 아르키메데스의 에피소드는 과학사에서 가장 유명한 이야기 중에 하나다. 액체에 담긴 물체는 밀려난 액체의 무게와 똑같은, 수직으로 작용하는 부력의 힘을 받는다. 가령 조그만 돌을 호수에 던지면 가라앉는데 이것은 밀려난 물보다 돌이 무겁기 때문이다. 반면 커다란 배는 밀려난 물의 엄청난 무게 덕분에 떠 있을 수 있다. 이와 같은 부력의 원리 즉 아르키메데스의 원리는 유체정역학의 기초가 되는 원리로, 오늘날에는 어린아이도 잘 알고 있는 과학적 지식이다.

그러나 과학적 지식이 현재 같지 않았던 아르키메데스의 시대에는 부력이라는 원리가 알려져 있지 않았다. 이때 아르키메데스에게 그야말로 어렵고 골치 아픈 문제가 주어졌다. 히에론 2세는 금 세공사에게 황금을 주면서 금으로 된 왕관(왕관이 아니라 화환이라는 설도 있다)을 만들라고 했다. 다 만들어진 왕관을 본 왕은 매우 만족했는데, 금 세공사가 왕에게 받은 금을 전부 쓰지 않고 일부를 가로챘다는 소문이 그의 귀에 들어왔다.

금에 은이나 동을 제법 많이 섞어도 순금과 다름없이 황금색으로 보이게 하는 합금 방법은 이미 널리 알려져 있었다. 히에론 왕은 금 세공사가 금 대신 은을 섞었을지도 모른다고 생각했고 아르키메데스에게 진위를 판별해달라고 의뢰했다. 아르키메데스의 과제는 왕관을 부수지 않고 은이 포함되어 있다는 사실을 밝히는 것이다. 부순다면 왕권 모독이 될 것이고 육안으로 알 수 있다면 왕도 이미 차이점을 발견했을 것이었다.

골머리 아픈 왕의 숙제를 생각하던 그는, 욕조에 앉아 있다가 욕조에서 넘치는 물의 양이 물에 잠긴 자기 몸의 무게와 똑같다는 것을 알았다. 답을 발견한 그는 기쁜 나머지 욕조에서 뛰어나와 벌거벗은 채로 집까지 달려가며 큰 소리로 답을 알아냈다고 외쳤다.

유레카, 유레카!

이 기록은 아르키메데스 사후 200년 뒤의 로마 건축가 마르쿠스 비트루비우스가 적었다. 금은 가장 밀도가 높은 금속 중의 하나다. 그러므로 한 덩이의 금(세제곱센티미터당 19.3그램)은 같은 부피의 은 덩이(세제곱센티미터당 10.49그램)보다 훨씬 무겁다.

히에론 왕이 금 세공사에게 5킬로그램의 순금을 주었다고 치자. 이때 정육면체의 한 변은 10.8센티미터, 부피는 260세제곱센티미터다. 만약 금 세공사가 이 황금을 전량 사용한 왕관을 만들었다면 왕관의 무게는 5킬로그램이 되어야 하며 그 부피는 260세제곱센티미터가 되어야 한다.

만약 금을 절반만 사용하고 은을 절반 사용했다면 왕관의 무게가 5킬로그램이더라도 그 부피는 달라진다. 은의 밀도는 순금의 절반에 지나지 않기 때문이다. 문제는 왕관의 부피를 어떻게 알아내는가다. 정사각형이나 구 등은 그런대로 계산할 수 있지만 복잡한 형태를 한 왕관의 부피를 구하는 일은 오늘날의 수학자에게도 단순한 일이 아니다.

아르키메데스는 바로 이 사실을 목욕하면서 알아냈다. 금 세공사에게 어떤 형벌이 내려졌는지는 기록에 남아 있지 않다. 금 세공사는 아르키메데스가 왕관이 가짜임을 증명하자 자신의 죄를 곧바로 자백했다고 한다.

아르키메데스는 이 발견에 대해 『부유체에 대해』에 다음과 같이 적었다.

어느 고체든 액체보다 가벼운 것이 액체 속에 들어가면, 고체가 밀어낸 액체의 무게만큼 가라앉기 마련이다.

현대인의 시각으로는 이 정도의 발견을 갖고 아르키메데스와 같이 유명한 인사가 벌거벗고 목욕탕을 뛰쳐나올 정도로 요란을 떨었다는 것이 이해되지 않을 것이다. 그러나 아르키메데스의 혁신적인 업적은 부력이라는 현상을 수학적으로 이해한 것이다.

아르키메데스가 목욕탕에서 뛰쳐나가 벌거벗고 뛰었다는 것은 당시로는 아주 특이한 일이 아니다. 그리스인들은 인간의 몸매가 가장 아름답다고 여겼기 때문에 가능하면 옷을 입지 않았고 올림픽에 출전하는 모든 선수가 나체로 경기를 했다. 더구나 지중해의 기후는 옷을 입지 않아도 충분할 만큼 기온이 높다. 많은 사람들이 얇은 속옷에다 겉옷만 걸쳐 입었을 것으로 추정하므로 나체가 신기한 것은 아니었다. 물론 아르키메데스가 사람이 많은 길거리에서 스트리킹을 하는 게 아름다워 보이지는 않았겠지만, 아르키메데스가 워낙 유명한 발명가였기 때문에 많은 사람이 눈감아주었을 것으로 생각한다.

욕조에서 넘치는 물의 양이 물에 잠긴
자기 몸의 무게와 같다는 사실을 발견한 아르키메데스는,
너무 기쁜 나머지 알몸으로 뛰쳐나오면서 외쳤다.
"유레카!"

우주의 크기를 고민하다

아르키메데스의 『모래 계산자』를 보면 그가 왜 위대한 천재인가를 알수 있다. 아르키메데스는 '전체 우주를 모래로 가득 채우려면, 어느 정도의 모래 알갱이가 필요한지' 계산을 했다. 물론 이것은 우주의 크기를 알고 있을 때의 이야기로, 간단하게 생각하면 우선 모래 알갱이의 크기를 가정하고 전체 우주의 크기를 모래 알갱이의 크기로 나누면 된다. 이 계산을 하려면 큰 수나 작은 수를 나타내는 데 쓰는 지수指數의 개념을 알아야 한다. 아르키메데스가 지수 개념을 갖고 있었다는 뜻이다.

그는 모래알 약 10^{63}개로 우주를 채울 수 있다고 추산했으나 이 분량은 터무니없이 모자란다는 것을 현대인들은 잘 안다. 아르키메데스가 살던 시대에는 우주를 현재보다 워낙 작게 설정했기 때문에 이 계산은 별로 의미가 없다. 반면 이와 같은 엉뚱한 문제를 생각해냈다는 데 아르키메데스의 위대함이 있다. 과학자들은 현재 우리와 같은 우주(태양계에 소속된 우주)가 무려 10^{500}개 있다고 추정한다.

아르키메데스는 천체의 운동을 체계적으로 보여주는 플라네타륨(천상의)처럼 생긴 기구인 '오레리'도 만들었다. 다른 기술적 문제에 대해서는 기록을 거의 하지 않은 그가 오레리의 설계에 관해서는 상당히 세심한 부분까지 기록했다. 당시 그리스인이 좋아하던 천문학과 관련된 것이라 '이것만은 모두에게 알려줄 가치가 있다'라고 생각한 모양이다.

아르키메데스는 원뿔, 원기둥, 구의 관계를 증명했다. 세 도형의 밑면의 넓이와 높이가 같다면, 즉 원뿔은 반구에 내접하고 반구는 원기둥에 내접한다고 가정하면 부피의 비는 1:2:3이 됨을 증명했다. 또한 구의 표면적은 구를 둘러싸고 있는 원기둥의 표면적의 3분의 2다. 그가 사용한 방법은 '에우독소스Eudoxos의 증명'이라 불리는 것이다.

원의 면적을 계산할 때 에우독소스는 우선 원의 중심을 정점으로 하는 서로 합동인 수많은 내접內接 삼각형으로 원을 메웠다. 삼각형의 면적은 밑변에 높이를 곱한 것의 절반이다. 따라서 여기에 나온 내접 삼각형의 면적의 합은 높이에 밑변의 합을 곱한 것의 절반이 된다. 그런데 내접 삼각형의 밑변의 폭을 좁히면 좁힐수록 그 높이는 원의 반지름에 가까워지고 또 밑변의 합은 원주에 가까워진다. 따라서 원의 면적은 반지름에 원주를 곱한 것의 절반이 된다.

에우독소스의 증명은 현재 미적분학이라고 불린다. 이를 근거로 아르키메데스는 미적분학을 거의 고안하기에 이르렀으며 그의 연구 자료가 17세기의 뉴턴과 라이프니츠에게 전해져 미적분학을 탄생시켰다고 일부 학자들은 주장한다.

아르키메데스 이후부터 인간들은 새로운 아이디어를 창안하거나 만들려고 할 때 자신이 기획하는 것에 어떤 원리가 들어 있는지 먼저 생각해보는 게 유리하다는 것을 이해하기 시작했다. 물론 당시의 지적 수준으로는 기초적인 자연현상조차 이해할 수 없는 것이 많았지만, 새로운 모든 것에 어떤 원리가 들어 있는지 생각하는 자세를 으뜸으로 삼았다.

최무선

崔茂宣
1325~1395

화포해전

배에 화포를 올린다는 발상

새로운 전술을 찾다

고려 역사에 왜구倭寇가 처음으로 등장한 건 고종 10년(1223) 때다. 적게는 수십 명, 많게는 수천 명의 왜구가 끈질기게 고려 침입을 강행했다. 충렬왕 때 원나라와 고려가 연합해 일본을 정벌하자 한동안 잠잠해졌으나 충정왕 2년(1350)부터는 왜구의 침입이 다시 빈번해졌다.

왜구는 공민왕과 우왕을 거쳐 고려가 멸망할 때까지 40여 년간 극성을 부렸다. 왜구가 이처럼 극성을 부린 이유는 남·북조로 나뉜 일본이 60여 년간 내전에 휘말리면서 중앙정부의 위력이 지방에 미치지 못하자, 곡식과 기타 필수품을 얻기 위해 일본 서부의 호족들이 해적 떼를 조직해 고려를 침입했기 때문이다.

또 다른 원인 중 하나는 고려의 전략이다. 고려는 왜구가 침입하면 일단 그들을 육지에 상륙시켜 놓고 요격하는 것이 상책이라는 육전陸戰 위주의 전술을 견지했다. 그러나 왜구의 침입이 계속되자 공민왕은 육전에서 수전으로 전략을 바꾸어 왜구들을 육지에 상륙시키지 않고 바다 위에서 그대로 격퇴하는 해전주의로 전술을 수정했다. 이를 위해서는 군선을 건조하고 수군을 조직하는 것이 급선무였다. 그러나 이마저 여의치 않았다. 공민왕 7년(1358)에 다음과 같은 기록이 있다.

> 3월 기유일에 왜적이 각산角山 방어소에서 침입해 배 300여 척에 불을 질렀다.

각산은 지금의 경남 사천 지방으로 예전부터 왜구 방어 및 대일 교통의 요충이었다. 내용이 워낙 단편적이라 300여 척의 정체를 알 수 없지만, 이 배들이 민간 어선이 아님을 감안한다면 고려가 역점적으로 건조한 함선이라 추측할 수 있다. 300여 척이라는 숫자 자체도 대단하지만 이들이 모두 격파당했다는 것은 고려에게 치명적이지 않을 수 없다. 게다가 왜군은 고려의 조운선도 공격했고 이것이 고려의 경제를 마비시킬 정도였다. 다급한 공민왕은 다소 놀라운 결정을 내린다. 중국의 용병을 고용하기로 한 것이다.

> (공민왕 7년 7월) 왜적의 방해로 수상 운수가 통하지 않았으므로 중국인 장인보張仁甫 등 6명을 도강都綱으로 삼고 그들에게 각각 당선唐船 1척과 병졸 150명씩을 주어 전라도의 벼를 수송하고 있었는데, 왜적이 바람을 이용해 불을 놓아 이것을 태워버렸으며, 우리 군사는 패전해 사상자가 매우 많았다.

당나라 용병을 동원하고도 왜구에 패하자 고려는 정예 병사로 구성된 정예 함대를 만들어 조운로 보호에 나섰다. 1364년 개경開京의 동서강과 강화, 교동 유역의 정예병은 물론 고려군 중 최강의 전투력을 자랑하는 동북면의 무사까지 선발해 80척의 함대를 구성했다. 하지만 변광수邊光秀가 지휘하는 이 함대는 내포에서 50여 척의 왜구와 해전을 벌여 대패한다.

두 번에 걸친 대대적인 전투에서 고려 수군이 맥없이 무너지자 왜구의 고려 침입은 더 강력해진다. 침입이 본격화되기 시작한 1350년부터 1369년까지 20년 동안 왜구는 77번 출현했으며 침입 지역은 100여 군데였다. 그런데 1370년에서 1379년까지 10년 동안 왜구의 침입은 175회, 침입 지역은 무려 290여 군데에 달했다. 피해도 충격적이었다. 1363년 213척의 왜구가 강화도 교동을 점거하고 수안현을 약탈했고 1365년에는 예성강으로 들어와 병선 40척을 불살랐고 다음 해에는 아예 교동에 장기 주둔했다. 1373년에는 해주에 침입해 목사牧使를 살해했고 개경 인근까지 약탈해 한때 조정에서 천도론遷都論이 나올 정도로 그 피해가 막심했다.

이와 같은 고려의 참패는 기존 군함만으로는 왜구의 침입을 막는 데 한계가 있다는 것을 의미했다. 내습하는 왜구의 숫자가 워낙 많은 데다가 기존 수군의 전략조차 잘 먹히지 않자 새로운 대안이 도출되었다. 새로운 전술체제를 개발해 고려 수군의 질적 향상을 도모하자는 것이다. 함선에 화포를 장착해 왜구를 바다에서 격파하는 방법이었다.

고려의 우수한 화포 제조술

임진왜란 당시 조선 수군은 압도적인 군함과 화포를 장착했기 때문에 첫 번째와 세 번째 전술을 자유자재로 이용하면서 왜수군을 격파했다. 그런데 조선의 함선이 왜선에 비해 견고하다는 것은 이해가 가지만 조선 수군이 세 번째 전술을 자유자재로 활용했다는 것을 다소 의아하게 생각하는 사람들이 많이 있다. 세 번째 전술을 사용하려면 적선을 먼거리에서도 격파시킬 능력이 있어야 하고, 그것은 강력한 화약 무기가 장착되어 있다는 것을 의미하기 때문이다.

대부분 왜수군이 조선 수군보다 더 우수한 화포를 보유하고 있었을 것으로 추정한다. 임진왜란이 일어나기 전까지 전쟁이 일어나느냐 안 일어나느냐로 갑론을박하고 있는 상태에서 전쟁 준비조차 제대로 하지 않았던 것을 감안하면, 철저한 침공준비를 한 후 조선을 공격한 왜군의 전력이 월등히 우세했을 것으로 생각하는 것은 당연하다고 볼 수 있다.

그러나 다소 의아할지 모르지만, 소형 무기는 왜군이 앞서 있었지만 대포와 같은 대형무기는 임진왜란이 발발할 당시에도 조선이 월등히 앞서 있었다. 게다가 조선군이 보유한 대형 무기들은 임진왜란 때 갑자기 개발된 것이 아니라는 게 더 놀랄 만한 일이다.

임진왜란보다 무려 200년이나 거슬러 올라간 고려 말에 이미 세계를 놀라게 할 만한 대형 무기를 가지고 있었던 것이다. 이것은 사실상 최무선의 공이라 해도 과언이 아니다. 최무선이 함선 내에 화포를 장착해 왜구의 배와 직접 접촉하지 않고도 격파하는 방법을 개발했다. 소위 세 번

● 천자총통

● 지자총통

● 현자총통

● 황자총통

조선 시대에 개발된 다양한 크기의 화포들.
당시 대형 화포를 만드는 기술은 조선이
일본에 월등히 앞서 있었다.

째 전술이다. 세 번째 전술을 사용하려면 기본적으로 준비해야 할 것이 있다. 바로 대용량의 화약을 확보하는 것이다.

당시 화약 무기 개발 상황을 보자. 학자들은 1232년 금나라에서 원시적인 폭탄인 진천뢰와 로켓의 원리에 의해 분사 추진이 되는 불화살 비화창飛火槍이 등장했고, 14세기 초 원나라가 둥그런 탄환이나 화살을 발사할 수 있는 유통식有筒式 화기인 화포(또는 총통)를 개발했다고 추정한다. 이 같은 화기류는 원군의 유럽 원정으로 아랍과 유럽 세계에, 원나라와 고려 연합군의 일본 원정으로 고려에 알려졌다. 그러나 중국은 화약 무기에 필요한 화약 제조법을 군사기밀로 엄격히 통제했으므로 좀처럼 다른 나라에서 개발하지 못하고 있었다. 결국 공민왕은 1373년 명나라의 주원장에게 다음과 같이 화약을 보내달라고 요청했다.

왜구의 습격으로 국력이 소모되고 있다. 근래에 왜구의 형세가 더욱 치열하니 바다에서 적을 추격해 백성들의 고통을 근절시키기 위해 배를 만들려고 한다. 그 배에서 사용할 기계, 화약, 유황, 염초 등의 물건을 조달할 방법이 없으니 명나라에서 분배해달라.

원나라를 멸망시키고 개국한 명나라도, 왜구에 막대한 피해를 입고 있으므로 왜구를 격퇴하겠다는 고려의 요청을 거절할 수는 없었지만 고려가 요청한 양을 다 줄 수는 없었다. 결국 명나라는 여러 가지 이유를 대면서 고려가 요청한 양에서 턱도 없는 염초 50만 근과 유황 10만 근을 원조했다.

명나라에서 충분한 양의 화약을 공급받지 못하자 함선에 화약 무기를 장착해 골머리 아픈 왜구를 격퇴하려는 계획은 큰 난관에 봉착했다. 고려 조정은 결국 자체적으로 화약을 만들어야겠다고 생각하고 최무선에게 그 임무를 맡겼다.

국산 화약을 개발하다

최무선은 우선 과거에 화약을 어떻게 만들었는지 조사했다. 그리고 이전부터 염초에 반묘(유황)와 버드나무 숯(분탄)을 섞어 화약을 만들었다는 사실을 알아냈다. 염초는 높은 온도에서 열분해하면서 산소를 발생시켜, 황과 목탄이 계속 산화할 수 있도록 만든다. 반묘와 분탄은 쉽게 구할 수 있었지만 염초를 만드는 방법은 알 수 없었다. 현재 소시지나 햄 등 식육 가공품의 색을 보존하는 식품첨가물로 많이 사용되는 질산칼륨(염초)은 염화칼륨과 질산나트륨을 반응시키거나 탄산칼륨·수산화칼륨을 질산에 녹여 만든다.

그러나 화학 지식이 모자랐던 당시에는 질소화합물이 포함된 흙을 찾아내 분뇨 속의 질산암모늄과 재의 탄산칼슘을 반응시켜 질산칼륨을 만들어내야 했다. 때문에 염초의 제조에는 원료가 되는 흙의 조달이 가장 중요했다. 부엌 아궁이 속이나 흙으로 만든 담벼락과 화장실 주변의 흙이 대체로 재료로 적합했는데, 그중 가장 적절한 것이 집 마루 밑의 흙이었다. 최무선은 화약을 만들기 위해 부엌 아궁이의 재나 마루 밑의 흙을 물에 타서 끓이는 등 수없는 실험을 거듭한 끝에 드디어 염초를 얻어내는 데 성공했다.

그렇지만 화약을 대량으로 생산하기 위해서는 보다 간편한 염초 제조법을 확보해야 했다. 그는 중국 사람들의 왕래가 잦은 무역항 벽란도에 가서 염초 제조법을 알고 있는 중국인을 수소문했다. 우여곡절 끝에 염초 제조법을 알고 있는 중국인 이원李元을 만났고 결국 이원에게서 염초자취법이란 화약제조법을 알아냈다. 이것은 오늘날의 흑색화약(유연화약)과 같은 것으로 질산칼륨(염초 혹은 초석硝石, KNO3) 75퍼센트, 유황 10퍼센트, 목탄 15퍼센트를 화합해 만든 화약을 말한다.

흑색화약은 염초를 산화제로, 목탄을 가연제로 삼아 여기에 점화 촉진제인 유황을 섞고 이를 압축성형하는 것이다. 흑색화약은 약 300도로 가열하면 발화하면서 세차게 탄다. 대기 중에서 흑색화약의 밀도가 1.5 정도일 때 발화 속도는 초당 1~3미터로 매우 빠르지만 연소 속도는 초당 10밀리미터로 매우 느리다. 하지만 압력이 높아지면 연소 속도는 증가한다. 흑색화약은 예부터 폭약 또는 추진제로 널리 이용되었고 현재도 연소성이 좋고 긴 화염을 일으키므로 고체 추진체의 점화용으로 사용한다.

최무선은 화약을 이용한 무기, 즉 화전·화통 등을 만들어 실험해본 후 자신감을 얻었고, 화약과 각종 화약을 이용해 무기를 만드는 화통도감火筒都監의 설치를 조정에 건의했다. 1377년 고려는 드디어 화약 무기를 본격적으로 개발하는 화통도감을 설치하고 최무선을 제조관提調官으로 임명했으며 화통방사군火筒放射軍을 조직했다.

『한국 무기 발달사』(국방군사연구소)에 의하면 최무선은 화통도감에서

우여곡절 끝에 화약의 자체 생산에 성공한
최무선은 조정에 화통도감의 설치를 건의했고,
제조관으로 임명된다.

17종의 화약 무기를 개발했다. 그가 개발한 무기는 대장군大將軍, 이장군二將軍, 삼장군三將軍, 육화석포六花石砲, 화포火砲, 신포信砲, 화통火筒, 화전火箭, 주화走火, 유화流火, 촉천화觸天火, 천산穿山, 오룡전五龍箭, 철령전鐵翎箭, 피령전皮翎箭, 질려포蒺藜砲, 철탄자鐵彈子 등이다.

물론 이들 모두가 화통도감이 설치된 후에 최무선이 독창적으로 개발한 것은 아니다. 화통도감이 설치되기 전인 공민왕 5년(1356), 왕이 서북면 방어 병력의 열병식을 참관했는데 이때 화통에서 발사한 화살이 남강에서 순천사 남쪽까지 날아갔다는 기록을 보면, 고려는 이미 화통을 보유하고 있었음을 알 수 있다. 당시 화통 발사에 사용한 화약은 중국에서 수입한 것이라 볼 수 있다. 따라서 화약 만드는 법을 습득한 최무선은 기존에 개발된 화약 무기를 개량해서 새 무기를 개발했다고 봐야 할 것이다.

화포로 왜구를 소탕하다

최무선이 세계 해전사를 획기적으로 바꾼 아이디어를 낸 것은 왜구를 격퇴할 때다. 그는 군함에 화포를 장착해 적들의 배를 파괴하는 것이 최선이라고 믿었다. 최무선은 화통도감의 판서로서 화약 무기를 만들어 왜구의 침입에 대비했는데 그의 진가는 예상보다 빨리 나타났다.

우왕 6년(1380), 아지발도阿只拔都가 이끄는 왜구 2만여 명이 500여 척의 배로 진포(현 군산)에 상륙해 내륙을 휩쓸었다. 고려 조정은 도원수 심덕부, 상원수 나세羅世(원래 원나라 사람인데 귀화해 홍건적과 왜구 토벌에 큰 공을 세워 2등 공신이 되었으며 진포대첩으로 판도판서版圖判書 문하평리門下評理로 승진했다)와 함께 최무선을 부원수로 삼았고 전선 80여 척을 동원해 왜구를 토벌하라고 명령을 내렸다.

왜구는 주력이 이미 상륙한 상태로 선박은 모두 연결해서 항구에 정박시켰는데, 최무선의 화약 무기로 무장한 고려 군함은 왜선에 다가가 포격을 퍼부었다. 이 당시 화포, 화통, 질려포 등은 대단한 위력을 발휘했고 로켓 무기인 주화, 유화, 촉천화가 전선 깊숙이 날아가 500여 척의 선단을 단 한 척도 남김없이 격멸했다. 진포 바다 싸움은 『고려사』에 다음과 같이 기록되어 있다.

화포를 사용해 적선을 소각했는데, 연기와 불길이 하늘을 덮었고 배를 지키던 적병들은 거의 타 죽었으며 바다에 뛰어들어 죽은 자도 많았다.

최무선의 화약 무기 공격으로 배를 모두 잃은 왜구 잔병은 충청도 옥천과 경상도 상주, 김천을 거쳐 남하하다가, 후에 조선왕조를 세우는 이성계에 의해 지리산 밑의 운봉雲峰에서 완전히 섬멸된다. 이 전투가 유명한 남원의 운봉 황산대첩이다.

우왕 9년(1383)에 또 다시 왜구들이 120척의 배를 몰고 침입해왔다. 정지 장군이 화포를 장착한 군함 47척으로 왜구의 선박 120척을 추격해 남해 관음포에 이르러 적의 선박을 모두 격멸한다. 승기를 잡은 고려 조정은 왜구를 원천적으로 근절시키기 위해 왜구의 소굴인 대마도를 정벌키로 한다. 1389년에 박위 장군을 사령관으로 해 전선 100척을 동원해

쓰시마섬 토벌에 나선 고려군은 300여 척의 왜선을 격침시키고 소굴을 철저히 파괴했고, 인질로 잡혀 있던 고려 백성 100여 명을 구출해서 귀국했다.

최무선이 개발한 화약 무기가 한선韓船에서 탁월한 성능을 발휘할 수 있었던 것은 한선이 평저선(밑바닥이 평평한 배)이기 때문이다. 배에서 화포를 발사하면 배는 큰 충격을 받는다. 특히 재료가 나무로 되어 있고 배수량이 일정한 규모라면 심한 진동을 받으며 흔들린다. 이러한 진동과 흔들림은 배의 안정성에 영향을 줄 뿐만 아니라 화포의 명중률에도 큰 영향을 주는데, 고려의 전함은 평저선이므로 포 사격시 발생하는 진동에 영향을 받지 않았다.

임진왜란 발발 후, 화포를 장착한 조선 수군의 위력에 놀란 왜군이 따라서 선박에 화포를 설치하는데, 하나뿐인 용골로 인해 조선 수군에 비해 화포의 명중률이 현저하게 낮았다. 왜수군이 조선 수군에 연전연패한 큰 요인 중에 하나다.

고려의 화포, 유럽으로 건너가다

최무선은 세계 해전사에서 처음으로 선박에 화포를 설치해 정박 중인 적선을 완파했다. 관음포에서는 바다에서 함포로 적선을 격침시키기도 했다. 유럽에서 화포를 사용한 해전이 전개된 것은 고려보다 무려 190년이나 늦은 1571년 10월 7일 아침이다. 바로 베네치아, 주네브, 에스파냐의 연합함대가 투르크 함대를 격파한 레판토 해전이다. 당시에 세계의 주도권은 이슬람교로 무장한 오스만 투르크 제국에 있었다. 슐레이만 대제로 불리는 슐레이만 1세(재위 1520~1566)는 오스만 제국에 미증유의 번영을 가져왔고 서방 세계의 분쟁에 중재자로 나서는 한편, 제국의 통치 기구를 확고하게 다졌다. 그는 베오그라드를 점령해 난공불락으로 알려진 도나우 강을 넘었고 로도스섬을 점령했다. 그러나 슐레이만은 육군말고도 비장의 군사력을 보유하고 있었는데 오스만 함대가 그것이다. 오스만 함대는 합스부르크 함대를 격파하고 모로코를 제외한 북아프리카 연안을 제압하며 지중해의 제해권을 확보했다.

위대한 군주 뒤에는 항상 그보다 못한 후계자가 나타나듯 그의 뒤를 이은 셀림 2세는 아버지의 역량을 뛰어넘지 못했다. 그럼에도 셀림 2세는 아버지의 후광을 업고 키프로스섬을 점령했다. 이 당시 키프로스는 베네치아가 통치하고 있었는데 오스만 제국의 공격에 키프로스가 힘없이 무너지자 오스만 세력에 위협을 느낀 로마 교황 비오 5세는 유럽을 규합해 반 오스만 연합을 결성했다.

교황과 에스파냐는 오스트리아와 베네치아를 동맹으로 끌어들인 후 오스트리아 카를 5세의 서자인 돈 환으로 하여금 연합함대를 이끌게 했다. 마침 오스만 함대는 키프로스 작전 후 군함의 보수를 위해 지중해 코린트 만 어귀의 레판토 항구에 정박해 있었는데 돈 후안이 거느린 신성동맹神聖同盟의 기독교 함대가 다가왔다고 하자, 오스만 함대의 사령관 메흐메트 알리는 선박이 완전하게 보수되지 않은 상태임에도 그들을 요격하기 위해 출항을 명령했다.

갤리선은 그리스·로마 시대부터 지중해를 중심으로 사용한 군선으로 대형 갤리선은 길이가 35미터를 넘고, 양쪽 뱃전에 각각 30개 이상의 노 젓는 자리가 있었으며, 자리마다 노 젓는 사람이 3명 이상 배치되어 있었다. 속도가 아주 빨랐고 기동력도 뛰어났지만 이 기동력을 위해 주로 죄수를 동원, 강제로 전투용 갤리선의 노를 젓게 하는 걸로 악명이 높았다. 영화 〈벤허〉에서 갤리선에서 1년 이상 노를 저으면 살아남기 힘들다고 설명하는 이유다. 그럼에도 갤리선은 16세기까지 대형·중형·소형 등 다양하게 제작되었고, 지중해에 있는 여러 도시국가의 해군력의 주축이 되었다. 그 이유는 배와 배가 맞부딪치는 접전이 주를 이룬 당시 해전에서 갤리선은 기동력으로 적을 제압할 수 있었기 때문이다. 또 지중해에는 계절풍이 없고 바람 방향도 확실치 않아 돛에만 의존하는 군선에는 한계가 있었다.

그런데 레판토 해전에 투입된 기독교 측 군선은 투르크 제국과 대항하기 위해 새로운 전술을 도입했다. 당시 개발되어 육전에서 사용하던 대포를 군선에 도입한 것이다. 기존의 갤리선은 화포를 장착하는 데 문제가 있으므로 갈리아스선을 건조했다.

갈리아스선은 3개의 돛을 단 대형 군선으로, 배 중앙에 50파운드짜리 탄환을 발사할 수 있는 무게 8,000파운드의 주포와 6파운드 포탄을 쏘는 2,000파운드짜리 부포副砲를 60~70문 장착했다.

오스만 함대는 기독교 함대에 신형 무기가 탑재되어 있는 것을 알지 못했다. 강력한 대포를 비치한 신형 베네치아 갈리아스선에서 예상치 못한 포격이 가해지자 투르크 함대는 혼란에 빠져들었다. 정오에 이미 전세는 기독교군에 넘어갔고 기독교군은 오후 4시에 승리를 거두었다. 100척이 넘는 투르크군의 군선이 나포되었고 거의 1만 명이나 되는 장병이 생포되었다. 이 전투가 유럽의 오스만 제국에 대한 최초의 승리였다.

이후 포르투갈이나 스페인의 무적함대를 비롯, 영국과 프랑스군의 해군이 격돌한 트라팔가르 해전에서도 화약 무기를 선박에 장착한 함대를 볼 수 있었다. 화약 무기로 함대를 공격하는 최무선의 새로운 전술은 세계 전쟁사를 완전히 바꾸었다. 이는 억측이 아니다. 유럽의 연합함대가 오스만 함대를 격파한 것은 1571년으로, 당시 포르투갈은 일본과 활발히 교류했고 조선에는 아랍인 등을 비롯해 수많은 상인이 드나들었다. 그리고 이런 교류를 통해 최무선의 아이디어가 서양 세계에 전해졌을 가능성이 무척 높다.

니콜라우스 코페르니쿠스

NICOLAUS COPERNICUS
1473 ~ 1543

태양중심설
우주의 중심을 옮겨오다

지구가 돈다는 위협적 사실

오늘날 우리는 중세 유럽인이 지구가 돈다는 것과 태양이 돈다는 것을 왜 그렇게 중요하게 여겼는지 의아하게 생각할 것이다. 일반인들에게는 태양이 돌든 지구가 돌든 일상생활에 미치는 영향은 거의 없기 때문이다.

그러나 중세 시대 서유럽을 지배하고 있던 교회에게 이 차이는 매우 심각한 문제였다. 『성경』의 「시편」 93장 1절에는 "세계도 견고히 서서 흔들리지 아니하는도다"라는 구절이 있으며 「시편」 19장 5~6절에는 "해는 그의 신방에서 나오는 신랑과 같고 그의 길을 달리기 기뻐하는 장사 같아서 하늘 이 끝에서 나와서 하늘 저 끝까지 운행함이여 그의 열기에서 피할 자가 없도다"라고 적혀 있다.

교회의 주장은 간단하다. 태양이 내달린다는 말은 바로 태양이 움직인다는 것을 『성경』이 단적으로 제시했다는 것이다. 지구중심설은 『성경』의 큰 줄기를 이루는 천당과 지옥의 개념을 적용하는 데도 적합했다.

지구중심설에서는 천체를 완전한 존재일 뿐만 아니라 불변의 존재로 간주했다. 하늘에 존재하는 모든 것은 영원하고 변하지 않으며, 성장과 퇴화와 부패는 『성경』에 나오는 조상이 저지른 죄에 대한 벌 때문인데 그것도 지상에 한정된 특성이라는 뜻이다. 천당과 지옥이 변한다는 불손한 생각을 혐오하는 것은 당연한 이야기였다.

더구나 지구가 멀리 떨어져 있는 태양의 주위를 돈다는 사실을 인정하면, 우주는 엄청나게 넓다는 것 또한 인정해야 했다. 어느 관점에서 본자면 인간의 가치가 강등되는 것이다. 인간은 더 이상 우주의 중심인 지구에 사는 가장 중요한 피조물이 아니라 멀리 떨어진 태양을 공전하는 평범한 행성에 사는 동물에 지나지 않는다는 다소 유쾌하지 않는 결론에 도달한다.

그러나 진실을 감출 수는 없는 일이다. 천체를 관측하던 학자들은 『성경』의 말과는 달리 태양이 지구를 도는 것이 아니라 지구가 태양이 돈다는 사실을 발견했다. 문제는 『성경』과 다른 이야기를 발설했다가는 교회의 응징 즉 사형을 받을 각오를 해야 했다는 것이다. 실제로 니콜라우스 코페르니쿠스가 사망한 뒤 조르다노 브루노Giordano Bruno 같은 학자는 코페르니쿠스의 이론을 발설했다가 마녀로 몰려 화형을 당하기도 했으므로, 코페르니쿠스가 느끼는 위협은 보다 컸다고 볼 수 있다.

프톨레마이오스의 지구중심설

마르틴 루터에 의해 종교개혁이 본격적으로 시작되기 직전, 유럽 지식인들 사이의 첨예한 화두는 지구중심설(천동설)이냐 아니면 태양중심설(지동설)이냐였다.

전통적인 지구중심설은 간단하다. 우주의 중심은 지구이며, 지구는 제자리에 있고 태양이 그 주위를 돈다는 것이다. 즉 지구는 중심에 고정된 상태로 변화와 불완전에 끊임없이 시달리는 행성이라는 것이다. 천체는 완전하고 완벽하며 끊임없이 이어지는 주기를 돌며 순전히 빛으로만 이루어진 구球의 집합체였다. 우주는 닫혀 있는 체계로 저쪽 너머에는 아무것도 존재하지 않았다.

이러한 체계는 아리스토텔레스가 정리한 우주론과 같다. 더구나 아리스토텔레스의 설명은 『성경』에 적혀 있는 우주에 대한 설명과 유사하므로, 중세 유럽에서는 아리스토텔레스의 우주론을 천체에 대한 교본으로 인정했다.

그런데 천체 관측 정보가 점점 축적되자 이렇게 단순한 구조로는 천체의 움직임을 완벽하게 설명할 수 없다는 모순점이 발견되기 시작했다. 그 중에서도 가장 문제가 되는 것은 행성의 운동이었다. 행성planet이란 말은 그리스어로 '떠도는' 또는 '상궤를 벗어난'이라는 뜻인 planêtés에서 따온 말이다.

태양과 달, 둥근 천장을 이루는 별들의 경우는 쉽게 이해가 가는 일이다. 그러나 수성, 금성, 화성, 목성, 토성 등 육안으로 보이는 다섯 행성은 이해할 수 없는 방법으로 운행하고 있었다.

예를 들어 화성은 항성(별자리의 별)을 배경으로 서쪽에서 동쪽으로 이동하는데 가끔 흐름을 멈추는 것처럼 보이기도 하며, 때로는 동쪽에서 서쪽으로 역행하는 것처럼 관측되기도 했다. 속도도 불규칙했으며 지구에 가까이 다가오기도 하고 멀어지기도 했다.

이와 같은 화성의 운동을 정확하게 해명하는 일은 천문학자들에게 매우 중요했다. 하늘에서 관찰되는 행성 운동을 기초로 천체의 원리를 발견할 수 있다면, 그 원리에 따라 관찰되는 천체 현상의 과거와 현재, 미래의 모든 위치를 파악할 수 있기 때문이다.

여기서 등장하는 사람이 고대의 가장 위대한 천문학자로 잘 알려진 클라우디오스 프톨레마이오스Claudios Ptolemaeos다. 그리스를 대표하는 천문학자라고 볼 수 있는 프톨레마이오스는 이집트의 알렉산드리아에서 활약했다. 정확하게 그가 언제 어디서 태어나고 사망했는지는 알 수 없지만, '클라우디오스'라는 이름은 그가 로마 시민권을 갖고 있었음을 말해준다. 학자들은 그를 그리스 혈통으로 추정하며 황제 마르쿠스 아우렐리우스 재위(161~180)에도 생존했다고 전한다. 그의 천문 관측은 기원전 127년부터 기원전 151년까지 약 25년에 이르렀다.

당시의 이집트는 로마의 지배를 받았으나 그 사상과 전통은 그리스적이었다. 프톨레마이오스의 이름을 높인 것은 '지구중심설'에 입각한 천문학을 집대성한 『수학 집대성Megale syntaxis Mathematike』 일명 『알마게스트Almagest』라는 13권짜리 저서다. 메갈레Megale(위대한) 대신 메기스트Megiste(가장 위대한)로 불리기도 했는데 메기스트에 정관사 Al을 붙여 알마

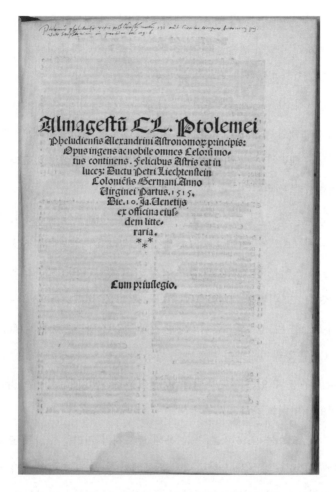

프톨레마이오스의 『알마게스트』는
당대의 천문학을 집대성한 책이었다.
이 책은 코페르니쿠스가 등장하기 전까지
1,500년 동안 권위를 유지했다.

게스트가 된 것이다. 이 책은 16세기에 덴마크의 천문학자 튀코 브라헤 Tycho Brahe가 정밀한 관측을 하고 코페르니쿠스가 '태양중심설'을 수립할 때까지 1,500년 동안 그 권위를 유지했다.

『알마게스트』는 프톨레마이오스의 천문학적 업적의 정리라기보다는 그의 선배들이 이룬 그리스 천문학의 연구 성과를 집대성한 책으로 현대 학자들은 생각한다. 특히 그리스의 천문학자 히파르코스Hipparchos의 연구 성과를 주로 정리했다.

히파르코스는 니케아(오늘날 터키의 이즈니크 지방)에서 태어났다. 기원 전 134년, 그는 전갈자리에서 그때까지 기록된 일이 없는 별(신성)을 발견했다. 그는 이 발견에 자극을 받아 당시 알려져 있던 약 850개의 항성을 관찰하고, 그 위치를 기재한 성도표星圖表를 만들었다. 별의 위치는 지구 상의 장소를 위도와 경도로 나타내는 것과 똑같은 방법으로 표시했다. 그는 그 별들을 밝기에 따라 분류했다. 가장 밝은 별을 1등성이라 하고 맨눈으로 겨우 볼 수 있는 정도의 별을 6등성이라 했다. 현대에서 별의 밝기를 구별하는 방법과 같다.

히파르코스는 또 시차視差를 이용해 달까지의 거리를 구한 것으로도 유명하다. 하나의 물체를 서로 다른 위치에서 볼 때 그 방향의 차가 시차다. 이것은 달리는 기차의 창에서 밖을 보았을 때, 원경은 가만히 있고 근경이 움직이는 것처럼 보이는 것에 비유할 수 있다. 움직이는 기차의 창에서 가까운 경치는 먼 경치보다 시차가 큰 것이다. 히파르코스는 이 방법을 사용해 지구에서 달까지의 거리가 지구 지름의 약 30배(약 38만 킬로미터)라는 놀라운 결론을 얻었다.

히파르코스는 황도(별을 배경으로 태양이 지나가는 경로)의 호가 떠오르는 데 걸리는 시간을 수학적으로 분석했다. 이 문제는 점성술은 물론이고 일반적으로 낮의 길이와 시간 계측과 연관이 있다.

『성경』에 적혀 있는 지구중심설을 훼손하지 않고 히파르코스의 관측 결과를 이용해 행성의 운동을 설명한 것이 프톨레마이오스의 커다란 업적이다. 그가 내놓은 해결책은 지구가 우주의 중심에 정지해 있고, 그 주위를 달과 태양, 행성과 별들이 일련의 커다란 원궤도로 움직인다는 것이었다. 이 체계는 실제 관측 결과와 잘 들어맞았다.

하지만 프톨레마이오스의 천문학은 두 가지의 결점을 갖고 있었다. 첫째는 지구를 행성계의 중심에 둔 것이고, 둘째는 천문학의 물리학적 면과 계산적 면을 분리했다는 점이다. 이 결점은 코페르니쿠스와 케플러의 등장으로 대대적 수정에 직면한다.

태양중심설을 주창하다

프톨레마이오스 이론의 핵심은 지구는 움직이지 않은 채 그대로 있고 모든 천체가 원궤도를 돈다고 가정한 점이다. 그는 일부 행성의 운동이 원궤도로 돌지 않는 것처럼 보이는 것을 설명하기 위해 세 가지 수학적 기법을 사용했다. 첫째는 주전원周轉圓, epicycle 둘째는 이심원離心圓, eccentric 마지막으로 등가속도점equant point이다. 첫째와 둘째는 프톨레마이오스 자체 논리는 아니다. 학자들은 이 두 이론을 에우독소스Eudoxus와 아리스타르코스Aristarchus의 업적으로 추정한다.

주전원은 큰 원 둘레를 회전하는 작은 원 위에 행성을 위치시키는 것이다. 말하자면 나선형으로 진행하는 것이다. 이심원은 지구를 중심으로 하지 않는 원 위에 행성을 위치시키는 것이다. 주전원 모형은 행성의 역진 운동과 계절의 다양한 길이를 정확하게 모형화할 수 있다. 주전원에 다양한 크기와 속도, 방향 등을 부여하면 천체의 운동을 점점 더 정교하게 발전시킬 수 있다.

여기에 프톨레마이오스가 추가한 것은 등각속도점이다. 이는 관찰과 행성 이론을 조화시키기 위한 조처였다. 관찰자가 등각속도점에서 행성을 관찰하면 행성은 일정한 원운동을 하는 것처럼 보인다. 다시 말해서 등각속도점을 기준으로 하면 행성의 각 속도가 항상 일정하다.

이 세 가지 기법을 사용하면 별 어려움 없이 5개 행성의 움직임을 설명할 수 있다. 즉 영원하며 변함없는 천상의 움직임이 그 거대한 바퀴의 회전에서 비롯된다는 것을 확인할 수 있었다. 이는 '일정한 원운동을 써서 현상을 구제하라'라는 플라톤의 지구중심설에 대한 신념에 전혀 위배되지 않았다.

행성 운동에 대한 프톨레마이오스의 업적은 사실 대단한 것이다. 그가 사망한 뒤 15세기 동안, 인류는 책력을 조정하고 날짜에 따라 행성의 위치를 예측해주는 일련의 행성표를 만드는 데 아무런 문제점 없이 그의 이론을 도입했다. 그의 행성 예측표 덕에 사공들은 바다에서 배의 방향을 바로 알아낼 수 있었다.

시대가 흘러 수많은 관측 데이터가 축적되자, 행성의 운동을 지구중심설에 끼워 맞추기 위해서는 주전원의 수를 계속 증가시킬 수밖에 없었다. 결국 코페르니쿠스 시대에 이르러서 지구중심설은 대다수 천문학자들이 골머리를 썩일 정도로 복잡해졌다. 고작 5개의 행성 운동을 설명하는 데도 엄청나게 복잡한 기하학을 동원해야 했기 때문에 학자들은 새로운 천문 해석법을 찾아야 했다. 코페르니쿠스가 필연적으로 등장하게 되는 계기다.

사람들은 15세기까지 프톨레마이오스의 가르침에 아무런 의문도 품지 않았다. 그러나 15~16세기에 들어서자 갑자기 상황이 달라졌다. 우선 신대륙이 발견되었고 종교개혁이 일어나 기존 가치관을 송두리 채 파괴했으며 인쇄술이 발달해 일반인도 지식을 접할 기회가 생겼다.

중세 시대의 사고에서 벗어나 새로운 과학적 사고를 갖게 된 것에는 마르코 폴로의 영향이 크다. 그는 『동방견문록』에서 황금의 나라 지팡구(일본을 뜻하나 실제로는 금이 많이 생산되는 한국을 의미한다는 말도 있음)에 대해 적었는데 이것이 유럽인들을 화끈 달아오르게 만들었다. 그들은 육로로 지팡구나 중국, 인도를 가는 것이 생각보다 어렵다는 것을 알았고, 훨씬 편한 방법을 생각해냈다. 바로 배를 통해 직접 가는 것이다.

배를 타고 먼 항해를 할 일이 생기자 준비할 것도 생겼다. 우선 세계지도를 구해야 했고 항해력을 알아야 했다. 그래서 많은 학자들이 그리스어 원전을 연구하기 위해 이탈리아로 갔고 과거의 천문 관측 자료를 찾았다. 태양년太陽年과 맞지 않게 된 낡은 율리우스 달력을 개량하게 된 것도 이 때문이다.

이때 태어난 사람이 바로 코페르니쿠스다. 코페르니쿠스의 아버지는 비스툴라 강변의 옛 한자동맹 도시였던 도른의 유복한 상인이며 관리였는데, 코페르니쿠스는 10세에 아버지를 잃고 외삼촌 루카스 바첼로데에 의해 양육되었다. 1489년에는 에름란트의 주교가 되었고 1496년에서 1506년까지 이탈리아에서 유학했다. 1512년에는 발트 해안의 프라우엔부르크에서 성당 참사원이 되었다. 말하자면 공무원이자 행정관이 된 것으로, 코페르니쿠스는 혁명을 하고자 생각하지도 않았으며 또 그런 위험을 무릅쓸 위인도 아니었다.

그런데 10여 년 동안 이탈리아의 여러 대학에서 보낸 시간이 그를 괴롭혔다. 그는 이탈리아에서 법학과 의학을 공부하면서 천문학에 대한 관심을 키웠으며 이탈리아 르네상스의 문화적 분위기를 만끽했다. 당시의 전형적인 인문학 공부 방법은 번역이었는데, 코페르니쿠스는 유명하지도 않고 논란의 여지도 없는 그리스 시인 테오필락투스Theophylactus를 번역했다.

행정관 시절에 자신의 관심사인 천문학 자료를 조사하던 코페르니쿠스는 다소 이상한 점을 발견했다. 사실 아무리 교묘한 천문학적 해법이라도 도가 지나치면 어딘가 부자연스럽기 마련이다. 마침 자연계를 조사하기 시작한 코페르니쿠스는 놀라운 사실을 발견하고 질문을 하나 했다.

이렇게 많은 원을 조합해야 할 정도로 복잡하고, 대칭성이나 조화를 전혀 찾아볼 수 없는 기이한 우주를 정말로 신이 만들었을까?

코페르니쿠스는 당시에 천문학자들이 거론하는 우주는 추악한 괴물과 같다고 한탄했다. 그러므로 그러한 괴물을 퇴치하기 위해서는 애초 신이 의도했을 우주의 미와 조화를 되찾아야 한다고 생각했다.

또한 코페르니쿠스가 보기에 프톨레마이오스는 행성의 정지와 역전을 만족스럽게 설명하지 못했다. 특히 등각속도점을 근거로 운동이 일정하다고 말하는 것은 허구였다. 등각속도점을 도입한다는 자체가 행성의 운동이 일정하지 않는다는 것을 인정하는 것이기 때문이다. 그러므로 신이 그러한 꼼수를 사용했으리라고는 생각할 수 없었다. 일정한 원운동을 비롯해 고대의 전통에 입각한 더 적합한 방식이 있어야 했다.

여기서 코페르니쿠스는 아주 간단한 가정을 했다. 태양은 정지해 있고 자전축을 중심으로 지구는 스스로 하루에 한 바퀴씩 돌며, 그와 동시에 지구는 1년에 한 바퀴씩 태양 주위를 돈다는 것이다. 그는 이런 자신의 생각을 저자를 밝히지 않은 『논평Commentariolus』이라는 소책자에 썼다. 코페르니쿠스는 이 책을 출판하지 않고 필사를 통해 손에서 손으로 천문학자들에게 돌렸는데, 그가 이름을 적지 않은 것을 두고 비밀스러운 지식을 감추기 위해서라고 하는 설이 있는 반면, 그런 '터무니없는' 이론으로 '야유를 받으며 무대에서 쫓겨나는 것' 즉 화형과 같은 후폭풍을 두려워했기 때문이라는 설도 있다.

그의 설명에 따르면 행성은 술에 취한 듯한 움직임을 보이지만, 지구에서 바라본 상대적인 운동으로 변환될 수 있었다. 즉 행성들이 지구에서 바라볼 때는 이상한 운행을 보이지만, 행성 자체의 고유한 운동은 같은 속도로 원궤도를 그리며 단순 명쾌하게 움직이는 것이다.

프톨레마이오스는 행성이 하늘에 정지한 것처럼 보일 때가 있다는 점

프톨레마이오스의 지구중심설로
행성의 운동을 설명하려면
모두 80개의 주전원이 필요했다.
프톨레마이오스의 우주.

과 몇 개월 동안은 후진하는 것처럼 관측되는 사실에 대해 납득할 만한 설명을 하지 못했다. 프톨레마이오스는 이것을 주전원을 도입해 설명했는데 그의 이론대로 행성의 운행을 설명하려면 모두 80개의 주전원이 필요했다.

코페르니쿠스는 행성의 후진 운동은 태양이 중심에 있고 행성들이 그 주위를 돌고 있다는 가정을 하면 쉽게 설명할 수 있다는 사실을 생각해냈다. 당시에도 화성의 공전주기는 2년 지구는 1년처럼, 각 행성이 태양을 한 번 공전하는 데 걸리는 시간을 대강 알고 있었다(천동설과는 다른 관점임). 지구는 화성보다 더 빨리 태양의 둘레를 도는 것이다.

코페르니쿠스는 여기서 매우 기상천외한 생각을 떠올렸다. 화성이 지구보다 더 느리게 운행하면 지구에서 화성이 어떻게 보일까 하는 문제였다. 그는 지구와 화성이 서로 가까이 접근하면 지구는 화성을 재빠르게 지나칠 것이고 그럴 경우 화성은 뒤로 움직이는 것처럼 보일 것이라 생각했다. 실제로 후진이 일어나는 것은 아니지만 지구가 화성보다 빠르게 움직이므로 그렇게 추측한 것이다.

이런 현상은 고속도로에서 자동차를 추월할 때 쉽게 관찰할 수 있다. 자동차를 타고 다른 차를 추월하면 추월하는 차에서 볼 때 추월당하는 차는 뒤로 가는 것처럼 보인다. 하지만 두 차는 모두 같은 방향으로 달리고 있으며 단지 속도에 차이가 있을 뿐이다. 이런 생각을 행성의 운동에 적용하자 프톨레마이오스보다 간단하게 천체운동을 설명할 수 있었다.

코페르니쿠스의 가설은 수성과 금성은 어째서 태양에서 각각 28도와 48도보다 더 멀어지지 않는지를 설명했다. 이 설명을 위해 프톨레마이오스는 불만족스러운 임시방편을 추가로 동원했지만, 코페르니쿠스는 수성과 금성의 궤도가 지구궤도에 포함되어 있기 때문에 그 행성들이 태양 근처에 있는 것으로 보인다고 설명할 수 있었다.

또 코페르니쿠스는 프톨레마이오스 천문학에서는 불분명했던 행성의 순서(수성, 금성, 지구, 화성, 목성, 토성)를 정확히 제시했다. 코페르니쿠스가 제시한 행성의 순서와 관찰된 행성의 위치, 간단한 기하학을 이용해 천문학자들은 행성과 태양 사이의 거리와 태양계의 크기를 상대적으로 계산할 수 있었다.

그러나 그의 설명은 역학이나 운동론이 아니며 물리학적 이론도 아니라는 점을 이해해야 한다. 코페르니쿠스는 우주는 기하학적으로 조화를 이룰 것이라고 믿는 플라톤주의자였다. 전지전능한 신이 복잡한 우주를 창조하지는 않았을 거라고 생각한 그는, 간단하면서도 더 정확한 예측이 가능한 새로운 체계를 상정한 것이다.

코페르니쿠스가 보기에 태양 중심 체계는 아름답지 않은 프톨레마이오스 체계보다 지적으로 더 세련되고 경제적이었다. 코페르니쿠스가 생각한 우주 체계는 사실상 지동설이라기보다는 '태양중심설'이 오히려 정확하다. 그러면서도 코페르니쿠스는 지구가 매일 자전하고 지구가 1년에 한 번 태양 주위를 회전한다고 말함으로써 태양의 겉보기 연중운동을 설명했다. 거기에 코페르니쿠스는 지구에 세 번째 운동까지 부여했다. 코페르니쿠스는 행성이 빈 공간에서 태양 주위를 도는 것이 아니라 전통 천문학에서 말하는 수정구에 박혀서 돈다고 주장했다.

그러자 곧바로 심각한 문제에 직면했다. 만일 지구가 단단한 수정구에 박혀 태양 주위를 돈다면 지구의 자전축은 23.5도로 기운 상태를 유지할 수 없고, 따라서 계절의 변화는 일어나지 않을 것이다. 따라서 코페르니쿠스는 지구 자전축의 원추圓錐 운동을 추가로 도입해 지구의 자전축이 천상의 동일한 지점을 계속 가리키게 만들어 지구가 천구에 박혀 있어도 계절의 변화가 일어날 수 있음을 설명했다.

또한 그는 지구의 세 번째 연중운동 주기를 지구의 공전운동 주기보다 약간 길게 만들어서 또 하나의 까다로운 현상인 춘분의 세차운동, 즉 항성 천구가 2만 6,000년 주기로 움직이는 것을 설명했다. 코페르니쿠스는 원운동은 구의 자연적 운동이라고 생각했다. 따라서 그에 의하면 지구는 자신의 본성에 따라 자전했고 수정구의 자연적인 운동에 의해 태양 주위를 회전했다.

그에게 물체들은 우주의 중심으로 떨어지는 것이 아니라 다만 지구의 중심으로 떨어지는 것이었다. 그런데 지구가 일일 운동과 연중운동을 한다고 해도 물체들은 지구를 벗어나 날아가지 않는다. 왜냐하면 물체들이 '어머니'의 원운동에 동참하기 때문이었다.

인간을 위한 세계를 발견하다

당시의 사회상을 근거로 많은 자료들이 코페르니쿠스의 선구자적인 지식을 몰이해한 완고한 종교 지도자들을 비판한다. 당시의 교회는 너무나 시대에 뒤떨어져 있어 코페르니쿠스의 혁명적인 사상을 인정하지 않았다는 것이다. 그 당시 새로 일어난 프로테스탄트에서도 그의 생각을 맹렬히 비난했고 카톨릭에서도 추후에 그의 주장을 이단이라고 생각했다. 총체적으로 볼 때 지구중심설이나 태양중심설, 그 어느 쪽이나 가장 바깥 쪽에 있는 천구에 항성이 있다고 가정하는 유한한 우주를 상정하고 있었다. 단지 그 중심에 지구가 있느냐 아니면 태양이 있느냐만 다를 뿐이었다. 심지어 혹성의 움직임을 계산하는 방법에서는 오히려 수정에 수정을 거듭한 당시의 지구중심설이 코페르니쿠스의 태양중심설보다 더 확실하고 정확했다.

일반적으로는 코페르니쿠스가 프톨레마이오스 이론을 부인했다고 여기지만, 코페르니쿠스는 철학적인 사고로 볼 때 프톨레마이오스의 이론이 이상하게 보인다는 것을 지적했을 따름이다. 코페르니쿠스도 행성들이 원형으로 운동한다고 가정했다. 당연한 이야기지만 행성들은 원이 아니라 타원궤도로 움직이며 그 속도도 태양과의 거리에 따라 변화하므로 코페르니쿠스의 설명이 맞을 수는 없었다.

코페르니쿠스는 프톨레마이오스의 문제점을 제기하면서 나름대로 자신의 체계를 만들었다. 지구가 아닌 태양이 우주의 중심이라는 기발한 아이디어를 구체화시켰다. 하지만 코페르니쿠스도 프톨레마이오스와 같이 원운동을 고집했고, 그 때문에 프톨레마이오스가 설정한 80개의 주전원을 48개로 줄였을 뿐이다. 원래 그는 『논평』에서 34개의 원만 사용했으나 그 뒤로 원의 숫자를 늘리기까지 했다. 주전원의 숫자를 줄였기 때문에 천문 계산이 훨씬 쉬워졌다고는 하지만 행성의 위치 등을 포함한 예측에 대해서 코페르니쿠스의 체계가 프톨레마이오스 체계보다 더 정확하다고 볼 수는 없었다. 행성 운동을 원으로 계산하면 양쪽 모두 약 1퍼센트의 오차를 피할 수 없었기 때문이다.

따라서 이 정도로는 원천적 문제를 해결할 수 없다고 생각한 코페르니쿠스는 한 가지 중요한 착상을 했다. 태양계의 실질적인 중심은 태양이 아니라 태양의 세 배가 되는 거리만큼 떨어져 있는 공간에 위치한 정점이라는 생각이 그것이다. 코페르니쿠스의 원고를 엄밀히 검토한 아서 케스틀러Arthur Koestler는 코페르니쿠스의 원고에서 지워져버린 놀라운 구절을 발견했다.

원궤도 두 개의 지름이 서로 다르다면, 결론은 직선이 아니라 타원일 것이다.

하지만 코페르니쿠스는 자신이 발견한 타원궤도를 이내 포기했다. 그것은 아리스토텔레스가 주장했고 그 당시에 정설로 여겨졌던 원형궤도와 너무 차이가 났기 때문이다. 그는 태양과 지구의 위치를 바꾸어놓기는 했지만 아리스토텔레스의 물리학에 그대로 매달려 있었다. 만약 코페르니쿠스가 자신이 발견한 타원궤도에 보다 매달렸다면 과학사는 다시 쓰였으리라는 견해에 후대 학자들의 이견은 없다.

그는 타원궤도 이론을 전개하지 않았지만, 그가 죽은 지 30년 후에 그의 아이디어는 새로운 천재 천문학자에 의해 재탄생한다. 바로 요하네스 케플러Johannes Kepler로 코페르니쿠스가 천체의 운동을 48개의 원으로 설명한 데 비해 케플러는 7개의 타원으로 설명할 수 있었다. 행성의 운동을

코페르니쿠스는 기존의 우주론에 의혹을 제기하고
자신의 체계를 만들었다. 그렇지만 그 역시
우주가 신의 섭리 아래 있다고 생각한 당대인의
사고에서 벗어나지 못했다.

원형궤도가 아니라 타원궤도로 전환한 결과였다.

코페르니쿠스는 손안의 보배를 모르고 있었다. 그는 고대의 관측 작업에 대해 깊은 존경심을 품고 있었으므로 원 몇 개를 짜 맞추면 타원이 된다는 것을 알고 있었지만 그 사실을 자신의 이론에 적용하지 않으려고 했다. 이는 중세 과학자의 한계라고 볼 수밖에 없다. 그런 의미에서 코페르니쿠스가 천문학 혁명을 시작한 최초의 근대 천문학자이자 마지막 고대 천문학자였다고 혹자는 평하기도 한다.

여기서 우리가 주의할 것은, 그가 생각하고 있는 태양계의 모습은 지금 우리가 알고 있는 태양계와는 다르다는 것(행성의 궤도를 원이라 하고 운동의 불규칙성을 설명하기 위해 많은 주전원을 사용했다는 것을 뜻함)과, 그가 지구의 자전에 대해서는 전혀 모르고 있었다는 점이다.

코페르니쿠스가 주장한 것은 신이 의도하는 태양중심설이었지만 일반인들은 코페르니쿠스의 원래 뜻을 모르고 자연과학적인 태양중심설을 주장했다. 이것이 바로 교회를 화나게 한 것이다. 자연과학적으로 지구가 움직인다는 것은 거룩하고 완벽한 하느님의 체계를 일거에 무너뜨리는 행위이기 때문이다. 교회는 코페르니쿠스의 태양중심설이 아니라 자연과학적인 태양중심설을 주장하거나 그에 동조하는 자는 기존의 질서와 가치 체계를 부정하는 이단자로 간주하고 종교재판에 의해 처단하도록 지시했다.

태양계에 대한 과거의 생각은 소우주론에서 출발했다. 소우주론에서는 태양·달·행성이 우리 머리 바로 위에서 선회하고 있으며 제일 바깥쪽에 별이 고정되어 있는 구가 있다고 믿었다. 이 별들이 지구를 한 바퀴

도는데 24시간밖에 걸리지 않는 것을 보면 이들이 지구에서 그리 멀지 않은 곳에 있다고 생각했다. 또 사람이 죽은 후 도달하는 하늘은 이 별들의 바로 뒤에 있다고도 상상했다.

당시의 정신세계를 움직이는 종교계를 상대로 코페르니쿠스가 『성경』에 위배되는 이야기를 주장한다는 것이 어려웠으리라는 것은 충분히 이해할 수 있다.

결국 코페르니쿠스는 자신의 주장을 발표하지 못하고, 그가 죽기 1년 전 『천구의 회전에 관해』라는 책에 교황에게 바치는 서문을 붙여서 친구인 성직자 오시안더에게 출판을 의뢰한다. 오시안더는 코페르니쿠스의 논문을 그대로 출판하면 자신의 입장이 곤란해질까 두려워서 몇 군데를 임의로 고쳐서 1543년에 뉘른베르크에서 인쇄했다. 그는 코페르니쿠스의 저서에 머리말을 붙여, 지구가 태양을 돈다는 새로운 주장이 반드시 사실은 아니며, 미래의 천체 위치를 예측하기 위한 단순한 수학적 수단으로 이용할 수 있다고 가필해 교황 바오로 3세에게 바쳤다. 성직자 오시안더가 안전장치를 추가한 것이다.

코페르니쿠스는 이러한 의견에 찬동하지 않았고, 만일 태양중심설이 가정이었다면 그런 것을 고찰할 필요가 없었다는 의견을 내 오시안더의 출판에 강력히 반발했지만, 자신이 원하는 대로 수정되지는 않았다. 게다가 책이 그에게 도착했을 때, 코페르니쿠스는 내일을 모를 정도로 중병에 걸려 있어서 그 책을 읽어보지도 못하고 세상을 떠난다.

그럼에도 코페르니쿠스에 의해 불붙은 태양중심설은 계속 퍼져나가 갈릴레오로 이어졌다. 성경의 한 글자 한 글자가 진실이라고 믿었던 유럽인들에게 이 같은 사실은 충격적이었다. 그러나 일단 물꼬가 터진 지식의 올바른 방향을 교회에서 되돌릴 수는 없는 일이었다. 정신세계와 물질세계가 다르다는 것을 알아차린 인간들은, 성경의 말씀에 다소 위배되더라도 인간을 위한 일이라면 자신의 소견을 목숨 걸고라도 지키기 시작했다. 엄밀한 의미에서 코페르니쿠스의 태양중심설은 신이 의도한 세계를 찾아내자는 뜻이었지만, 인간이 인간을 위한 세계가 있다는 것을 간파하는 데 크게 기여했다. 이것이 유럽의 물질문명이 '태양중심설'에 의해 태어났다고 말하는 진정한 이유다.

윌리엄 하비

WILLIAM HARVEY
1578~1657

혈액순환설
현대의학의 새 장을 열다

동서양의 다른 인간관

프랑스에서 유학중일 때 한 프랑스인이 찾아와 다짜고짜 자기 집으로 가자며 나를 다급하게 잡아끌었다. 영문을 몰라 무슨 일로 그러느냐고 물었더니 아들이 운동하다가 다쳤으니 침을 놓아달라는 것이었다. 동양 사람 특히 한국 사람들은 모두 침을 잘 놓는다는 소문을 들었다고 했다. 어이가 없어 침을 놓을 줄 모른다고 하자 그는 아주 낙담한 표정으로 돌아갔다.

요즘 서양인들은 조그만 바늘의 신비스러운 묘기에 완전히 매료되어 있다. 운동을 하다가 다리나 손을 삐었을 때 서양 의사는 깁스를 해주고 2~3개월 치료하는 것이 보통인데, 조그마한 침을 며칠만 맞으면 감쪽같이 나으니 놀라지 않을 수 없는 것이다. 이는 서양의학과 동양의학의 차이를 단적으로 보여주는 예라 할 수 있다.

지난 1993년 약사의 한약 조제권 문제로 벌어졌던 약사와 한의사 간의 '한약 분쟁'은 서양의학과 동양의학이 근본적으로 다른 원리에서 출발하고 있기 때문에 일어난 분쟁이라고 해도 과언이 아니다. 두 분야 중 어느 분야가 낫다고 단정하기 어려울 정도로 쌍방의 주장이 모두 설득력을 갖고 있기 때문이다.

한의학에서는 인간을 기계로 보지 않고 인간이 본래 갖고 있는 기氣를 중요시해 기가 빠진 사람은 비록 살아있다 해도 죽은 사람으로 취급했다. 특히 죽은 사람은 기가 빠진 사람이므로 기가 빠진 사람의 육체는 기가 충만한 사람과 기본적으로 다르다고 생각했다. 한마디로 장기도 죽은 사람의 것과 산 사람의 것이 다르다는 것이다. 동양의학에서 볼 때 죽은 사람을 해부해 장기를 들여다본들 그곳에서 얻는 지식은 아무런 소용이 없는 일이었다.

동양의학은 자연에 동화되고 순응하는 것을 중요시했다. 냇물이 흘러 강물이 되고 강물이 흘러서 바다로 가듯, 우리 인체도 입으로 들어온 음식물이 소화기를 거치고 다시 장을 거쳐 항문으로 배출되는 순차적인 과정이 잘 이루어지면 아무 문제도 생기지 않는다고 여겼다. 한의학은 경험을 중요시해 시행착오를 거치면서 발전했으며, 조화를 제일로 중시했다. 우주를 음양오행의 원리로 파악했던 것처럼, 우리의 몸을 작은 우주로 보아 음양의 편차가 없이 균등할 때 건강하다고 보았다.

펌프 달린 기계장치

동양의학과 서양의학이 다르게 발전한 이유는 분명하다. 동양과 서양은 치료 방법부터 다른 개념에서 출발했기 때문이다. 그리스 · 로마 시대를 거쳐 중세 시대까지 나름대로 치료법이 개발되었지만, 서양사의 맥락에서 볼 때, 현대과학을 실질적으로 이끈 의학 혁명은 윌리엄 하비가 혈액순환을 처음으로 발견한 때다.

그는 「심장과 피의 운동에 대해」라는 논문을 발표해 그전까지 많은 사람들이 생각했던 것과는 달리, 피가 심장에서 온몸으로 뿜어져나갔다가 다시 심장으로 돌아온다는 사실을 처음으로 주장했다. 오늘날에는 당연한 이 내용이 하비 이전의 모든 의학 지식을 폐기해야 할 정도로 획기적이었던 이유는, 인체에 대한 개념을 바꾸었기 때문이다.

당시에는 피가 간에서 새어나와 알려지지 않은 힘에 의해 몸속으로 이동한다고 믿었다. 하비는 양의 목 동맥을 잘라서 피가 솟구치는 모습을 보고 피가 간에서 '새어나오는' 것이 아니라는 사실을 알았다. 하비는 한시도 쉬지 않는 근육 덩어리, 즉 심장이 이 역할을 담당하는 것을 발견했다.

하비가 혈액순환설을 도출한 것은 매우 단순한 사고에서 시작되었다. 그는 죽은 사람의 심장을 해부해서 하나의 심장에 약 4분의 3데시리터(작은 컵 한 잔 분량)의 피가 담길 수 있다는 것을 확인했다. 심장은 수축할 때마다 70세제곱센티미터의 피를 혈관을 통해 몸속으로 밀어내며 1분에 보통 70번에서 80번 박동한다. 이를 단순 계산해도 1분에 5리터, 1시간에는 300리터가 넘는 피를 내보낸다는 놀라운 결과를 얻을 수 있다. 이 수치는 성인 남자 몸무게의 몇 배에 해당하는 양으로 인간의 몸이 이렇게 많은 피를 매일 생산한다는 것은 상상할 수 없는 일이었다. 이 사실을 근거로 하비는 피가 계속적으로 순환한다는 결론을 내렸다.

그는 동물의 심장을 당시 광산에서 사용하던 펌프와 같다고 생각했다. 인체란 다름 아닌 펌프로 생명을 이어가야 하는 일종의 기계장치라는 뜻이다. 기계가 고장이 나면 고장 난 부분만 고치면 된다. 보다 철저한 치료 지식을 얻기 위해서는 죽은 사람을 절개하고 장기 관찰을 통해 어느 부분이 고장 났는지를 파악하는 것이 최선의 방법이라고 보았다.

서양의 현대의학은 바로 이런 전제 아래 크게 발달했다. 간단하게 말해서 인체를 보다 정확히 파악한 후 질병에 맞는 약품을 사용하면 치료가 된다고 생각한 것이다. 질병의 원인을 국소적으로 생각했으므로 치료제도 질병에 적합한 것을 찾는 데 주력했다. 그 결과 한 가지 질병을 치료하는 과정에서 엉뚱한 다른 질병에 걸릴 위험성을 피할 수 없었지만 치료효과가 매우 빠른 것은 사실이었다.

근대과학 연구의 기틀을 세우다

윌리엄 하비는 영국 켄트주 포크스턴의 부유한 집안에서 여섯 형제 중 맏아들로 태어났다. 그의 아버지인 토머스 하비는 포크스턴에서 상당히 성공한 사업가로 잘 알려져 있었다. 어린 시절 캔터베리의 왕립 학교에서 라틴어와 그리스어를 익혔고, 1593년 케임브리지대학의 곤빌앤드카이

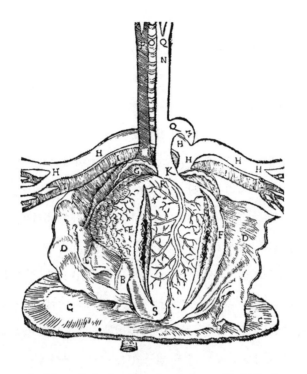

하비는 심장이 펌프와 같다고 생각했다.
이어서 인체는 펌프로 생명을 이어가는
기계장치라는 개념이 뒤따랐다. 서양의
현대의학은 바로 이런 전제 아래서 발달했다.

우스칼리지에서 장학금을 받으며 의학과 교양 과정을 수학했을 정도로, 비록 귀족은 아니지만 남 못지않게 유복한 삶을 살았다.

학교를 졸업하고 1598년 당대 유럽 학문의 중심지라고 볼 수 있는 이탈리아의 파도바대학으로 유학 가서 의학을 공부했는데, 이때 저명한 해부학자인 파브리키우스에게 가르침을 받았다. 그 당시에는 갈릴레이가 파도바대학에서 물리학을 강의하고 있었다. 1602년에 유학 생활을 마치고 귀국한 뒤 엘리자베스 브라운과 결혼했고, 남은 인생의 대부분을 런던의 성 바살러뮤 병원에서 보낸다. 1607년 왕립의사학회 회원으로 선출되었고 1615년 학회에서 해부학과 외과 강사로 임명되었으며 1623년 제임스 1세와 1627년 찰스 1세의 시의侍醫가 되는 등 탄탄대로를 걸었다.

그는 인체의 왕이라고 생각한 심장과 혈액에 특히 관심을 가지고 연구를 했다. 1615년 왕립대학의 해부학 및 생리학 교수가 되었고, 1628년에는 「심장과 피의 운동에 대해」를 발표했다. 이 논문에서 현대적 논문의 기본이라 볼 수 있는 형태학, 수학에 대한 실험적 증거를 제시하며 혈액이 순환한다는 사실을 증명했다. 그의 논문은 매우 명쾌하다. 오랜 연구를 통해, 혈액이 몸속을 순환한다는 것 즉 심장이 피를 펌프질해 온몸을 순환하는데 그 순환 속도가 매우 빠르다는 결론을 도출한 것이다. 그가 이와 같은 결론을 내린 이유를, 보일·샤를의 법칙으로 유명한 로버트 보일Robert Boyle이 다음과 같이 적었다.

나는 딱 한 번 하비와 만났다. 하비가 죽기 얼마 전이다. 그때 나는 이 유명한 학자에게 무엇을 보고 피가 돈다는 생각을 하게 되었느냐고 질문했다. 그는 이렇게 답했다. "몸의 여러 부분에 아주 많은 정맥의 판막이 자리 잡고 있어 심장 쪽으로는 피가 자유롭게 흐르지만 더러운 피가 거꾸로 흐르지 못하게 막고 있다는 사실을 알았다. 자연처럼 치밀한 설계자가 아무런 목적 없이 그렇게 많은 정맥의 위치를 정했으리라고는 생각할 수 없었다. 그러므로 피가 동맥을 통해 림프 쪽으로 흘러가서 돌아올 때는 정맥을 통해 돌아오게 하기 위해서 판막이 존재한다는 결론을 내렸다. …… 얼마나 많은 피가 지나가는지, 얼마나 짧은 시간에 그 이동이 이루어지는지 우리가 취하는 영양분이 그만큼의 피를 공급할 수 있는지에 대해 생각을 계속했다. 마침내 나는 피가 정맥에서 나와 동맥으로 이동해 우심실로 돌아가지 않는다면 정맥은 비게 되며, 반면에 동맥은 너무 많은 피 때문에 터지게 될 것이라고 생각했다."

하비의 발견은 그동안 알려진 기존의 학설과 완전히 대립하는 것이었다. 기존의 설명은 갈레노스Galenos의 흡인 원리에 기초한다. 그는 심장과 동맥을 포함한 신체의 각 부분은 필요한 요소를 끌어당기게 되어 있다고 생각했다. 당대 의학 체계에서 치료의 많은 부분이 사혈 요법에 기초했다. 갈레노스는 병을 치료하는 방법으로 병이 들었다고 생각되는 기관의 위치를 기준으로 특정 부위에서 피를 뽑았다.

당시 사람들은 피가 간에서 생성되어 몸에 영양분을 공급하면서 점점 소모된다고 생각했다. 즉 간에서 나온 피는 몸의 각 부분으로 서서히 흐르고 간으로 다시 돌아가지 않는다고 생각했다. 간이 피를 생산한다고 믿었던 것은 간이 마치 응고된 핏덩이처럼 보였기 때문이다. 내장과 위 가까이 있는 간의 위치도 간이 영양을 담당하는 기관이라는 생각을 갖게 했다. 현대인의 눈으로 볼 때 엉터리처럼 보이는 이 생각은 당시 상황에서는 상당히 설득력 있고 이해하기 쉬운 설명이었다.

그런데 하비는 심장의 힘이 피를 온몸으로 밀어낸다는 정반대의 이론을 펼쳤다. 한마디로 흡인 원리를 전면적으로 재검토해야 한다는 것이다. 심혈관 체계에 관한 설명뿐만 아니라 소화, 영양, 호흡을 비롯한 인체 각 기관의 기능에 대한 기존의 생각이 모두 틀렸다는 하비의 설명은 당대에 큰 충격을 주었다.

그는 논문에서 기존 이론의 모순을 제시하고 반박하면서, 새로운 가설 설정과 실험을 통한 가설 검증이라는 근대과학의 순서에 따라 자신의 견해를 증명했다. 이는 내용도 중요하지만 추후 논문의 규범을 제시한 것으로도 크게 평가받는다. 논문 자체는 매우 짧지만 의학의 선구자이자 중세를 풍미한 로마 시대의 의사, 갈레노스의 이론에 지배받던 생물학과 의학계에 과학혁명을 일으켰다는 평가를 받는다.

결론을 말하자면 기존의 생각은 모두 틀렸고 하비의 말이 맞았다. 한마디로 의학자들은 기존 치료법에 어떤 아이디어를 접목시켜 수정, 보완하는 것이 아니라, 기존의 개념을 완전히 폐기해야 했다. 바로 이런 전환이 현대과학이 태어나는 원동력이 되었음은 물론이다. 그의 탁월한 연구 업적은 당대 학자들의 인정을 받아서, 윌리엄 하비는 찰스 1세의 어의로 임명되었고 케임브리지 총장으로 추대되기도 했다.

당대의 서양의학이 동양의학에 비해 실력이 얼마나 뒤졌는지는 이집트의 파피루스와 중국의 『황제내경』을 보면 알 수 있다. 『황제내경』은 기원전 2600년경에 작성된 것인데 이 책에는 "심장이 혈액을 조종하는 기관이며 혈액은 끊이지 않고 이어진다"라고 적혀 있다. 이집트의 파피루스에도 마찬가지로 혈액순환에 대한 내용이 적혀 있다. 이들 책에 기술된 혈액순환 관련 내용은 아무 증거 없이 철학적으로 써놓은 것으로 인식되어, 당대의 어느 누구도 이를 믿으려하지 않았다.

놀라운 사실은 당시 종교계에서 그에 대한 비판이 없었다는 점이다. 사실 17세기의 사람들은 과학적 연구 활동과 신앙 사이에는 아무런 충돌도 없다고 생각했다. 하비의 말을 직접 들어보자.

나는 인체를 연구하는 것이 항상 즐거웠다. 거기서 자연의 지극히 작은 비밀뿐만 아니라 전능한 창조자의 모습이나 손길을 느낄 수 있어야 한다고 생각했다.

혈액순환설을 증명한 결찰사 실험

하비의 연구에 영향을 끼친 요소를 크게 세 가지로 볼 수 있다. 첫 번째는 파도바대학으로, 그가 케임브리지대학을 졸업하고 파도바대학으로 의학을 공부하러 갔을 때 당시 그곳에서는 공개적으로 해부학 강의를 하고 있었다. 이 강의는 말 그대로 넓은 홀에서 해부를 하면서 강의를 하는 것으로, 지도교수가 직접 해부하기보다는 조수가 해부를 하면 그 내용이 갈레노스의 이론과 일치한다고 지도교수가 설명하는 방식이었다. 이 강의를 본 하비는 직접 해부를 해야겠다고 생각하고 이를 실천한다.

두 번째는 그의 스승인 파브리키우스의 영향이다. 파브리키우스는 자신이 실험하고 관찰한 것을 통해서 직접 알아낸 것을 가르쳤다. 이 중에는 정맥의 판막 발견도 있었다. 파브리키우스는 아리스토텔레스의 소우주론에 영향을 받은 사람으로 제자인 하비도 그 영향을 받아 심장이 우리 몸의 중심이자 모든 생기의 근원이라 생각했다. 이는 하비가 심장을 중점적으로 연구하게 된 계기였고, 후에 혈액순환설로 이어지며 갈레노스의 이론을 깨는 과학혁명을 일으킨다. 천문학과 물리학의 과학혁명은 아리스토텔레스의 이론에서 탈피하는 것이었는데, 아이러니하게도 생물학의 과학혁명은 아리스토텔레스의 이론에 도움을 받아 진행된다.

하비의 연구 방식은 이론과 실험이 결합된 방식으로 근대과학의 연구 틀을 지켰다. 하비는 일단 이론을 생각하고 그 이론이 맞다면 어떤 일이 일어날지를 생각했다. 그다음은 그것이 정말로 타당한지를 검토하고 그렇지 않다고 생각이 되면 계산을 통해서 문제점을 밝혔다. 한마디로 과거의 이론을 반박하고 그 위에 새로운 가설을 세웠다. 가설을 세운 후에는 그 가설을 검증하기 위한 실험과 관찰을 계속해 자신의 가설이 옳다는 것을 증명했다. 얼마나 철저하게 실험과 해부를 했는지 실제로 그의 혈액순환설은 그가 처음 이 가설을 생각해낸 10년 뒤, 연구를 통해 가설에 대한 근거를 찾아내고서야 발표되었다. 또 하비는 해부를 많이 했는데 다종의 동물을 산 채로 해부했다. 그 이유는 심장의 작용을 좀더 정확하게 알기 위해서였다. 특히 심장박동이 느린 냉혈동물의 심장을 많이 해부했다.

「심장과 피의 운동에 대해」에서 하비는 일단 갈레노스의 '혈액파도설'이 맞다면 심장에서는 매일 '한 번 박동할 때마다 나오는 피의 양에 하루 동안 뛰는 박동 수'를 곱한 만큼의 피가 생성되어야 한다고 생각했다. 이를 계산하니 1,800리터라는 양이 나왔고 사람이 매일 1,800리터의 피를 소비한다면 적어도 매일 동일한 정도의 양을 먹어야하는데 이는 불가능하고 실제로도 그렇지 않다고 생각했다. 이에 하비는 스승인 파브리키우스의 판막을 떠올리고는 이것이 수문 역할을 한다고 생각했다. 그 후 10년간 자신의 주장을 뒷받침할 실험을 행했는데 '결절사 실험'은 그중에서도 가장 유명하다. 결절사 실험이란 팔의 윗부분은 줄로 묶어서 정맥과 동맥이 이어져 있음을 증명한 실험이다. 세게 묶으면 피부 깊숙한 곳의 동맥까지 조여서 팔의 윗부분 힘줄이 부풀어오르고, 조금 약하게 묶으면 정맥만 조여서 아랫부분의 힘줄이 부풀어오르는 것을 관찰했다. 또한 그는 혈관에 가는 철사를 꽂아, 철사가 한쪽으로만 잘 들어간다는 것을 확인하고 혈액이 한쪽으로만 흐르는 사실도 알아냈다. 이러한 수많은 실험으로 하비는 자신의 혈액순환설을 증명했다. 아이러니한 것은 하비의 스승인 파브리키우스마저도 하비를 비난했다는 점이다.

하비는 대정맥 · 우심실 · 허파동맥 · 허파 · 좌심실 · 심장 수축 · 대동맥 · 동맥계로 이어지는 폐순환을 발견해냈다. 또한 이 과정에서 우심실에 판막이 있으며, 이 판막이 피가 반대 방향으로 흐르는 것을 막는 작용을 한다는 사실도 발견했다. 그러나 판막의 존재 이유를 혈압과는 관련 짓지는 못했다.

하비가 근대 의학사에 끼친 영향은 다대하지만 그 역시 아리스토텔레스의 소우주론에 집착한 나머지 허파와 심장의 관계를 제대로 설명해내

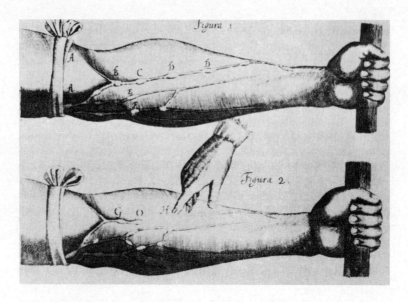

결절사 실험의 모습.
팔을 세게 묶으면 팔의 윗부분의 힘줄이 부풀어오르고
(위), 팔을 약하게 묶으면 팔 아랫부분의 힘줄이 부풀어
오르는 것(아래)을 볼 수 있다.

지 못했다. 즉 폐순환과 대순환(체순환)을 연결시키지 못한 것이다. 그는 심장을 피를 흐르게 하는 장기가 아니라 생명력까지 더하는 장기로 봤다. 또한 그는 동맥과 정맥이 만나는 지점인 모세혈관도 찾지 못했다. 이는 당대에 그가 크게 인정받지 못한 가장 큰 이유인데, 모세혈관은 그의 사후 30년 후 마르첼로 말피기Marcello Malpighi에 의해 발견되었다.

하비는 근대과학의 근본 특성인 계산과 실험을 통해 피의 순환을 증명했다. 그리하여 심장이 인간이라는 기계의 핵심이며 수많은 장기들이 일사분란하게 움직이는 부속품이라는 개념을 심어주었다. 이는 사람의 각 부분을 세분하는 새로운 개념과, 이를 치료에 이용하는 거대한 산업을 탄생시켰다. 윌리엄 하비로 인해서 비로소 현대의학의 새로운 장이 열린 것이다.

아이작 뉴턴

ISAAC NEWTON
1642~1727

만유인력
사과는 떨어지는데 달은 왜 떨어지지 않을까?

인류를 과학 문명으로 이끌다

미국의 『라이프』지誌가 「지난 1,000년을 만든 100인」에 뉴턴을 여섯 번째로 선정하고 아인슈타인을 스물한 번째로 선정했다. 존 시먼스가 선정한 『사이언티스트 100인』에서도 1위가 아이작 뉴턴이고 2위가 알베르트 아인슈타인이었다. 이는 사물의 운동 법칙을 망라한 뉴턴역학 등, 우리가 실제 피부로 느끼는 중요성에서 아인슈타인보다 뉴턴이 더 높기 때문이다.

뉴턴역학의 편리성은 행성의 운동을 간단하게 기술할 수 있는 데서 알 수 있다. 만유인력의 법칙을 적용하면 그때까지 역학적으로 설명할 수 없었던 수많은 천체의 운동을 완전하게 설명할 수 있었다. 요하네스 케플러의 행성 운동 법칙을 완벽하게 뒷받침함으로써 인간이 천체를 바라보기 시작한 이래 설명되지 못한 수많은 행성의 움직임을 설명할 수 있게 되었다. 따라서 뉴턴 물리학은 아리스토텔레스 이후 분리되었던 천상과 지상을 마침내 통일시키는 계기가 되었다. 이것이 뉴턴 이후로 진정한 과학 문명 시대로 들어서게 되었다고 우리가 말하는 이유다.

이상한 아이 뉴턴

뉴턴은 기록하는 것을 좋아했다. 어느 분야를 막론하고 창작 활동을 하는 사람이 기록을 많이 하는 이유는 순간 떠오르는 아이디어를 잊지 않기 위해서다. 뉴턴은 기록의 중요성을 일찍이 인지했다. 그의 생애가 비교적 잘 알려진 이유도 그의 기록 때문이다. 그는 물리학, 수학, 천문학 외에 연금술, 성서의 연대기 연구 등 그야말로 다양한 분야에 걸쳐서 메모를 남겼다. 아이디어나 영감은 물론 새로 얻은 지식, 귀중한 수치, 그래프나 그림, 공식 등 모든 것을 기록해두었다.

그는 누구도 반론을 제기할 수 없을 정도로 해박한 지식을 갖고 있었는데 이는 메모를 항상 갖고 있었고 또 기억해낼 수 있었기 때문으로 본다. 르네상스 시대의 위대한 발명가인 레오나르도 다빈치 역시 뉴턴처럼 엄청난 메모를 남긴 사람이다. 두 사람을 보면 천재도 자신이 이용할 수 있는 자료를 항상 갖추어야 한다는 사실을 알 수 있다. 어느 누구와도 비교할 수 없는 치밀한 메모의 축적 즉 정보의 보유야말로 인간이 가질 수 있는 독창적 힘이라는 사실을 염두에 두어야 한다.

뉴턴은 1642년 12월 25일에 영국 링컨셔의 울스토르프에서 유복자이자 조산아早産兒로 태어났다. 아버지는 작은 농장을 경영하고 있었지만 그가 태어나기 3개월 전에 세상을 떠났고 어머니도 목사와 재혼했기 때문에 어린 시절 뉴턴은 할머니와 둘이서 살았다. 뉴턴은 6세 때에 학교에 들어갔는데 농부의 아들인 데다가 친구를 사귈 줄도 모르고 언제나 혼자 있기를 좋아해 성적은 아주 나빴다. 교사들은 뉴턴이 이상한 아이고 머리도 좋지 않다고 평했다.

뉴턴은 교사의 설명이 어려워 알아듣지도 못하는 데다 공부 시간에도 항상 엉뚱한 생각을 하면서 자기 손으로 기계를 만드는 일에만 열중했다. 공부보다도 기계를 만지는 일에 더 열중하던 뉴턴은 13세에 그랜텀킹스중학교에 들어갔으나 성적은 여전히 좋지 않았다. 자연을 관찰하는 눈이 남달리 뛰어났지만 5년이면 졸업할 수 있는 학교를 7년 만에 졸업했다. 그래도 뉴턴은 졸업 2년 전부터 공부에 의욕을 갖고 열심히 매달렸고, 덕분에 졸업할 때의 성적은 아주 우수했다.

뉴턴의 재능을 알아본 교장의 추천으로 1661년 그는 케임브리지대학의 트리니티 칼리지에 장학생으로 입학했다. 트리니티 칼리지는 귀족 출신의 우수한 학생에게만 장학금을 주는 학교인데, 뉴턴에게 장학금을 지급한다는 것은 그야말로 파격이었다.

뉴턴의 대학 생활은 다른 학생과 마찬가지로 평범했다. 뉴턴은 일단 어떤 주제에 흥미를 느끼면 끈기 있고 과감하게 파고들었지만 당시까지만 해도 특별한 재능을 보이지는 않았다. 1665년 영국에서 페스트가 크게 유행해서 같은 해 8월에 대학이 폐쇄되자 뉴턴은 자신의 고향인 울스토르프로 돌아왔다. 그때부터 1667년 초 다시 케임브리지로 돌아갈 때까지 약 1년 반이라는 짧은 기간 동안, 그는 생각을 하는 데 온통 시간을 썼

뉴턴은 공부보다도 사물을 관찰하고
기계를 만지는 일을 더 좋아하는 학생이었다.
그런 그를 보고 교사들은
머리가 나쁜 이상한 아이라고 생각했다.

다. 자신의 가장 큰 업적인 '만유인력의 법칙'을 비롯해 '이항정리', '미적분학', '백색광의 구성 성분' 등 현대과학사상 가장 중요한 기초과학과 물리학 이론의 대부분을 이 당시 정립했다. 과학사에서는 이 해를 '기적의 해Miracle Year'라고도 부른다. 만년에 뉴턴은 자신의 초창기 연구에 대해 다음과 같이 회고했다.

> 1665년 초에 나는 근사적인 급수를 발견했다. …… 그리고 그해 11월에는 유율법流率法(뉴턴이 사용한 언어로 미분을 뜻함)이라는 직접적인 방법에 도달했고 그다음 해 1월에는 색채 이론을, 이어서 5월에는 유율법의 반대 과정(미적분법에서의 적분법)에 이르렀다. 그해에 나는 달의 궤도에 미치는 중력의 영향에 대해 생각하기 시작했으며 …… 행성을 그 궤도에 붙잡아두는 힘은 궤도 중심부터의 거리 제곱에 반비례해야 한다는 것을 추론해냈고, 이에 따라 달을 제 궤도에 붙잡아두는 데 필요한 힘과 지구 표면에서의 중력을 비교해 그 둘이 거의 같다는 답을 얻었다. 이 모든 것은 전염병이 번진 1665~1666년 2년 동안의 일이었다. 그 당시 나는 내 인생에서 발견의 절정기를 맞이했으며, 그 어느 때보다도 수학과 철학에 빠져 있었다.

뉴턴에게는 행운도 따랐다. 1669년 뉴턴의 스승인 아이작 배로Isaac Barrow가 퇴임하자 그는 26세의 나이에 제2대 루카스 수학 교수가 되었다. 루카스 수학 교수란 대학에 활력을 불어넣기 위해 1663년에 새롭게 마련된 교수직으로 뉴턴은 불과 8년 만에 대학에 안착한 것이다.

만유인력은 우주의 기본 힘

뉴턴이 태어날 무렵, 과학의 틀이 서서히 잡히고 우주에 대한 퍼즐이 맞추어지고 있었다. 코페르니쿠스, 케플러, 갈릴레이와 그의 제자들에 의해 우주가 새로운 학문의 길로 들어가고 있었으며 물질과 물질의 특성, 물질간의 상호작용에 관한 새로운 개념들이 형성되고 있었다. 하지만 이들 연구 분야에는 혼돈과 모호함이 존재했다. 어느 분야도 완벽하지 않았고 어느 분야와도 논리적인 연관을 맺지 못했다.

이는 전체 그림을 보기 위해서는 탁월한 독창성이 요구되는 시대가 도래했음을 의미했다. 뉴턴이야말로 바로 이 퍼즐의 해답에 누구보다 가까이 다가간 사람이다.

과거에는 행성이 원궤도를 그리며 회전하는 것이 당연하다고 생각했지만 행성들은 타원궤도를 그리며 태양에 멀어지고 가까워진다는 것이 확인되었다. 또 각 행성이 타원궤도를 따라 회전할 때 그 속도는 특수한 방식으로 변화하는데 이 현상이 왜 일어나는지에 대한 설명은 없었다. 간단히 말해서 이제까지 '참'으로 알려졌던 우주의 개념을 폐기함과 동시에 새로이 발견된 행성의 운동 법칙을 설명해줄 물리학적 메커니즘을 고안해야 했다. 필연적으로 뉴턴을 인류 사상 최고의 학자로 자리 매김하게 만든 '만유인력의 법칙'이 나타나야 했던 것이다.

뉴턴이 태어나기 전까지 유럽에서 2,000년간 절대적인 진리로 알려진 아리스토텔레스 역학에서는 강제 운동을 하기 위해 힘이 필요하고 이힘은 오로지 접촉을 통해 전달된다고 했다. 물체가 아래로 떨어지는 것은 자연스런 운동이므로 힘이 필요 없다는 것이다. 또한 천체가 원운동을 하는 것은 자연스런 운동이므로 이에 힘은 필요 없다고 했다. 중세의 과학자 중에는 천체에 이것을 미는 천사가 하나씩 붙어 있다고 주장하기도 했다.

필로포누스는 색다른 이론을 주장했다. 임페투스라는 추진력이 물체에 주어지면 물체는 이 임페투스가 다 소모될 때까지 운동한다는 것이다. 물체가 공기 중에서 포물선 운동을 할 수 있는 것은 아리스토텔레스가 설명했던 것처럼 공기가 뒤에서 물체를 밀기 때문이 아니라 물체에 주어진 임페투스 때문이라고 했다.

갈릴레이는 임페투스 이론을 여지없이 혹평했다. 아리스토텔레스가 운동을 하는 물체의 원인이 공기라는 매질媒質에 의해 제공된다고 한 반면, 필로포누스의 임페투스란 그 원인이 외부가 아니라 물체 내부에 있다고 바꾸어 설명한 것에 불과하다고 평가절하했다.

뉴턴이 태어나던 해, 이미 갈릴레이에 의해 진리라고 여겨지던 아리스토텔레스의 설이 흔들리고 있었는데, 훗날 뉴턴이 만유인력을 발견해 아리스토텔레스의 이론에 사망선고를 내렸다. 뉴턴이 만유인력을 발견하는 데 결정적인 단서를 제공한 것은 지구 주위를 도는 달의 움직임이었다. 달은 지구 반지름의 약 60배가 되는 반지름의 원을 그리면서 지구를 도는데, 원형의 궤도를 그리는 달이 결코 지구로 떨어지지 않는 이유가 뉴턴은 궁금했다. '사과는 떨어지는데 왜 달은 떨어지지 않는가?' 젊은 뉴턴은 줄곧 이 문제를 생각했다. 그리하여 마침내 '달은 지구로 떨어지지 않을 것처럼 보이지만, 그렇지 않다. 원형의 궤도를 그리면서 지구 주위를 돌고 있는 것이야말로 달이 지구를 향해 떨어지고 있다는 것을 보여주는 것이다'라는 착상을 했다. 즉 사과나 달 모두 지구 인력의 영향하에 있지만 달은 돌고 있기 때문에 떨어지지 않는다는 것이다. 다시 풀어서 설명하면 사과와 달에 동일한 법칙이 적용될 수 있다는 것으로, 뉴턴은 사과의 운동과 행성의 운동을 만유인력 아래로 포함시켰다.

뉴턴은 달이 원의 접선 방향으로 자꾸만 날아가려고 하지만, 지구의 인력에 의해 시시각각 지구를 향해 계속 떨어지고 있기 때문은 항상 원형 궤도상을 돌 수 있다는 결론을 내렸다. 이것이 그 유명한 '질량을 가진 모든 물체는 두 물체 사이의 질량의 곱에 비례하고 두 물체의 질점質點 사이 거리의 제곱에 반비례 한다'는 만유인력의 법칙이다.

지구에서 일어나는 일 대부분이 만유인력(중력)과 결정적인 관련이 있다. 바다의 밀물과 썰물은 지구와 달과 태양이 서로 끌어당기는 힘에 의해서 발생한다. 차가운 공기가 밑으로 가라앉고 밀도가 낮은 뜨거운 공기는 위로 솟아오르는 것도 중력 때문이며, 이것은 기후에도 큰 영향을 미친다.

만유인력은 지구와 달 사이뿐만 아니라 행성과 태양 사이에도 작용한다. 별이 저장하고 있는 연료가 고갈되면 중력이 작용해 내부에서부터 붕괴가 시작되는데, 어떤 경우에는 이 과정을 통해 블랙홀이 만들어지기도 한다. 더구나 중력이 없다면 사람을 포함한 지구상의 모든 것이 우주 공간으로 흩어지게 된다.

뉴턴은 케플러의 행성 운동에 관한 법칙으로 간단하게 이 사실을 이끌어냈다. 실제로 행성의 궤도를 원으로 생각할 경우 행성의 운동도 지구 주위를 도는 달의 운동과 마찬가지로 생각할 수 있다. 뉴턴은 태양과 행성 사이에 작용하는 힘을 계산했다. 그 결과 자신이 유도한 만유인력 법

뉴턴은 달이 결코 지구로 떨어지지 않는 이유가 궁금했다.
행성의 궤도 운동에 대한 다양한 가설은 뉴턴이
만유인력이라는 개념을 떠올리면서 모두 정리되었다.

칙에 꼭 들어맞으며 우주의 모든 물체에 이 법칙이 성립한다는 것을 확신했다.

뉴턴이 만든 고전역학

뉴턴은 자신의 이론 즉 만유인력을 설명하기 위해 미분과 적분법을 발명했다. 오늘날 많은 이공계 학생에게 고민과 실망을 안겨주는 미적분이지만, 현대과학에서는 이 법칙이야말로 자연법칙을 기술하는 새로운 방법이라 인정한다.

뉴턴의 만유인력은 큰 틀에서 볼 때 가속도로 움직이는 물체에 적용하는 이론으로 볼 수 있다. 여기에서 가속도란 '속도의 변화량을 속도가 변하는데 걸린 시간으로 나눈 값', 즉 속도가 단위시간에 얼마나 변했는가를 나타내는 양이다. 가속도에는 장시간 동안의 속도 변화를 나타내는 평균 가속도와, 특정 순간의 속도 변화를 나타내는 순간 가속도가 있다.

평균 가속도는 측정을 시작하는 시점의 속도와 측정이 끝나는 시점의 속도만 가지고 계산을 하므로 아무리 긴 시간 동안 많은 속도 변화가 있었다고 하더라도, 마지막 속도가 처음 속도와 같으면 평균 가속도는 0이다. 따라서 평균 가속도는 물체에 가해진 힘과 아무런 관계가 없다. 그러므로 평균 가속도만 가지고는 뉴턴의 제2법칙인 가속도의 법칙을 설명할 수 없다.

여기에서 뉴턴은 측정 시간의 간격을 아주 짧게 한다면 이 문제를 해결할 수 있다고 생각했다. 측정 시간을 무한히 짧게 하면 어떤 순간의 속도 변화를 알 수 있으며 그것이 바로 순간 가속도다. 물론 무한히 짧은 순간의 속도 변화를 측정하는 것이 간단한 일은 아니지만 미분과 적분을 사용하면 가능하다.

뉴턴은 1687년에 출간된 『프린키피아』로 불멸의 이름을 얻는다. 자연 현상(천체, 지구의 모양, 조수, 유체와 공기 중에서 소리의 운동, 수력학水力學의 법칙들)에 대한 실생활에서의 오차 없는 적용과 정교한 수학적 이론의 제시 등으로 『프린키피아』는 인간의 모든 자연 탐구 지식 중에서 가장 높은 자리를 차지했다. 그는 '물리적 힘'이라는 개념으로 그 당시의 일반적인 물리학적 사고를 완전히 재편했다.

뉴턴의 이론은 천문학과 운동의 과학을 성공적으로 결합시킨 것이다. 또 그는 과학의 다른 모든 분야와 물질적 특성의 본질이라는 기본 개념을 부분적으로 조화시켰다. 뉴턴 이전에는 수학자와 철학자가 각기 독자적으로 연구했으며 철학자들의 임무가 좀 더 광범위하고 근본적이라고 생각했다.

뉴턴은 수학과 실험이 자연철학을 공식화하는 공동의 기본 열쇠임을 분명히 알려주었다. 2,000년 전 아르키메데스가 부력과 지렛대의 원리를 발견해 과학의 새로운 지평을 연 것처럼, 뉴턴은 미래의 과학자를 위한 새로운 모델을 창출했다.

뉴턴이 구축한 역학을 주로 '고전물리학'이라고 부른다. 20세기에 와서 과학자들이 원자와 우주를 다루게 되자 비로소 뉴턴역학이 완벽하지 않다는 것을 알았기 때문이다. 그러나 아인슈타인의 이론이 있다고 해서

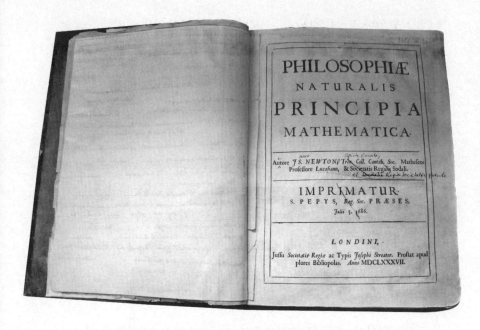

뉴턴역학과 우주론에 관한 연구를 집대성하여
저술한『프린키피아』로 뉴턴은 불멸의 이름을 얻는다.
그는 이 책에서 만유인력의 원리를 처음으로 세상에 알렸다.

뉴턴의 이론이 사장되는 것은 아니다. 실제로 뉴턴역학이 우리에게 얼마나 직결되어 있는지를 알려주는 사건은 여러 가지가 있다.

핼리혜성의 발견: 1682년 별안간 밝은 혜성이 나타나 사람들을 놀라게 했는데 당시 혜성은 한 번 나타나면 사라지는 것으로 알려져 있었다. 그러나 뉴턴은 혜성도 역시 만유인력의 법칙에 따른다고 말했다. 뉴턴의 친구인 핼리는 뉴턴의 생각에 따라 1682년에 나타난 혜성의 궤도를 계산해보았다. 그 결과 이 혜성은 76년마다 즉 1531년, 1607년에도 나타났다는 자료가 있었다. 핼리는 이들 혜성은 모두 같은 것이라 생각하고 1750년, 1835년, 1910년에도 이 혜성이 나타날 것으로 예언했다. 훗날 핼리혜성으로 불리게 된 이 천체는 핼리의 예언대로 1986년에도 나타났는데, 이것은 뉴턴역학이 현대에도 적용된다는 것을 다시금 확인한 것이다.

해왕성의 발견: 1781년 영국의 천문학자 윌리엄 허셜William Herschel이 토성의 바깥쪽에서 천왕성을 발견했다. 그러나 이 행성의 궤도는 당초 천문학자들이 예상한 궤도에서 상당히 어긋나 있었다. 천문학자들은 뉴턴의 만유인력 법칙에 따라 천왕성보다 훨씬 먼 곳에 또 하나의 행성이 있어서 그 인력 때문에 이런 어긋남이 생긴다고 생각했다. 결국 그 말대로 1846년 9월 23일 독일의 요한 갈레Johann Gottfried Galle에 의해 해왕성이 발견되었다. 해왕성은 행성이 존재한다는 것을 사전에 알고 발견한 최초의 행성이다.

여기에 부연할 에피소드는 갈릴레이가 이미 1612년에 해왕성을 목격했다는 것이다. 1980년 프랭크 드레이크가 『네이처Nature』지에 발표한 논문에 의하면 천왕성보다 해왕성이 먼저 발견되었다고 한다. 갈릴레이는 자신이 손수 만든 망원경을 사용해 목성의 위성 4개를 매일 추적하고 있었다. 그때 4개의 위성 옆에 보이는 한 개의 별을 관측하고 기록했는데 드레이크의 계산 결과, 그것은 별이 아니라 해왕성이었다. 해왕성의 밝기는 7~8등급이고 갈릴레이의 망원경으로도 충분히 목격할 수 있었다고 그는 결론을 내렸다.

지구 형태의 발견: 뉴턴은 지구는 가로로 긴 타원체라고 기술했다. 지구 회전에 따른 원심력 때문에 극지방은 조금 납작하고 적도 지방은 약간 부푼 모양이라는 것이다. 그런데 1684년과 1701년 두 차례에 걸친 프랑스 과학 아카데미의 측량에서 뉴턴의 주장과는 달리 지구가 세로로 긴 타원체라는 결과가 나왔다. 뉴턴은 이 결과에 의문을 품고 측량이 정확하지 않았다고 생각했다. 결국 뉴턴이 옳았다는 게 확인되었지만 유감스럽게도 그건 뉴턴이 죽은 지 10년 지나서였다.

뉴턴 이전의 사람들은 물질계에 대해 별로 아는 것이 없었지만, 그가 세상을 떠날 무렵에는 그의 업적 덕분에 과학적 법칙에 의해 물질계가 지배되고 있음을 알게 되었다. 그가 주장한 '자연은 일정한 법칙에 따라 운동하는 복잡하고 거대한 기계' 라는 역학적 자연관은 18세기의 계몽사상을 거쳐 현대인의 모든 사고방식에 영향을 미친다. 18세기 계몽사상가들은 베이컨, 로크, 뉴턴을 위대한 정신의 삼위일체라고 불렀다. 그중에서도 뉴턴을 가장 위대한 인물로 꼽았다.

뉴턴은 인류가 낳은 과학자 중 몇 안 되는 대중적 우상이기도 하다. 뉴턴이 떨어지는 사과를 보고 중력을 발견했다는 일화처럼 꿈과 환상에 가득한 일화도 드물다. 또 그는 18세기 이후 만들어진 가장 이상적인 과학자의 전형으로 소개되었다. 사실 인류사를 볼 때 뉴턴의 발견만큼 인류를 들뜨게 한 일은 없다고 해도 과언이 아니다.

뉴턴은 런던 교외인 켄싱턴에서 사망했고 웨스트민스터 성당에 묻혔는데, 그는 죽기 바로 직전에 또 다른 천재가 자신의 이론을 보완해줄 것을 예견이나 한 듯 다음과 같은 유명한 말을 남겼다.

세상 사람들은 나를 어떻게 보고 있는지 모르나, 나는 스스로를 마치 해변에서 놀면서 때로 좀 부드러운 잔돌이나 아름다운 조개껍질을 발견한 어린이 같다고 생각한다. 그리고 내 앞에는 아직 충분히 알아내지 못한 진리라는 큰 바다가 그대로 놓여 있다.

알렉산더 포프Alexander Pope는 뉴턴의 묘비에 다음과 같은 추모 시를 적었다.

자연과 자연의 법칙들은 어둠에 숨어 있었다.
신이 말하기를, '뉴턴이 있으라'
그러자 세상이 빛났다.

다니엘 베르누이

DANIEL BERNOULLI
기원전 1700~1782

베르누이 정리
인류에게 **날개**를 **달아준** 이론

처음 하늘을 날다

20세기의 개막 3년 뒤인 1903년 12월 17일, 매우 놀라운 전보가 미국 노스캐롤라이나주 키티호크에서 오하이오주로 발송되었다. 발송자는 오빌 라이트Orville Wright, 수신자는 그의 아버지다. 그가 보낸 전보의 내용은 간단했지만 명료했다.

> 성공. 네 번 비행. 목요일 오전 모두 약 34킬로미터 맞바람 평지 출발. 엔진 동력만으로 평균속력 공기 중 약 50킬로미터. 최장 57초. 신문사에 알려요. 크리스마스에 귀가. 오빌 라이트.

59초를 57초로 쓰고 오빌의 이름에도 오타가 섞였지만, 그날 윌버 라이트Wilbur Wright와 오빌 라이트가 이룩한 업적은 세계사를 바꾸기에 충분했다. 이날 라이트형제가 공기보다 무거운 비행 기계를 타고 스스로의 동력으로 이륙해, 바람을 거슬러 속도를 유지하고, 자세를 조종하며 59초를 날아 이륙 지점과 같은 높이의 땅에 착륙했다는 것이다.

라이트형제의 비행 성공은 지표면에서 2차원적으로 생활하던 인류의 활동 영역을 3차원으로 확장시켰다. 뿐만 아니라 이동속도의 증가와 이에 따른 거리의 단축은 인류가 지구의 하늘을 넘어서 우주로 향하는 토대가 되었다.

운이 비켜간 경쟁자

라이트형제가 세계 최초로 비행기 제작에 성공했다고는 하지만, 그들이 선두 주자가 되기 전에 많은 경쟁자가 있었음은 사실이다. 그중에 한 명이 독일인 오토 릴리엔탈Otto Lilienthal로, 1891년에 그는 사람이 날개를 달고 조종을 하면서 날 수 있다는 것을 최초로 보여주었다. 릴리엔탈은 기술 교육을 받은 학자였기 때문에, 비행기의 원리를 정확하게 파악했고 체계적인 연구 결과를 꼼꼼하게 기록했다. 비행기 개발에는 조종 기술도 매우 중요한데, 그는 당대에 전혀 알려지지 않았던 이런 기술을 스스로 체험하면서 발전시켰다.

릴리엔탈은 1889년에 당시까지 알려진 항공 관련 전문 데이터를 총망라한 『항공의 기초로서의 새의 비행Bird Flight as the Basis of Aviation』이라는 책을 출판했다. 불행히도 릴리엔탈은 1896년 8월 9일, 글라이더로 시험비행을 하다가 추락해 그다음 날 사망했다. 만약 사고가 일어나지 않았더라면 릴리엔탈이 가장 먼저 동력 비행에 성공했을 것으로 추정하지만, 가정은 역사에서 의미가 없다는 것 또한 사실이다.

릴리엔탈의 책은 라이트형제가 비행에 관심을 갖는 데 결정적인 역할을 했다. 라이트형제가 비행기를 개발하는 데 공헌한 또 한 사람은, 프랑스 태생의 미국인인 옥타브 샤누트Octave Chanute다. 그는 1875년부터 비행에 관심을 가졌고 1894년 『비행 기계의 발전 현황』이라는 책을 출판했다. 이 책은 릴리엔탈의 책보다 업그레이드 된 것으로, 샤누트는 이 책에서 기존 항공공학에 대한 중요한 기술적 성과를 모두 정리하고 앞으로의 발전 방향까지 제시했다. 라이트형제와 샤누트는 서로 친밀하게 지내면서 의견을 교환했다. 샤누트는 트러스 구조를 한 복엽 글라이더(위아래로 두 개의 날개가 있는 글라이더)를 설계했는데 이것이 추후에 라이트형제의 비행기에 그대로 적용되었다. 샤누트는 추후에 라이트형제의 대변인이 된다.

라이트형제의 가장 강력한 경쟁자는 미국의 새뮤얼 랭글리Samuel P. Langley였다. 랭글리는 1887년부터 동력 비행 연구에 투신했고, 1896년에 증기 동력 모형 항공기의 비행에 성공하자 정부의 지원으로 사람이 탈 수 있는 대형 비행기를 제작했다. 이어서 1903년 10월 7일과 12월 8일, 공개 시험을 했으나 두 번 다 실패하고 말았다. 랭글리는 공개 실험에 실패하자 여론과 의회의 호된 비판을 받았고, 의회는 재정 지원을 중단하겠다고 발표했다. 랭글리에게는 참담한 일이지만 랭글리가 두 번째 공개 시험에 실패한 날에서 9일 뒤, 라이트형제가 비행에 성공했다.

'베르누이 정리'라는 날개를 달다

인간은 태초부터 하늘을 나는 새를 부러워하면서 스스로 날기를 갈망했다. 하늘을 나는 인간의 꿈은 상상과 신화 속에서 꿈틀거리며, 세기의 천재라는 레오나르도 다빈치의 스케치에도 등장한다. 인간이 비행을 한 첫 공식 기록은 1783년 11월 프랑스의 몽골피에Montgolfier 형제가 만든 열기구에 두 사람이 타고 25분간 약 8킬로미터를 비행한 것이다.

몽골피에의 열기구는 인류가 하늘을 날 수 있다는 가능성을 보여주었지만, 기구는 바람에 따라 밀려 움직이기 때문에 사람이 원하는 방향으로 비행할 수 없었다. 이런 문제점을 해결하기 위해 기구에 엔진을 단 비행선이 고안되었고, 독일의 페르디난트 체펠린Ferdinand Graf von Zeppelin이 19세기 후반 대형 비행선 시대를 열었다. 이 뒤로 본격적인 비행기 발명이 가능하다는 신념으로 세계 각지에서 수많은 사람들이 동력 비행에 도전했다.

동력 비행에 대한 개념은 1799년에 영국의 조지 케일리George Cayley에서 시작되었다. 그는 하늘을 나는 기계 제작법에 대한 혁신적인 아이디어를 제시했다. 기존에 사람들이 생각하던 비행 방식은 새를 모방하는 것이었다. 새는 날개를 이용해 공중에 떠 있을 수 있는 힘(양력)을 발생시키고, 날개를 펄럭여서 바람을 거슬러 앞으로 나아가는 힘(추력)도 발생시킨다. 케일리는 기존 사고에서 벗어나 이 두 힘을 분리시켜서, 고정된 날개의 양력이 비행기의 중력을 감당하고 별도의 추진 장치가 만드는 추력으로 공기의 저항(항력)을 감당하게 한다는 아이디어를 생각해냈다. 이 개념은 현대 항공공학 이론으로 이어졌고, 현대에는 케일리를 '현대 항공공학의 아버지'라고 부른다.

케일리와 동시대의 영국인인 윌리엄 헨슨William Samuel Henson은 1843년, 케일리의 아이디어를 접목해 증기기관을 장착한 공중 비행 장치를 고안했는데 비행에는 성공하지 못했다. 1874년에는 프랑스의 해군 장교 펠릭스 드 템플Felix Du Temple, 1884년에는 러시아의 알렉산더 모자이스키Alexander F. Mozhaiski가 윌리엄 헨슨처럼 증기기관을 단 비행기를 각각 개발해 잠시 동안 이륙한 것으로 알려지고 있으나 더 이상 구체화되지는 못했다.

그런데 이들이 강력한 동력 장치를 비행체에 장착하면 하늘을 날 수 있다는 파격적인 아이디어를 도출할 수 있었던 것은, 그보다 약 100여 년 전에 발표된 '베르누이 정리' 덕분이었다.

베르누이 정리는 유체역학의 기본 법칙 중 하나다. '점성과 압축성이 없는 이상적인 유체가 규칙적으로 흐르는 경우에 대한 속력과 압력, 높이의 관계에 대한 법칙'으로, 유체의 위치에너지와 운동에너지의 합이 일정하다는 법칙이다.

예를 들어 굵기가 일정하지 않은 관에 공기를 흐르게 하고, 굵기가 서로 다른 관의 아랫부분에 가는 유리관을 연결한다. 그 뒤 유리관 속에 담긴 물의 높이를 관찰하면 굵은 유리관 쪽에 연결된 물기둥은 그 높이가 낮고, 가는 유리관 쪽에 연결된 물기둥은 높이가 높다. 같은 높이에서 유체가 흐르는 경우 유체의 속력은 좁은 통로를 흐를 때 증가하고 넓은 통로를 흐를 때 감소한다. 유체의 흐름이 빠른 곳은 유체의 흐름이 느린 곳보다 압력이 낮아진다는 이론인데 이것이 바로 비행기의 양력이 발생하는 원리이다.

비행기 날개의 위쪽은 약간 굴곡져 있기 때문에 공기의 흐름이 빨라져 압력이 낮고, 날개 아래쪽은 직선으로 되어 있어 공기의 흐름이 느려 압력이 높다. 따라서 압력이 낮은 쪽으로 이끌려 위로 올라가는 힘인 양력이 발생하면 비행체가 떠오를 수 있다. 즉, 기압차가 생기기 때문에 비행기의 날개가 위로 뜨는 것이다. 한편 베르누이 정리에 의해 나타나는 현상을 마그누스 효과라 한다.

이를 비행기에 직접 적용해 설명해보겠다. 비행기의 무게를 공중에서 지탱하는 힘은 날개(주날개)에 작용하는 양력이다. 비행기가 공기 중을 일정 속도로 전진하면 그 속도와 같은 바람(공기의 흐름)이 날개에 닿는다. 이때 만곡彎曲이 큰 날개의 윗면을 통과할 때는 유속流速이 빨라지고, 만곡이 적은 아랫면에서는 유속이 느려진다. 베르누이 정리에 따르면 유속이 증가하면 유체의 압력이 감소하고, 반대로 유속이 감소되면 압력은 증가한다. 따라서 날개의 윗면에는 부압負壓, negative pressure이 생겨서 날개를 끌어올리고, 아랫면에는 정압正壓, positive pressure이 생겨서 날개를 위로 밀어올리는데 이 상하 면의 작용이 합쳐져서 날개에 상향上向하는 양력이 생긴다.

비행기가 일정한 속도로 수평비행을 하면 추력推力, thrust(주행 물체나 비행 물체를 진행 방향으로 밀고 나아가는 힘)과 항력抗力, drag의 균형이 잡힌다. 추력이 항력보다 클 때 비행기는 상승하고 추력이 항력보다 적을 때는 이 힘의 부족을 보충하려고 비행기는 하강한다. 어떤 비행기든지 각기 최소 속도가 정해져 있어 그 속도 이하에서는 비행할 수 없으므로, 지면에서 이륙할 때는 최소 속도 이상이 될 때까지 지상을 활주해 비행에 필요한

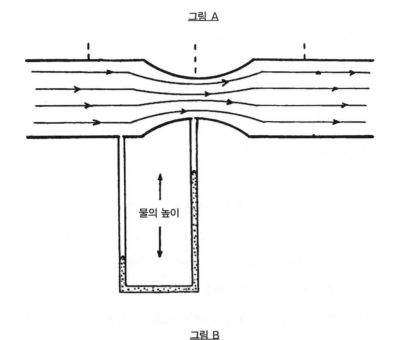

물의 높이

날개의 윗면

공기의 흐름

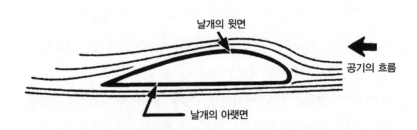

날개의 아랫면

굵은 유리관 쪽에 연결된 물기둥은 높이가 낮고, 굵기
가 가는 유리관 쪽에 연결된 물기둥은 높이가 높다(그림
A). 이를 비행기에 적용해보면, 만곡이 큰 날개의 윗면
을 통화할 때는 유속이 빠르고, 만곡이 적은 날개의 아
랫면에서는 유속이 느려진다(그림 B).

양력을 얻어야 한다. 또 착륙할 때도 최소 속도 이상의 속도로 접지接地하므로 정지할 때까지 지상을 활주해 그사이에 감속해야 한다. 비행기가 이착륙할 때 지상 활주가 불가피한 것은 이 때문이다.

수학자 가족의 역작

다니엘 베르누이는 교과서에 소개되기는 하지만 과학계의 슈퍼스타는 아니다. 그럼에도 이곳에서 불멸의 아이디어를 도출한 과학자로 그를 거명한 것은 베르누이의 기초 이론을 바탕으로 현대 문명의 꽃이라고 할 수 있는 비행기가 탄생했기 때문이다.

과학에서 기초 이론은 매우 중요하다. 베르누이 이전까지, 하늘을 나는 방법을 고안한 사람들은 새를 정확하게 모사하는 것에서 시작했다. 그러나 아무리 과학이 발달한 현대에도 새를 똑같이 닮은 하늘을 나는 기구는 볼 수 없다. 이는 새처럼 생긴 기구를 만드는 것이 간단하지 않음은 물론, 새처럼 만들 필요도 없기 때문이다.

베르누이 정리는 유체역학에서 많이 활용되는데, 영국의 조지 케일리, 윌리엄 헨슨, 프랑스의 펠릭스 드 템플 등은 베르누이가 무엇을 뜻하는지 정확하게 이해했다. 한마디로 양력을 기계적으로 만들어낼 수 있다면 하늘을 날 수 있음을 알았다는 뜻이다. 결론적으로 최후의 승자는 라이트형제였지만 베르누이 정리가 발표된 순간 양력을 활용한 비행체가 발명되리라는 것은 예견된 수순이었다.

다니엘 베르누이는 1620년경 앤트워프에서 바젤로 이주한 천재 수학자 가문에서 태어났다. 그 가운데서도 야코프 베르누이Jakob Bernoulli, 장 베르누이Jean Bernoulli 형제는 미적분 분야에서 독보적인 업적을 이루었다. 학생들을 가장 골머리 아프게 만드는 '적분calculas integralis'이라는 말은 형 야코프가 도출했으며 동생 장은 확률론에서의 등시성 곡선의 결정 등을 유도했다.

베르누이 정리를 만든 다니엘 베르누이는 장 베르누이의 아들로 네덜란드 흐로닝언에서 태어났다. 다니엘은 아버지와 형 니콜라우스 베르누이Nicholaus Bernoulli에게 수학을 배웠다. 천재 수학자 집안의 아들답게 1724년 『수학연습』을 출판했을 때가 그의 나이는 23세였다. 어린 나이에 이미 수학 책을 출간한 그의 명성은 국내외로 널리 알려져, 1725년 새로 결성된 러시아의 상트페테르부르크 과학 아카데미가 다니엘과 니콜라우스를 초빙했다. 이 제의를 받아들인 다니엘은 1725년부터 1733년까지 상트페테르부르크에서 연구했고, 그 뒤로 스위스 바젤로 이사했다.

다니엘 가족이 특이한 것은 수학의 천재인 가족끼리의 서로 경쟁심이 남달랐다는 점이다. 형제간에 업적을 두고 다툼을 벌일 정도였다. 이 다툼은 과학사에서 큰 영향을 미치는데, 미적분을 누가 먼저 도출했느냐로 영국의 아이작 뉴턴과 독일의 고트프리트 라이프니츠 간에 치열한 논쟁이 벌어졌을 때 베르누이가 논쟁의 중앙에 서 있었다. 근대의 학자들은 뉴턴과 라이프니츠가 독자적으로 미적분을 발견했다고 설명하지만 라이프니츠는 자신이 베르누이와 함께 미적분을 발견했다는 주장을 꺾지 않았다. 이 큰 논쟁의 와중에 베르누이 형제가 서로 선취권을 주장하며 논쟁을 벌인 것이다.

베르누이가 도출한 양력 이론은 비행기를 위해 도출한 것이 아니라 유체역학의 일환으로 제시한 것이다. 한마디로 베르누이는 그가 도출한 이론이 하늘을 날기 위한 방편이라는 사실 자체를 몰랐다. 하지만 결과적으로 로켓을 이용한 우주 비행으로 가는 기초 원리를 제공한 셈이다.

'불가능의 과학'을 혁파하다

오늘날 비행기 개발은 큰 틀에서 두 분야로 나뉜다. 첫째는 속도다. 비행기의 속도는 기하급수적으로 늘어 1947년에는 마하 3의 초음속 영역까지 개척되었다. 그 기술을 응용해 영국과 프랑스가 공동으로 개발한 콩코드가 1976년 취항했지만, 콩코드는 이착륙 시 소음이 클 뿐 아니라 객석 수가 100석 내외로 경제적이지 못해서 불과 20대를 만들고 생산을 중단했다. 따라서 본격적인 초음속 수송 시대를 위해서는 소음이 보다 적고, 객석 수도 250~300석이 되는 제2세대 초음속 비행기의 출현이 관건이다.

둘째는 비행기의 대형화다. 이는 항공 여객이 비약적으로 증가하고 있기 때문이다. 현재 전 세계에는 2만 대 전후의 비행기가 지구촌을 날고 있으며 항공기 여객 수는 20억 명을 훨씬 상회한다. 앞으로도 승객은 증가할 것으로 예측되는데, 이를 해결하기 위해 비행 편수를 늘리는 것은 공항 수용 능력에 제한을 받으므로, 대형 수송기를 운항하자는 것이다.

현재 운항중인 대형 상용 여객기는 통칭 점보제트라고 하는 보잉 747로, 동체 길이 70.6미터, 최대이륙 중량 11만 5,668킬로그램으로 최대 500명의 승객을 태울 수 있다. 2004년에는 최대 853명까지 탑승할 수 있는 초대형 여객기인 에어버스 A380이 완성되었는데, 조만간 1,000명 정도까지 태울 수 있는 비행기가 출현하리라 생각된다.

비행기보다 업그레이드된 비행체가 로켓으로 발사되는 우주선이다. 로켓과 비행기는 엄밀한 의미에서 상당히 다른 원리에 의해 작동되지만 이들 역시 베르누이 정리에 기초한다고 볼 수 있다. 즉 지구의 하늘을 날 수 있다는 생각이 발전해 우주로 나갈 수도 있다는 개념으로 발전했고, 실제로 이에 성공했음은 물론이다.

과학에는 어떤 일이 있어도 실현이 불가능하다고 여겨지는 주제들이 있는데 이를 '불가능의 과학'이라고 한다. 하늘을 날아보고 싶다는 것은 인간의 꿈과 희망이지만, 고대에는 이 생각 자체가 '불가능의 과학'이었다. 하늘을 날아보고자 수많은 사람들이 시도했지만 기초 이론을 모르는 사람들은 실패의 쓴잔을 맛보았다.

베르누이 정리는 현대과학에서 가장 중요한 기초 이론 중 하나다. 물론 베르누이가 베르누이 정리를 발표했을 때는, 150년 뒤에 자신의 정리가 비행기라는 문명을 탄생시킬 거라고는 생각하지 못했다. 그러나 뒷사람들이 비행기를 만드는 데는 그의 이론이 결정적인 역할을 했다. 비범한 발상은 당대에 빛을 보지 못하더라도 결코 사라지지 않는다는 것을 다시금 새길 일이다. 현대 문명은 이런 선구자에게 큰 빚을 지고 있다.

찰스 다윈

CHARLES DARWIN
1809~1882

진화론
종 다양성에 대한 해답

인류 최고의 지혜, 진화론

〈디스커버리 채널〉에서 세계의 각 전문가를 대상으로, 종교와 인문 분야를 제외한 인류사를 바꾼 위대한 발견 100가지를 선정해 이를 방영했다. 그 후 방영된 자료를 바탕으로 상위 10위를 선정하기 위해 여론 조사를 했다. 목적은 간단하다. 인류사를 통틀어 인간의 삶을 획기적으로 바꾼 아이디어, 즉 인간의 사고를 전향적으로 변모시킨 아이디어를 10개로 압축하자는 것인데 여기서 첫 번째로 선정된 것이 바로 찰스 다윈의 진화론이다.

세계인들이 인간의 패러다임을 바꾼 위대한 지혜로 다윈의 진화론을 뽑았다는 데 약간 의아해할지도 모른다. 이 결과는 인류가 지구상에 존재한 이래 가장 중요한 아이디어를 다윈의 진화론이 제공해주었다고 공인하는 것과 마찬가지인데, 진화론이 그 정도로 중요한 이론인지에 대해서는 이론이 있기 때문이다.

다윈의 진화론은 일면 매우 단순해 보이기도 한다. 인간을 비롯한 지구상에 살고 있는 모든 생물체가 생존을 위해 나름 최선의 방안을 찾는데, 이에 성공하면 존속이 가능하지만 실패하면 결국 도태된다는 것이다. 그러나 이처럼 단순한 논리로 설명할 수 있는 게 진화론이라면 인류 사상 최고의 아이디어로 언급하기에는 미흡하다.

진화론의 진가는 단순한 논리 속에 숨어 있는 오묘함에 있다. 지구상에 태어난 생명체가 자연선택을 통해 진화한다는 진화론의 핵심 개념은 단순함이 어떻게 복잡함으로 바뀔 수 있는지, 어떻게 무질서한 원자들이 결합해 더욱 복잡한 형태로 바뀌고 결국은 인간까지 만들어내는지를 매우 만족스럽게 설명한다. 다윈이야말로 우리의 존재에 대한 질문에 이제까지 제시된 답 중에서 유일하게 그럴듯한 답을 제공한 사람이다.

다윈은 자연선택이야말로 생물체의 다양성에 대한 주요 원인일 수 있음을 제시하고, 이 가정에 의하면 혼란스럽고 연관이 없어 보이는 모든 생명체의 존재 이유와 방법을 쉽게 설명할 수 있다고 했다.

한마디로 자연계의 모든 생명체는 영양, 생식, 환경조건에 제약을 받으며 상호 연관을 맺어 변화하고 진화한다는 뜻이다. 다윈의 진화론은 인간 사회의 정치, 경제, 사회 등 모든 분야에 적용할 수 있는데, 그 광범한 응용성이 장점이다. 인류의 행동 하나하나를 설명할 수 있다는 바로 그 점이 진화론을 인류사상 최고의 지혜로 선정되게 했다.

종의 보고, 갈라파고스 제도

찰스 다윈은 의사인 아버지 로버트 다윈과 웨지우드 도자기로 유명한 웨지우드 가문의 수재나의 둘째 아들로, 영국 슈롭셔의 슈루즈베리에서 1809년 2월 12일에 태어났다. 그의 집안은 5대에 걸쳐 왕립과학자협회 회원을 배출했으며 의사였다.

진화와 유전을 배울 수 있는 혜택 받은 집안에서 자랐지만, 다윈은 이른바 우등생 타입의 학생은 아니었다. 식물이나 곤충을 모으는 일에는 열심이었지만 학교에서 가르치는 그리스어나 라틴어의 작문 등에는 전혀 흥미를 나타내지 않아서 학창 시절 가족이나 학교 선생님에게 그다지 인상적이지 못했다.

새뮤얼 버틀러 고등학교의 다윈에 대한 소견서에는 '아주 평범한 학생으로 성적은 평균에 약간 못 미침'이라고 적혀 있어 그가 보통 학생이었음을 알 수 있다. 유명한 의사였던 아버지도 "너는 사냥이나 개 기르기, 쥐잡기 말고는 아무것도 관심이 없으니 네 자신뿐만 아니라 우리 집안에도 불명예스러운 존재가 될 것이다"라고 심하게 꾸짖어 다윈에게 잊지 못할 충격을 주었다.

하지만 이 말은 부모가 자식에게 한 최악의 예언 중에서 최상위에 꼽힐 것이라고 존 더랜트는 적었다. 찰스 다윈은 아버지 로버트 다윈보다 훨씬 성공했고, 시인이자 발명가로 유명한 그의 할아버지 에라스무스 다윈보다도 훨씬 유명하기 때문이다.

어쩌면 그의 성공은 오히려 어려서 두각을 나타내지 못했기 때문인지도 모른다. 아버지의 권유로 에든버러 의과대학에 들어갔으나 담력이 약한 그에게 의사는 맞지 않았다. 당시에는 고통을 덜어주는 마취제가 없었기 때문에 환자를 수술대에 묶은 후 그대로 수술을 했다. 대부분의 환자들이 통증을 참지 못해 비명을 질렀다. 다윈은 어린아이를 수술하는 광경을 보다가 수술실을 뛰쳐나간 뒤로 결국 의학 공부를 포기한다.

그의 아버지는 대를 이어 다윈을 의사로 만들겠다는 생각을 포기하고, 목사로 만들기 위해 케임브리지의 크라이스트대학 신학부로 다윈을 보낸다. 그러나 다윈은 여기에도 흥미를 갖지 못하고 박물학에만 관심을 갖는다. 당시 유럽에서는 '철학적 자연학'이 매우 각광받았는데 이 학문은 철학과는 상관없이 생존하거나 멸종한 동식물을 대상으로 그들의 본성과 기원, 상호관계를 밝히는 학문이었다. 철학적 자연학은 복잡한 실험기구가 많은 물리나 화학 분야와는 달리 예리한 눈, 활발한 상상력과 논리적 사고력에 많이 의존하므로 다윈과 같이 집안이 좋고 다소 나약한 성질의 남성에게 적격인 분야였다.

다윈은 당시 유복한 집의 자제답게 수집에 열중했는데 특히 딱정벌레류를 주로 모았다. 특히 19세기 독일의 유명한 자연학자인 알렉산더 훔볼트Alexander von Humboldt의 영향을 받아 "자연과학이라는 고귀한 건축물에 하나의 돌멩이라도 더해보려는 불타는 정열"을 키우고 있었다고 술회했다.

이때 그의 인생을 결정적으로 바꾸어주는 사건이 생긴다. 영국 정부는 정밀한 신형 시계를 검증하고 해군이 사용하는 남아메리카의 해안선 지도를 개량하기 위해 해군탐사선 비글호HMS Beagle에 세계 일주 항해를 명령했다. 당시 27세였던 비글호의 선장 로버트 피츠로이Robert FitzRoy는 해양 탐험에 동승할 박물학자를 찾았다. 케임브리지대학의 성직자이자 식물학 교수인 존 헨슬로우John Henslow는 다윈을 그 자리에 추천했고, 다윈은 22세 때 5년간 무보수 박물학자로 해군 측량선 비글호에 승선한다.

1831~1836년에 걸쳐 비글호를 타고 세계 각지를 여행하던 다윈은 1835년에 갈라파고스 제도를 방문한다. 1532년에 이곳을 방문한 스페인 사람들은 이곳을 스페인어로 '거북'이라는 뜻의 갈라파고스라고 불렀다. 갈라파고스는 총면적이 8,000제곱킬로미터이며 남아메리카 에콰도르 해안선에서 약 1,000킬로미터 떨어져 있다. 그 가운데 이사벨라섬이 약 6,000제곱킬로미터를 차지하고 있다. 한류인 페루해류가 흐르는 곳에 있어서 바닷물의 온도가 15도로 낮고, 기온도 낮아서 해안 가까운 곳의 연평균 기온이 25도이며 연간 강우량은 1,000밀리미터다.

이곳은 곤충과 포유류가 적은 반면 파충류와 조류의 천국이었다. 갈라파고스 제도에는 다른 곳에서 볼 수 없는 생물이 무척 많았다. 파충류와 조류뿐 아니라 곤충이나 꽃도 마찬가지였다. 이를테면 다윈이 잡은 15종의 물고기와 16종의 육생 패류貝類 중에서 15종이 신종이었다. 그야말로 갈라파고스 제도는 종의 보고였다.

다윈이 놀란 것은 갈라파고스의 생물들이 불과 1,000킬로미터 떨어진 남아메리카의 태평양 연안의 생물과 어딘가 다르다는 점이었다. 다윈은 '이들 섬은 서로 그리 떨어져 있지 않고 섬의 모습이나 기후도 비슷한데, 이곳에 사는 생물에 이 같은 미세한 차이가 생긴 것은 어떤 이유일까?'라는 의문을 품었다.

그가 진화론을 떠올린 결정적인 계기는 13종의 핀치finch(참새목 되새과

새의 총칭) 때문이다. 그들은 기본적으로는 닮아 있었지만 그 형태나 깃털에 묘한 차이가 있었다. 그것은 먹이의 차이에 의해 생긴 것 같았다. 곤충만 먹는 종, 곤충 외에 식물도 먹는 종, 식물을 주로 먹는 종, 식물 외에 곤충도 먹는 종으로 나뉜 것이다.

이를테면 대형 갈라파고스핀치는 단단한 종자를 깨먹기에 적합한 크고 튼튼한 부리를 가지고 있다. 종자말고도 특정 곤충과 꽃, 열매도 먹는다. 그들은 큰 종자를 먹을 수 있기 때문에 소형 갈라파고스핀치 등과 먹이를 놓고 다투는 일이 없다. 딱따구리핀치는 딱따구리와 닮았다. 그러나 딱따구리처럼 긴 혀가 없기 때문에, 애써서 나무에 구멍을 뚫어도 구멍에서 곤충을 꺼낼 수 없다. 그래서 선인장의 가시를 도구로 사용해 곤충을 꺼내는 법을 터득했다.

어느 날 다윈은, 못 가장자리에 앉은 한 소년이 물을 마시러 온 새를 채찍으로 쳐서 잡는 모습을 보았다. 소년의 발밑에는 저녁 식사용으로 잡은 작은 새가 산더미처럼 쌓여 있었다. 다윈도 모자를 가지고 한 마리를 잡아봤다고 했다. 그리고 다윈은 다음과 같은 기록을 남겼다.

인간이 거의 살고 있지 않기 때문에 이곳의 생물은 인간에게 심한 고통을 당한 적이 없었을 것이다. 그래서 그들은 인간이 위험한 존재라는 사실을 모르는지도 모른다. 만일 어느 날 사람이 나타나 그들을 사로잡거나 총을 쏘면 마침내 그들도 인간을 두려워하게 될 것이다.

비글호의 항해 목적이 파타고니아, 티에라델푸에고섬, 칠레, 페루 등

큰 지상 핀치   중간 지상 핀치

작은 나무 핀치   휘파람 핀치

다윈이 진화론을 떠올린 결정적 계기는 갈라파고스
핀치의 형태였다. 갈라파고스 핀치의 종 다양성에서
그는 '진화'라는 획기적 개념을 유추했다.

남아메리카의 해안과 태평양의 섬을 조사하는 것이었으므로 다윈은 갈라파고스 제도만 방문한 것은 아니다. 다윈은 항해 중 칠레에서 지진을 경험했고 육지의 융기에 대한 지진의 영향, 화산 폭발과 지진의 관계 등을 관찰했다. 그는 육지에 상륙하면 말을 타고 채집과 사냥을 했다. 칠레에서는 안데스 고원을 넘어 아르헨티나로 가는 도중 각종 벌레에 물려 심한 고생을 하기도 했다. 이런 다양한 경험은 다윈이 진화론을 구상하는 데 큰 영향을 미쳤다.

인간은 유인원의 후예

생명체가 자연선택을 통해 진화한다는 다윈의 진화론은 우리에게 단순한 것이 어떻게 복잡해지는지 비교적 조리 있게 설명한다. 그러나 다윈 스스로는 진화론에 두 가지 결정적 문제가 있다고 생각했다.

우선 자연선택에 의한 진화론의 증거가 아무리 많다고 하더라도, 어디까지나 정황적인 것이지 확연한 과학적 사실에 의해 증명되기 어렵다는 점이다. 두 번째로는 그가 믿고 있는 종교인 기독교의 믿음에 명백히 반한다는 것이다. 종의 독자성과 불가침성, 생명의 목적성, 그리고 인간의 도덕적 지위가 그의 이론에 의해 손상을 받을지도 모른다고 생각했다.

다윈은 이런 문제를 극복하는 방법으로 매우 명쾌한 접근을 시도했다. 그는 자신의 이론을 완전히 증명했다고 말하지 않았다. 다만 자연선택은 생물체의 다양성에 대한 주요 원인일 수 있음을 제시하고, 이 가정에 따르면 모든 종류의 생명체의 존재 이유와 그 삶의 방식을 쉽게 설명할 수 있다고 했다.

진화론을 주장한 다윈이 생존경쟁이란 아이디어를 생각해 낸 것은, 갈라파고스 제도에서 생태계를 유심히 관찰한 결과이기도 하지만 곤충의 번식력을 계산한 결과이기도 하다.

그는 파리 한 마리가 한 번에 200개의 알을 낳을 때, 그것이 전부 파리가 된다면 그중 절반인 100마리는 암컷일 거라고 추정했다. 그 100마리가 다시 200개씩 알을 낳으면 파리는 2만 마리가 되고, 그중 절반인 1만 마리의 암컷이 다시 200개씩 알을 낳으면 단 세 번의 번식으로 무려 200만 마리의 파리가 태어난다. 그들이 다시 알을 낳고 또 알을 낳으면 몇 년 안에 세상이 파리 천지가 되는 것은 불 보듯 훤한 일이다. 그런데 실상은 그렇지 않았다.

보다 충격적인 계산은 생태학자인 로버트 맥아더Robert Helmer macarthur의 계산이다. 20분마다 한 번씩 세포분열을 하는 박테리아가 있다고 가정하면, 20분이 지나면 4개, 다시 20분에 8개, 이런 식으로 36시간 만에 사람 무릎까지 올라올 정도의 높이로 지구를 뒤덮을 수 있다는 계산이다. 이론적으로는 그렇지만 현실에서 실제로 이런 현상이 벌어지지 않는 것이 다윈의 자연도태라든가 생존경쟁 이론이 나오게 된 연유다.

다윈은 자신의 생각이 위험하다는 것을 잘 알고 있었다. 인간이 창조된 것이 아니라 진화된 것이라는 주장은 당시의 시류에 폭탄을 던지는 것이나 마찬가지였고, 학계에서 따돌림을 당할 수도 있었다. 이런 경우 일반적인 상류층 자제들이라면 자신의 상상력을 더 이상 이어가지 않았을 것이다. 공연한 구설수에 휘말리는 일은 편하게 살 수 있는 상류층들이 바라는 바가 아니었다.

그러나 다윈은 자신의 발상이 엄청나다는 것을 잘 알고 있었으므로 과감히 도전하기로 결정했다. 다윈은 꼼꼼하고 신중한 사람이었다. 그러므로 그는 자기의 주장을 뒷받침할 증거를 계속 모으면서 자기의 이론을 정리해나갔다. 이때 그는 토머스 맬서스Thomas Malthos가 1798년에 쓴 『인구론 An Essay on the Principle of Population』을 읽었다. 맬서스는 다음과 같이 주장했다.

생물은 많은 자손을 만들므로 만약 그들이 모두 자란다면 지구는 곧 포화 상태가 될 것이다. 인구의 증가는 식량의 증가보다 빠르다. 따라서 인간의 수를 전쟁, 질병 등으로 감소시킬 필요가 있다. 생활이란 생존을 위한 투쟁이며 여기에 가장 잘 적응하는 자만이 살아남는다.

맬서스에 따르면, 시간이 경과함에 따라 인구는 기하급수적으로 늘어나는 데 반해 식량 공급은 한정된다. 그 결과 인위적 조치가 따르지 않으면 만성적인 식량 부족 상태에 빠지게 되므로 자연적 요소가 개입해 가장 허약한 인구 집단을 절멸시킨다는 것이다. 다시 말해서 인구가 식량 공급보다 빨리 증가할 수밖에 없으므로 자원을 둘러싼 경쟁이 점점 치열해지고 그 경쟁 속에서 더 빠르고 강하고 튼튼하고 영리한 개체들이 살아남을 가능성이 높다는 설명이다.

맬서스는 자신의 통찰을 사회적 변화에 적용했지만, 다윈은 이 책을 읽고 생존경쟁과 그 결과로서의 적자생존에 의해 이 같은 종의 차이가 생겼다고 생각했다. 맬서스의 책을 읽은 후 다윈의 상상력은 또 다시 비약했다.

우선 새의 종류가 적은 갈라파고스 제도에서는 핀치끼리 경쟁을 해야만 해서 핀치의 종류가 많아졌을 것이다. 갈라파고스 제도의 핀치 수가 점점 많아짐에 따라 처음에는 힘이 약한 핀치나 먹이 발견에 능숙하지 못한 핀치는 굶어 죽어갔을 것이다. 그러나 큰 종자나 단단한 종자를 먹을 수 있게 된 핀치는, 먹이를 놓고 다른 핀치와 다툴 필요가 없이 생존을 보장받으며 새로운 종으로 변해갔을 것이다. 도구를 사용하는 딱따구리핀치에게도 똑같은 일이 일어났다고 말할 수 있다.

다윈은 여기서 한 걸음 더 나아갔다. 진화하는 과정에서 적자만 생존하고 부적자는 멸종한다는 것은 다소 무리한 추정이라는 것이다. 부적자의 생존을 허락하는 환경이 있는 경우에는 부적자도 그곳에서 살아갈 수 있기 때문이다. 요컨대 종의 기원은 종의 다양화고, 생물의 진화는 생물이 시간과 함께 어떻게 변해갔는지에 대한 이야기다.

라마르크를 넘어서다

진화론 자체는, 다윈 이전에도 유럽의 지식인 사회에 널리 알려져 있었다. 행성 체계에서 태양이 중심일지 모른다는 주장이 코페르니쿠스 이전에도 있었던 것처럼, 일련의 선구자들이 다윈에 앞서 종의 변화를 거론했다. 프랑스의 자연학자이며 파리왕립식물원의 총책임자였던 박물학자

다윈은 '인구는 기하급수적으로 증가하지만 식량은
산술급수적으로 증가한다'고 주장한 맬서스의
『인구론』에서, 생존경쟁과 적자생존이라는
개념을 떠올렸다.

르클레르 드 뷔퐁Georges Louis Leclerc de Buffon도 종이 진화한다고 주장했다. 지구의 물리적 구조 변화와 지구에서 살아가는 생명체의 변화는 태초에 지구가 탄생할 때부터 작용한 것과 동일한 자연법칙의 지배를 받으며, 초자연적인 신의 개입을 받지 않는다는 정연한 이론을 적은 영국의 저명한 지질학자 찰스 라이엘Charles Lyell의 『지질학원론』도 1830년에 발간되었다. 에라스무스 다윈도 일련의 과학적 시를 통해 유용한 형질이 생물학적 유전을 통해 대물림되며 그런 형질들이 서서히 축적되면 다양한 생물이 탄생한다고 믿었다. 그는 최초의 생명은 생명 없는 물질에서 나왔다고 적었다.

그러나 진화론으로 가장 잘 알려진 선구자는 장 라마르크Jean Baptiste de Larmarck일 것이다. 그가 자신의 '형질변경이론' 을 적은 『동물철학 Philosophie zoologique』을 발간한 것은 1809년으로, 『종의 기원』이 발간되기 무려 50년 전이다. 그러므로 라마르크를 근대적인 의미의 진화론의 선구자 즉 생물학적 진화학설의 창시자라고도 부른다.

라마르크가 불멸의 명성을 얻게 된 것은 당대에 정설로 인정되던 프랑스의 조르주 퀴비에Georges Cuvier의 '천변지이설catastrophism' 에 반대했기 때문이다. 고생물학자이자 비교해부학의 창시자로 알려진 퀴비에는, 지구상에 수많은 천재지변이 있었고 그때마다 매번 수많은 종을 멸종시켰으며, 이러한 사건은 인간이 태어나기 훨씬 이전부터 진행되고 있었다는 보수적인 종합 이론을 주장했다. 그는 지질학적 자료와 화석 자료에서 관찰되는 갑작스러운 단절을 대격변(홍수, 화재, 화산 폭발 등)으로 설명할 수 있다고 믿었다. 여러 시대에 걸쳐 발견되는 화석 등을 고려한 그의 설명은 당시로는 매우 합리적이었다.

하느님은 지구상에 생물을 창조해 얼마동안 살게 한 후 이들을 멸망시키고 새로운 생물을 다시 창조해 살게 하다가 다시 멸망시키는 일을 되풀이했다. 그러므로 성서에 나오는 노아의 홍수는 맨 마지막 천변지이이며 이때 모든 생물이 죽고 이들이 화석으로 변했다.

워낙 유명한 대학자이자 웅변가인 탓에 퀴비에의 이론에 반박하는 사람이 없었다. 더구나 그는 종교계에서 전폭적인 지지를 받았다. 노아의 홍수를 과학적으로 설명해 기독교로서는 그야말로 든든한 과학자를 확보했기 때문이다.

라마르크는 퀴비에가 천변지이설을 발표한 같은 해『무척추동물의 체계』를 발표해 천변지이설에 반격을 가했다. 그는 생물의 종이 여러 세대에 걸쳐 '자연의 계단' 위를 몸부림치면서 기어오른다는 진화의 개념을 도입했다. 종은 시간의 흐름에 따라 완전성을 획득하면서 진화하는데 이는 동물이 환경 조건에 적응하려고 애쓰는 의지를 구현하기 때문이라고 설명했다. 그러나 여론은 퀴비에의 편이었다.

라마르크는 자연적 변이는 환경의 영향을 받은 결과이며 이 변이가 다음 세대로 즉시 유전된다는 이론을 주장했다. 그가 제시한 예는 기린이었다. 그는 "높은 곳에 있는 나뭇잎을 따먹으려고 오랫동안 목을 늘이다 보니 기린의 목이 길어졌다"라고 설명했다. 반면에 두더지나 도룡뇽의 눈처럼 계속해서 사용하지 않는 기관은 퇴화했다고 주장했다.

19세기 초 기독교로 무장한 유럽인에게 라마르크의 설보다 퀴비에의 설이 더 매력적으로 보이는 것은 사실이었다. 특히 진화론을 도덕률의 뿌리를 송두리째 뒤흔드는 것으로 동시대인들이 인식한 것은 라마르크에게 치명상이었다. 라마르크의 형질변경이론에 따르면 인간도 원숭이에서 변형되어 진화한 존재임이 분명하기 때문이다.

　　엄밀한 의미에서 라마르크와 다윈의 이론은 차별화되는 지점이 있어서 별개의 이론으로 설명하기도 한다. 라마르크는 획득형질의 유전을 주장했고 다윈은 획득형질의 유전을 주장하지 않았다는 것이다. 그러나 이는 사실이 아니다. 다윈도 획득형질이 유전된다고 믿었다. 사실 획득형질이 유전되지 않는다면 진화라는 대전제 자체가 성립하지 않는다. 다만 다윈과 라마르크의 차이는 라마르크는 진화의 요인이 획득형질의 유전이라고 본 반면에, 다윈은 진화의 주된 추진력이 생존경쟁이라고 생각한 것에 있다. 라마르크의 주장을 다윈의 주장에 대입시키면 다음과 같이 설명할 수 있다.

　　기린의 목도 오래전에는 말의 목과 비슷한 길이였을 것이다. 하지만 그 중에서 어떤 것들은 목이 더 길고 어떤 것들은 더 짧았다. 기린의 숫자가 늘어나자 키 작은 나무의 잎만으로는 모두 먹고살 수 없었으므로 목이 긴 기린만 살아남았다. 결국 목이 긴 기린은 목이 긴 새끼를 낳았고 이런 일이 되풀이되면서 매우 긴 목을 가진 현대의 기린이 나타났다.

　　이 설명을 보면 큰 틀에서 라마르크의 설이 다윈의 진화론에 흡수되는

라마르크는 형질변경이론을 설명하기 위해
기린의 목을 예로 들었다. 다윈도 획득형질의 유전을
믿었지만 라마르크와 달랐던 지점은, 진화의 추진력이
생존경쟁이라고 생각한 점이다.

것을 알 수 있다. 다윈의 설명은 라마르크의 이론을 뛰어넘는다. 라마르크는 환경이 부모에게서 자식으로 이어지는 바람직한 변이를 낳는다고 단순하게 설명했다. 다윈은 특정한 환경에서 살아남아 번성할 수 있는 특성을 진화시킨 종이 그렇지 못한 종보다 우세할 수 있다고 설명했다. 라마르크는 기린이 높은 곳에 있는 나뭇잎을 먹기 위해 자꾸만 목을 뻗다 보니 목이 길어졌다고 했지만, 다윈은 우연히 다른 기린보다 더 긴 목을 가지고 태어난 기린이 먹이를 차지하는 데 유리했기 때문에 더 빨리 번식했다고 설명했다.

자연선택에 의해 진화가 일어나는데, 그 결과 생명이 나뭇가지가 뻗어나가듯 진화한다는 것을 밝혀주었다는 데 다윈의 독창성이 있다. 위대하면서도 이해하기 쉬운 과학 이론은 매우 드문데 자연선택론은 초등학생에게도 통하는 간단한 논리 구조로 되어 있다.

후폭풍이 몰아치다

진화론에 대한 개념을 정립했음에도 다윈은 자신의 이론을 곧바로 발표하지 않았다. 자신의 이론이 사람들에 미치는 영향이 클 것으로 예상했기 때문이다. 더구나 그는 공개적 논쟁을 극히 싫어했고 1840년 이후로는 건강도 무척 나빠지기 시작했다. 이 당시의 다윈의 건강에 대해서 학자들은 비글호 항해 때 걸린 열대지방의 풍토병 또는 연구로 인한 심리적 이유 때문이라고 추정한다.

1858년 6월 18일, 동인도제도에 사는 앨프리드 월러스Alfred Russel Wallace가 보낸 한 통의 편지가 다윈에게 배달되지 않았다면 다윈의 논문은 더 연기되었을 것이다. 다윈보다 14살이나 어린 무명의 월러스가 대학자인 다윈에게 자신의 논문 초고를 보내면서 다윈의 의견을 물었는데, 그 논문에서 월러스는 다윈과 똑같은 결론을 내리고 있었다. 결국 두 사람은 공저로 1858년 '린네 협회'에 논문을 발표했다. 제목은 「자연선택에 의한 종의 기원On the Origin of Species by means of Natural Selection」이었다.

다윈과 월러스가 진화론에 대한 논문을 공동으로 발표했음에도 다윈이 진화론의 시조로 거론되는 이유는, 다윈이 『종의 기원』을 발표하기 거의 15년 전인 1844년에 당시 유명한 학자였던 조셉 후커Sir Joseph Dalton Hooker가 다윈의 소논문을 낭독한 적이 있었고, 또 다윈이 한 미국 교수에게 자신이 연구 내용을 보낸 적이 있으며, 월러스와 편지를 교환하면서 그가 진화론에 관한 이론을 세워두었다고 적은 적도 있기 때문이다. 물론 다윈이 논문 발표 20년 전인 1839년에 『비글호의 항해기』를 발간한 것도 영향을 주었다.

『종의 기원』은 19세기에 출판된 자연과학 도서 중에서 인류의 사고방식에 가장 큰 영향을 준 책이다. 하지만 다윈은 자신의 책 때문에 말썽이 벌어지는 것을 반기지 않았으므로 『종의 기원』에서 인류에 대한 것은 쓰지 않았다. 그럼에도 불구하고 『종의 기원』은 즉시 과학자들과 일반 독자, 신학자들에게 영향을 주었고 논쟁을 불러일으켰다. 초판 1,259부가 출간된 첫날 다 팔렸고 다음 해 1월에 찍은 3,000부도 나오자마자 매진되었다. 6판인 최종판이 1872년에 나올 때까지 9,750부가 팔렸으며, 다윈이 자서전을 쓰던 1876년까지 무려 1만 6,000부가 팔렸으니 당시로는 그야말로 초베스트셀러였다. 다윈의 책이 베스트셀러가 되었다는 것은 그가 걱정대로 후폭풍이 몰아쳤다는 것을 의미했다.

다윈의 『종의 기원』은 근본적으로 새로운 생명관 즉 진화론을 옹호하는 주장을 담고 있지만 매우 방어적인 책이다. 오래전부터 다른 과학자들이 진화론을 비웃을 것이라고 상상하면서 책을 썼기 때문이다.

한편으로는 자신의 이론이 갖고 있는 문제점을 솔직하게 나타내면서 다른 한편으로는 그런 문제점들이 왜 진정한 문젯거리가 되지 못하는지를 적었다. 그러나 그 솔직함과 노련한 설명에도 불구하고 『종의 기원』은 출간하자마자 논란이 되었다. 인간이 만물의 영장이 아니라 원숭이에서 진화한 존재에 불과하다는 내용 때문이었다. 엄밀하게 말한다면 다윈은 인간이 원숭이의 자손이라고 주장한 적은 없다. 다윈은 지구에 사는 무수한 종이 공동 조상에서 거듭 분화한 결과물이라고 말했는데 이것이 원숭이에서 인간이 분리된 것과 다름 아니라고 일반에 이해된 것이다.

당시의 식자들은 인간과 동물의 가장 분명한 차이는 지적 능력이라고 보았다. 언어 구사력과 논리적 사고라는 것이다. 이러한 특징이 인간에게 특별한 지위를 부여했는데 다윈은 이러한 인간의 존엄성을 원천적으로 훼손했다.

아이러니하게도, 다윈의 진화론은 종교계와 학자들의 심각한 저항을 받았지만 당대에 제국주의 신봉자들에게는 전폭적 지지를 받았다. 다윈의 진화론을 지지한 제국주의 옹호자들의 주장은 간단했다. 치열한 생존경쟁을 뚫고 이룬 성공이야말로 자연의 법칙에 충실한 것이며 정당한 것

당시 사람들은 인간을 만물의 영장이라고 믿었는데,
다윈은 이러한 인간의 존엄성을 원천적으로 훼손했다.
따라서 『종의 기원』은 논란이 될 수밖에 없었다.

이다. 진화가 단기간에 급속히 이루어지지 않았듯, 사회의 진화도 급격하게 진행되는 것은 아니다. 현실에 가장 잘 적응하는 생명체만이 생존할 자격이 있고 한 생명체의 번성을 위해 다른 생명이 말살되는 것이 당연한 일이듯, 우수한 인종이 열등한 인종을 착취하는 것도 당연한 일이라는 것이다. 특히 신체는 물론 지적, 도덕적 자질에서 다른 인종보다 우월한 유럽인들이 오늘의 문화와 진보를 이끌어 낸 힘을 공고히 하기 위해, 야만인을 정복하고 그 숫자를 늘리는 일은 우수한 인종의 당연한 권리라고 여겼다. 유럽 열강들이 전 세계를 식민지화하려고 열을 내고 있을 때, 다윈의 진화론은 그들의 구미에 가장 알맞은 논리를 제공했다. 다윈의 진화론은 종족간의 차별과 서구 중심의 민족주의를 정당화하는 더 없이 좋은 자료였던 셈이다.

계속되는 진화론의 여정

다윈의 신중성과 완벽주의적 성격 탓에, 『종의 기원』은 일반인이 읽기에 매우 어려운 필치로 쓰였다. 다윈은 수많은 증거와 실례가 그의 이론을 지지해 줄 수 있다며, 실증할 수 없는 결론을 내지 않으려고 노력했다. 그러면서도 자신이 제기하는 이론이 결코 틀리지 않았음을 자부했고, 일단 그 탁월한 논리를 정립한 이후에는 그것에서 최대한 함축적 결론을 끌어내는 데 주저하지 않았다.

다윈은 다음 몇 가지 조건만 맞으면 진화는 반드시 일어난다고 설명했다. 반대로 다음 어느 하나라도 맞지 않는다면 진화는 일어나지 않는다는 뜻이다. 이를 진화의 필요충분조건이라고 한다.

첫째는 변이로, 모양·크기·색깔 등 모든 면에서 똑같은 집단에서는 서로 짝짓기를 해 자손을 낳더라도 아무런 변화를 기대할 수 없다. 애당초 변이가 없는 곳에서는 변화도 일어나지 않는다는 말이다.

둘째는 유전으로, 변이가 유전되지 않는다면 의미가 없다는 것이다. 자식은 항상 부모를 닮는데 이는 부모의 형질이 유전되기 때문에 그렇다. 즉 유전되지 않는 변이가 아니라면 진화는 일어나지 않는다.

셋째는 아무리 많은 새끼를 낳아도 소수만이 살아남아 번식되는 구조가 되어야 한다는 것이다. 먹이사슬 최상위에 있는 사자나 호랑이조차도 수많은 새끼를 낳는다고 지구를 뒤덮을 수 있는 것은 아니다.

넷째로 암컷이 낳는 자손의 숫자가 달라야 한다는 것이다. 어느 집이나 똑같은 수의 자식을 낳아 기른다면 변화가 있을 수 없다. 자식의 수가 다르기 때문에 변화가 생긴다는 말이다. 다윈은 이 네 가지 조건이 모두 충족되면 진화는 반드시 일어난다고 설명했다.

진화론은 비교적 설득력 있게 지구에 살고 있는 동식물의 존재를 설명했지만, 다윈의 반대자들이 그의 가설을 끝까지 물고 늘어질 수 있었던 것은 과학적으로 반드시 증명해야하는 두 가지 문제점이 있기 때문이었다.

첫째는 진화론이 자리매김할 수 있는 절대적인 시간이 짧다는 것, 즉 당대의 학자들이 지구의 나이가 젊다고 인식했다는 점이다.

둘째는 진화를 뜻하는 형질변경이 반드시 일어난다는 증거가 있어야 하는데 그 증거를 찾을 수 없다는 것이다. 진화론을 두고 찬성자와 반대자가 거의 150년 동안 혈투를 벌인 이유다.

결론을 먼저 말하자면, 다윈이 사망할 때까지 풀리지 않았던 두 문제가 현대과학의 발전에 힘입어 완전히 풀렸다. 지구의 나이는 다윈 시대 학자들이 믿었던 연대를 훨씬 초래해 약 45억 5,000만 년이나 될 정도로 장구하다는 것으로 밝혀졌고, 형질변경의 문제도 확실한 증거가 발견되었다. 다만 첫 번째 의문이 다윈 사망 20여 년 후 어니스트 러더퍼드Ernest Rutherford에 의해 풀린 것에 비해, 두 번째 의문은 그가 사망한지 100여 년이 지난 1980년대에야 비로소 풀렸다. 진화론의 여정이 결코 쉽지 않았음을 보여주는 예다.

알베르트 아인슈타인

ALBERT EINSTEIN
1879~1955

상대성이론

시간과 **공간**은 **상대적**이다

"뉴턴, 나를 용서하시오"

　　알베르트 아인슈타인은 '만약 우주에 출발점이 없다면, 어떻게 사람들이 우주에 대한 모든 것을 알 수 있는가' 하는 의문을 가졌다. 그는 이 해결책으로 우주의 특정 사건에 관련된 관성좌표계가 있어야 한다고 생각했다. 관성좌표계가 꼭 지구일 필요는 없다. 태양 또는 그 어떤 구역 중에서 가장 편리한 것을 선택하면 된다. 예를 들어 행성의 운동을 기술할 때는 지구 중심의 관성좌표계보다는 태양 중심의 관성좌표계가 훨씬 편하다. 따라서 공간과 시간의 측정은 주어진 관성좌표계에 따라 상대적인 것이 되며 이러한 이유로 아인슈타인의 이론을 '상대성이론' 이라고 한다.

　　그런데 상대성이론의 개념은 갈릴레이로 소급된다. 손에 쥔 돌을 정지한 배 위에서나 등속으로 움직이는 배 위에서 떨어뜨렸을 때 돌은 바로 발밑으로 낙하한다. 이것은 물체가 낙하하는 역학의 법칙이 같기 때문에 일어나는 일이다. 등속 운동을 하는 좌표를 '관성계' 라고 하며 갈릴레이는 '관성계에서는 모든 역학 법칙이 변하지 않는다'라고 생각했다. 바로 갈릴레이의 상대성이론인데 갈릴레이와 아인슈타인이 사용하는 '상대성'이라는 말은 똑같지만 의미가 다름을 알 수 있다.

아인슈타인의 상대성이라는 말을 보다 쉽게 설명하면 이런 것이다. 사람은 고래보다 덩치가 작다. 그러나 사람은 개미보다는 훨씬 크다. 그렇다면 사람이 큰 것인지 작은 것인지 누가 알 수 있을까? 개미가 보면 사람은 엄청나게 덩치가 크지만 고래가 보면 사람은 매우 덩치가 작다. 그렇다고 사람의 덩치가 달라지는 것은 아니다. 즉 누가 사람을 보느냐에 따라서 사람의 덩치를 평가하는 기준이 달라진다는 뜻이다.

상대성이론이 충격을 준 것은 내가 생각하는 것과 다른 사람이 생각하는 것이 상대적으로 다를 수 있다는 것을 인류에게 처음 각인시켰기 때문이다. 또 우리가 보고 있는 게 절대적인 지식이 아니라는 사실도 분명하게 깨우쳐주었다. 그리고 이 극적인 상황이 사람이 평소에 생각하지 못하는 거대한 우주 분야까지 펼쳐진다는 것이다.

아인슈타인은 『자서전Autographical Notes』에서 다음과 같이 적었다.

> 뉴턴, 나를 용서하시오. 당신은 가장 고결한 사고와 창조력을 지닌 사람입니다. 하지만 그건 당신의 시대에 국한된 일입니다.

세상에서 누가 뉴턴에 대해 이와 같이 당당한 글을 쓸 수 있을까. '만유인력'이란 뉴턴의 발견한 것은 정말로 대단한 것이다. 뉴턴은 우주 전체에 작용하는 특정 요소를 설명할 수 있는 체계를 순전히 혼자의 힘으로 세움으로써 근대과학의 문을 열어젖혔다. 더구나 수학에 기초한 이론을 실험을 통해 확증한 사람도 그가 처음이었다. 다만 그의 한계는 우주의 모든 것을 규명할 수는 없었다는 점이다.

뉴턴의 만유인력이 전 시대를 통틀어 가장 중요한 과학적 개가임에는 분명하지만 뉴턴의 이론은 어떤 특별한 상황에서는 적용되지 않았다. 학자들은 뉴턴의 이론을 만물의 현상에 적용하려했지만 잘 맞지 않아서 뉴턴의 이론에도 결함이 있다는 것을 알았지만, 그것이 무엇인지를 밝혀낼 수는 없었다. 아인슈타인이 등장할 수밖에 없는 필요충분조건이 마련된 것이다.

광전효과를 입증하다

오랫동안 별개의 현상으로 생각되던, 전기와 자기가 밀접한 관계에 있다는 사실에 아인슈타인은 관심을 기울인다. 전기와 자기에 대해서는 19세기 초 앙드레 마리 앙페르André Marie Ampére와 마이클 패러데이Michael Faraday 등의 연구에 의해 많이 알려졌다.

이 중에서 가장 탁월한 이론을 제시한 사람은 제임스 맥스웰James Clerk Maxwell이다. 맥스웰은 전자기 현상과 관련된 모든 것을 수식으로 표현하는 '맥스웰 방정식'을 1864년에 발표했다. 맥스웰 방정식은 간단하게 말해, 빛도 전자기장의 일부이며 폭이 넓은 스펙트럼 가운데 눈에 보이는 부분이라는 것이다.

맥스웰 방정식은 전파와 자기파가 빛의 속도에 아주 근접한 속도로 움직인다는 것을 보여주었다. 이를 통해 그는 놀라운 통찰력을 보였다. 빛 자체가 일종의 전자기파라는 것이다. 그가 빛과 전자기를 연결시킨 것은 물리학 역사의 이정표나 다름없다. 또한 그는 서로 다른 파장을 가진 다른 형태의 전자기파도 존재할 수 있다고 말했다.

맥스웰의 가설은 많은 학자들에게 경원을 받았으나 맥스웰이 사망하고 8년이 지난 1887년에 독일의 물리학자 하인리히 헤르츠Heinrich Rudolf Hertz가 맥스웰의 이론을 실험으로 증명했다. 그는 실험을 통해 우리가 눈으로 감지할 수 있는 가시광선 외에도 수많은 전자기파가 우리들이 살고 있는 공간 안에 있다는 것을 확인했다. 그의 이론에 의하면 빛의 속도는 초속 약 30만 킬로미터였다.

아인슈타인은 1900년 8월에 대학을 졸업했다. 대학 졸업 후 1년 간 직장을 찾으면서, 임시교사와 가정교사 등을 하면서 생활을 꾸리다가 친구 아버지의 추천으로 1902년 6월 특허국에 취직했다. 특허국에서 근무하면서도 그는 매년 논문을 발표했고 1905년에 5편의 논문을 세상에 발표했다.

① 「분자의 크기를 정하는 새로운 방법」
② 「발견적 견지에서 본 빛의 발생과 변환」
③ 「정지하고 있는 유체 속에 떠 있는 입자의 운동과 열의 분자 운동과의 관계」
④ 「운동하는 물체의 전기역학」

⑤「물체의 질량을 그것이 포함하는 에너지를 통해 알 수 있는가?」

이 중 ①번 논문은 취리히 주립 대학에 제출한 박사 학위 논문으로, 아인슈타인은 이 논문으로 이학박사학위를 받는다.

②번은 광전효과라고 불리는 현상을 설명한 것으로 이 광전효과이론은 아인슈타인의 상대성이론에 결코 떨어지지 않는 대표적인 이론이다. 광전효과란 진공상태에서 아연과 같은 금속에 특정 종류의 빛을 쬐면, 금속 표면에서 음전하를 띤 입자인 전자가 튀어나오면서 전류가 발생하는 현상이다.

이 이론이 중요한 것은 텔레비전, 컴퓨터, 태양전지 등 현대 문명의 이기들이 모두 광전효과에 기반을 두고 있기 때문이다. 현대인들은 빛이 이중성을 갖고 있다는 사실을 잘 알고 있다. 즉 빛은 입자이자 파동의 역할을 동시에 한다는 것이다. 아인슈타인 이전의 과학자들 사이에서는 입자설과 파동설이 자주 충돌했는데 이는 각각의 설명에 납득할 수 있는 부분도 있었지만 모순되는 부분도 함께 공존했기 때문이다. 이때 혜성같이 등장한 사람이 아인슈타인으로, 그는 빛은 두 가지 성질을 모두 갖고 있다고 명쾌하게 설명했다.

우선 파장의 문제를 보자.

만일 빛이 파동의 성질만 갖고 있는 연속적인 흐름이라면, 어떤 파장의 빛이라도 장기간 비추거나 밝게 비추면 전자는 에너지를 모았다가 충분한 에너지가 쌓이면 튀어나가야 한다. 그런데 실험 결과, 전자를 떼어내는 빛의 파장은 항상 특정 파장보다 작아야 했고 그렇지 못할 경우 아무리 밝기를 높여도, 즉 같은 파장의 빛을 아무리 많이 비춰주어도 전자가 튀어나오지 않았다.

두 번째는 조도 문제다.

빛이 파장이기 때문에 연속적인 에너지의 흐름이라면 전자가 에너지를 모아서 튀어나올 때 전극 표면에 비추는 빛의 세기가 강할수록, 즉 많은 빛을 비출수록 튀어나오는 전자의 에너지가 커야 한다. 그런데 튀어나오는 전자의 에너지는 사용한 빛의 양이 아니라 빛의 파장에만 영향을 받았다. 많은 빛을 비추면 튀어나오는 전자의 수가 많아질 뿐 전자 한 개의 에너지는 항상 일정했다.

마지막으로 반응시간의 문제다.

빛이 연속적인 흐름이라면 빛의 세기가 약한 경우 전자가 필요한 에너지를 흡수하는 데 오랜 시간이 걸리는 것이 당연한 일이다. 즉 빛을 비추기 시작해서 전자가 튀어나올 때까지 반응시간이 길어져야 한다. 그러나 특정 파장보다 짧은 빛을 비추면 아무리 빛을 약하게 해도 전자는 빛을 비추자마자 튀어나왔다. 빛이 약해지면 튀어나오는 전자의 개수가 감소할 뿐 반응시간이 지연되지 않았다.

이 세 가지 의문점은 빛이 파동이라고 단정 지으면 풀 수 없는 문제였는데, 1905년 아인슈타인이 광전효과로 빛을 입자라고 가정하면서도 파장이라는 것을 모순되지 않게 설명했다.

아인슈타인에 따르면 전자는 빛을 이루고 있는 에너지 덩어로 광자(또는 광양자光量子)와 충돌해서 광자 한 개에 해당하는 에너지를 흡수한다. 전자와 광자가 부딪치자마자 전자가 광자의 에너지를 흡수하기 때문에 반

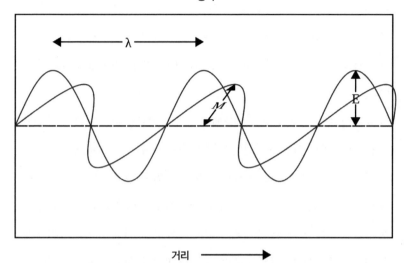

광파

λ = 파장

E = 전기장의 진폭

M = 자기장의 진폭

정지 상태의 광파. 빛의 두 성분의 진동을 보여주고 있다. 전기장과 자기장은 서로 수직이고, 가로 방향의 파동을 형성한다.

응시간은 0이다. 이때 조도를 높이는 것은 광자의 양이 증가할 때뿐이므로, 전자 한 개의 에너지가 증가하는 것이 아니라 튀어나오는 전자의 수가 증가한다. 빛을 받을 때 떨어져 나온 전자의 에너지는 일정하다. 전자가 광자에서 받은 에너지에서 전자를 떼어내는 데 들었던 에너지를 뺀 값이다.

빛이 입자의 성질을 갖고 있음에도 파장의 성질을 갖고 있다는 이중성의 문제도 아인슈타인은 간단하게 해결했다. 전자는 광자 한 개에 해당하는 에너지만 흡수하므로 전자가 튀어나오려면 광자의 에너지가 전자와 금속이 결합하는 에너지보다 크기만 하면 된다. 그러므로 빛의 파장이 특정한 값보다 짧을 때, 즉 광자의 에너지가 특정 값 이상일 때만 광전효과를 관찰할 수 있으며 그렇지 않은 경우는 파장과 같은 성질을 보인다는 것이다.

금속을 이루는 원자는 다른 원자들과 마찬가지로 핵과 전자로 이루어진다. 대부분의 전자는 핵 주변에서 정해진 궤도를 따라 움직이는데, 전자 중 일부는 특정 핵에 속하지 않고 자유롭게 돌아다닌다. 이러한 전자를 자유전자라고 부른다. 자유전자는 금속 내부에서 쉽게 움직이기 때문에 열에너지의 전달, 전류의 흐름 등에 중요한 역할을 한다. 금속에 전기와 열이 잘 통하는 것도 자유전자 때문이다. 자유전자에게 충분한 에너지를 주면 금속 밖으로 튀어나올 수도 있다. 전자에 에너지를 주는 방법 중하나는 가열하는 것이고 다른 하나는 빛을 쪼이는 것이다.

전자가 금속에서 튀어나가려면 금속과 전자 사이의 결합을 끊어야 하는데, 이를 위해서는 최소한의 에너지가 필요하다. 이 에너지를 일함수

ϕ라고 부른다. 빛을 쪼이면 전자가 그 빛을 흡수해서 에너지가 증가하는데, 이 에너지가 일함수 ϕ 이하면 전자는 에너지를 흡수했다 방출해버리지만, 일함수 ϕ를 넘을 만큼 충분히 크면 전자가 금속에서 튀어나가는 것이다. 즉 전자에 충돌한 광자는 에너지를 전부 전자에 주고 광자는 소멸한다. 전자 에너지에 광자가 가진 에너지를 합한 양에서, 전자가 튀어나올 때 필요한 일함수 ϕ를 빼고 금속에서 튀어나온다는 것이다.

이것은 마당에 있는 사람이 2층에 있는 사람에게 공을 던지는 상황과 같다. 공을 2층으로 던지려면 마당에 있는 사람이 2층보다 더 높이 올라갈 만큼 공을 충분히 세게 던져야 한다. 던지는 힘이 충분하지 않으면 아무리 여러 번 던져도 그 공은 2층에 닿지 않는다. 이처럼 당연한 생각을 빛에 적용한 것이 광전효과다.

이 바탕에서 아인슈타인은 당시까지 수수께끼였던 광전효과를 지배하는 정량적 수식을 간단하게 유도했고, 그 수식에 막스 플랑크Max Karl Ernst Ludwig Planck가 제시한 플랑크 상수가 필연적으로 들어간다는 점을 지적했다. 이것이 바로 한 개의 광자가 갖는 에너지(E)는 플랑크 상수(h)와 빛의 진동수(v)의 곱과 같다는, 즉 E=hv라는 간단한 공식이다.

시간과 공간이 변한다

아인슈타인은 뉴턴이나 갈릴레이가 인식한 역학 법칙만이 아니라 전자기도 상대성이론을 만족시킨다고 생각했다. 관성계에서는 역학과 전자기를 포함한 모든 물리 법칙이 변하지 않는다는 생각이다.

또 아인슈타인은 '빛의 속도는 언제나 일정하고 그 속도는 광원의 운동 상태와는 무관하다'고 생각했다. 맥스웰의 방정식이 옳다면 빛의 속도는 물리상수로서 결정된다. 아인슈타인의 상대성이론을 생각하면 어떤 기준에서도 맥스웰의 방정식은 성립한다. 아인슈타인은 그렇다면 어떤 기준에서 보더라도 빛의 속도는 불변해야 한다고 생각했다. 빛에 대해 어떤 상대운동을 하더라도 빛의 속도가 바뀌지 않는다면(광속 불변의 법칙) 필연적으로 속도를 규정하는 시간과 공간에 대한 종래의 태도를 변경해야 했고, 이것이 아인슈타인을 부동의 과학자로 만들었다.

아인슈타인의 상대성이론과 광속도 불변의 원리는 서로 모순되는 것처럼 보인다. 시속 50킬로미터로 달리는 차안에서 시속 50킬로미터로 앞쪽에 던진 공은 지상에 서 있는 사람이 볼 때 시속 100킬로미터로 보인다. 그러나 광속도 불변의 원리를 받아들이면 광원이 어떠한 속도로 움직여도 광원 속도와 빛의 속도가 합해지지 않는다. 광원에서 나오는 빛의 속도는 광원의 속도와 무관하게 일정한 속도로 보인다. 맥스웰 방정식에 따르면 빛의 속도가 일정해야 하므로 속도 합성의 법칙에 위배되는 것이다.

1905년 봄 어느 날 아인슈타인은 잠에서 깨어났을 때 그 해답이 "갑자기 떠올라 이해가 되었다"고 기록했다. 그는 곧바로 「운동하는 물체의 전기 역학」이라는 제목의 특수상대성이론 논문을 작성했고, 논문이 완성된 것은 그날부터 5주 후인 1905년 6월이었다.

아인슈타인의 머리에 갑자기 떠오른 답은 시간과 공간에 대한 생각을 바꾸는 것이다. 아인슈타인 이전의 물리학에서는 시간의 진행 방식이나 공간의 거리는 운동의 상태와는 무관하며 어디의 누구에게나 일정하다고 생각했다. 속도는 거리를 시간으로 나누어 구할 수 있다. 시간이나 거리(공간)가 일정하다고 생각하면 시간과 거리의 관계에 의해 빛의 속도는 변해야 한다.

아인슈타인은 이 생각을 전환했다. 빛의 속도가 일정해지도록 시간과 공간의 관계를 설정하는 것이다. 즉 빛의 속도는 불변이고 시간이나 공간이 상대적으로 변화한다는 것이다. 나의 1초나 1킬로미터가 다른 사람에게도 똑같은 1초와 1킬로미터가 아니라는 것이다.

그는 자신의 아이디어를 기초로 고전물리학에 변경을 가했다. 변경된 계산식을 따르면 일상의 감각으로 볼 때 기묘하게 느껴지는 현상이 생긴다. 정지하고 있는 사람이 보면 고속으로 달리는 물체의 시계는 느리게 가는 것으로 보인다. 마찬가지로 정지하고 있는 사람이 운동하는 물체를 보면 운동하는 물체는 진행 방향으로 길이가 수축하고 있는 것처럼 보인다.

이 같은 효과는 광속에 접근할수록 현저하게 나타나며 우리의 일상생활에는 거의 영향이 없다. 예컨대 시속 360킬로미터(초속 100미터)로 움직이는 고속전철은, 광속에 비하면 300만 분의 1의 속도이므로 특수상대성이론의 효과는 거의 볼 수 없다.

특수상대성이론 논문 발표 후 아인슈타인은 자신이 주목받을 것으로 생각했는데 아무런 반응이 없자 낙담했다. 이때 그의 가치를 처음으로 인정한 사람은 물리학자 막스 플랑크였다. 1906년에 플랑크는 아인슈타인에게 몇 가지 의문점을 질문했고, 플랑크의 조수인 펠릭스 라우에Max Theodor Felix von Laue가 아인슈타인을 찾아와 그의 이론에 대해 토의했다. 그 뒤로 다른 물리학자들이 그의 이론을 연구하기 시작했다.

특수상대성이론은 시간이나 거리를 재는 사람, 즉 관찰자가 서로 등속 도로 운동하고 있는 경우에 성립한다. 여기서 아인슈타인은 관찰자가 서로 가속하는 경우에서도 상대성이론이 성립하는지 의문을 가졌다. 특수 상대성이론을 발표한 후 아인슈타인은 뉴턴의 만유인력의 법칙을 어떻게 하면 상대성이론에 결합시킬 수 있을지를 생각했다. 그에 대한 해답은 1907년 11월에 떠올랐다.

사람이 높은 곳에서 중력이 이끄는 대로 떨어지면 자신의 무게를 느끼지 않을 것이다.

엘리베이터를 타고 내려갈 때 몸이 뜨는 것 같은 감각을 느껴본 사람이 많을 것이다. 엘리베이터를 매달고 있는 줄이 끊어지면 엘리베이터는 아래로 추락하고 그 안의 물체는 공중에 뜬 상태가 된다. 이것은 엘리베이터가 낙하할 때 가속도운동에 의해 엘리베이터 안이 무중력상태가 되기 때문이다. 반대로 무중력상태의 우주 공간에서 엘리베이터를 위쪽으로 끌어올리면 엘리베이터 안에 떠 있던 사람은 바닥을 내리누르게 된다. 위쪽을 향한 가속도에 의해 중력과 같은 효과가 생기기 때문이다. 아인슈타인은 중력에 의한 효과와 가속에 의한 효과가 같은 것이라고 생각했다.

나중에 '등가원리'라고 부르는 이 생각이 일반상대성이론의 제1보가 된다. 즉 관성계뿐만 아니라 임의로 가속도운동을 하는 계까지 일반화해 1916년에 일반상대성이론을 완성했다. 일반상대성이론에서는 시간과 공

아인슈타인은 자유 낙하를 하고 있는 창이 없는 가상의
엘리베이터를 상정한 후, 그 내부의 조건을 성간^{星間}
공간에 비유하여 등가원리의 설명에 이용했다.
이에 따르면 중력에 의한 효과와 가속에 의한 효과는 같다.

간을 휘어진 시공간으로 파악한다. 아인슈타인은 시간과 공간을 생각하기 위해 유클리드기하학이 아니라 다른 기하학이 필요하다고 생각했다. 이때 그의 친구이자 수학자인 마르셀 그로스만Marcel Grossman이 아인슈타인의 문제 해결에 리만기하학이 적합하다고 알려주었다. 리만기하학은 19세기 중엽에 만들어진 것으로 고차원의 휘어진 공간을 다룬다.

1919년 어떤 학생이 실험상의 측정이 그의 이론과 맞지 않으면 어떻게 하겠느냐고 아인슈타인에게 질문했다. 아인슈타인은 "신에게 유감을 느낄 걸세. 이론에는 틀린 것이 없거든" 이라고 대답했다.

'절대공간' 에 도전하다

아인슈타인은 자신이 창안한 일반상대성이론을 사용해 제일 먼저 수성의 근일점(태양의 둘레를 도는 행성이나 혜성의 궤도 위에서 태양에 가장 가까운 점) 이동에 관한 케케묵은 의문점을 깨끗이 해소했다. 수성의 근일점은 항상 달랐으므로 20세기 초까지도 학자들을 곤혹스럽게 만들었다. 뉴턴의 이론에 따르면 행성이 태양 주위를 회전할 때 그리는 궤도는 타원이므로 행성의 궤적을 추적하는 것이 어려운 일이 아니며 모두 정확하게 들어맞았다.

그러나 수성의 회전주기는 예상했던 것보다 약간 더 길었다. 프랑스의 천문학자 라비에르는 수성 궤도의 근일점이 100년에 38초씩 이동한다는 것을 발견했다. 1년에 기껏해야 10킬로미터 밖에서 동전을 관찰하는 사람의 눈에 보이는 현의 길이 정도만큼 움직인 것이다. 그럼에도 물리학계에서 이 차이는 매우 큰 것이었으므로 심지어 이런 오차를 설명하기 위해 태양의 먼 뒤편에 '불칸Vulkan'이라는 보이지 않는 행성까지 가정했을 정도였다.

천문학자들을 고민에 빠뜨린 이 작은 오차는, 아인슈타인의 일반상대성이론으로 명쾌하게 설명할 수 있었다. 수성의 회전주기는 다른 행성들의 교란 때문에 생긴다는 것이다.

또 뉴턴의 이론은 물체의 중력이 관성질량과 비례하는 이유를 설명하지 못했다. 중력가속도가 물체의 질량이나 성분과 무관한 이유 즉 포탄과 깃털이 같은 속도로 떨어지는 이유가 무엇인지를 설명하지 못했다.

관성질량은 매끄러운 바닥에서 가방을 밀 때 느껴지는 힘, 중력질량은 가방을 들어올릴 때 느껴지는 힘으로 비유할 수 있다. 이것은 두 질량 사이에 뚜렷한 차이가 있음을 암시한다. 중력질량은 중력이 드러나는 것이고 관성질량은 물질의 불변적 특성을 말한다.

지구궤도를 벗어난 우주선 안의 가방은 지구의 중력에서 벗어나 있으므로 무게가 없다. 즉 가방의 중력질량은 0이다. 그러나 가방의 관성질량은 어디서나 동일하다. 지상에서 잰 가방의 무게가 15킬로그램이라고 하자. 이 무게가 가방의 중력질량이다. 이 가방을 비교적 마찰력이 적은 곳에 놓고 스프링 저울에 달아놓으면 가방은 15킬로그램의 눈금에 도달할 때까지 같은 가속비로 떨어진다. 이것이 관성질량이다.

수세기 전부터 과학자들은 중력질량과 관성질량이 같다는 사실을 알고 있었다. 이 때문에 포탄과 농구공은 서로 무게가 다르지만 같은 속도로 떨어지는 것이다. 포탄의 중력질량이 훨씬 크지만 그만큼 관성질량도 크기 때문에 느리게 가속하는 것이다. 다시 말해 두 질량이 서로 상쇄된 다는 등가원리가 성립한다. 뉴턴의 물리학은 등가원리를 단지 우연적인 것으로 생각한 것에 반해 아인슈타인은 그 이유가 있다고 생각했다.

아인슈타인은 중력이 가속이라는 형태로 해석될 수 있다면 가속은 구 부러진 공간의 곡면을 따라 일어날 수 있다고 생각했다. 이점이 뉴턴역학 과 다른 점이다. 뉴턴의 이론에 따르면 모든 물체는 질량에 비례함으로 다른 물체를 끌어당긴다. 그러나 아인슈타인은 태양처럼 거대한 물체의 주변은 이 물체의 중력이 너무 크므로 이 물체가 회전할 때 공간을 함께 끌어들인다는 것이다. 이 내용은 현재 초등학생에게도 잘 알려진 내용이 다. 즉 근처의 공간이 휘거나 구부러진다는 것이다.

아인슈타인의 등가원리를 여기에 적용하면 중력질량과 관성질량이 같아진다. 즉 아인슈타인은 우주선의 가속이 지구의 중력으로 인한 가속 과 같다는 점을 지적했다. 실제로 지구의 중력을 받으며 지구에 앉아 있 는 것과 가속하는 우주선을 타고 우주 공간을 날아가는 것에는 차이가 없 다. 다시 말해 가속하는 우주선 안에서 물체를 관찰하는 것과 중력이 있 는 곳에서 물체를 관찰하는 것에는 차이가 없다는 말이다. 아인슈타인은 상대성이론으로 외적으로는 달라 보이는 중력질량과 관성질량이 같다는 것을 말끔하게 설명했다.

뉴턴은 변하지 않는 절대공간의 존재를 믿었다. 뉴턴의 이론에 따를 때 공간이란 개념은 관찰자의 위치와는 상관이 없었다. 뉴턴은 자신의 이 론을 증명하기 위해 밧줄로 물통을 매달아 실험을 했다. 양동이를 돌리자

아인슈타인은 중력을 만드는
만유인력과 관성력은 구별할 수 없다는 등가원리를
일반상대성이론으로 증명하면서, 중력질량과 관성질량이
같다는 사실을 입증했다.

밧줄이 꼬였다. 처음에는 평평하던 물 표면이 양동이가 회전함에 따라 함께 회전했고 급기야는 양동이와 같은 속도로 회전했다. 이 시점에서 물 표면은 원을 그렸다.

뉴턴은 물 표면을 변화시킨 것은 양동이의 운동 때문이 아니라, 물이 양동이의 영향을 받는 시점에서 물이 더 이상 양동이를 따라 움직이지 않았기 때문이라고 설명했다. 대신 그는 물 자체의 운동이 이 차이를 만들어낸 거라 믿었다. 어쨌든 물이 회전운동을 하는 것은 사실이므로 이 실험으로 뉴턴은 힘의 작용 여부를 결정하는 절대공간이 있다는 결론을 내렸다.

이런 뉴턴의 주장을 오스트리아의 물리학자 에른스트 마흐Ernst Mach가 비판했다. 마흐는 지구가 그렇듯 물이 주변 질량에 반응하는 것을 자체의 운동 때문이 아니라 주변의 질량 때문이라고 주장했다. 절대공간이 있다는 뉴턴의 생각에 오류가 있다는 지적이었다. 과학자들은 뉴턴의 이론에 오류가 있다는 것을 발견했지만, 어느 누구도 그의 이론이 가진 결함을 수정할 정교한 중력이론을 내놓지 못했다. 그런데 특허청에 근무하고 있던 아인슈타인이 그 방법론을 제시한 것이다.

20세기 물리학의 또 하나의 기둥인 양자론과 함께, 상대성이론은 소립자 물리학이나 우주론, 천문학을 크게 발전시키는 원동력이 되었다. 상대성이론은 뉴턴역학을 근본에서부터 완전히 뒤엎은 혁명적인 이론이라고 불리지만, 원칙적으로 일반상대성이론과 뉴턴역학은 일상 세계에서는 기본적으로 똑같은 결과를 얻는다. 뉴턴역학도 일상생활이나 궤도 위에 위성이 놓여 있는 것과 같은 보편적인 천문학에는 잘 맞는다.

뉴턴역학에서 물체의 질량이란 그 안에 들어 있는 '물질의 양'이며, 물체의 관성은 '주어진 가속도를 만들어내는 데 필요한 힘은 가속도와 질량의 곱'이라는 법칙으로 파악할 수 있다. 이 이론에서 광속 등 예외에 부딪치면 속도에 따른 질량 증가 이론을 고려해야 한다는 게 아인슈타인의 생각이었다. 물체의 질량은 속도와 더불어 그 운동 에너지에 비례해 증가한다는 것이다. 그러므로 결론적으로 말하면 아인슈타인이 뉴턴의 이론에 약간의 수정을 가했다고 볼 수 있다. 즉 아인슈타인의 상대성이론은 일반 상식의 울타리를 넘어 더욱 넓은 세계에서 통용이 되는 올바른 생각을 제시한 것이다.

　　상대성이론에서 도출되는 결론은, 보통의 상식에 비추어보면 오히려 앞뒤가 맞지 않는 느낌이 든다. 상대성이론이 어렵고 알기 힘든 이론이라고 여겨지는 것도 그 때문이다. 옛사람들에게 땅은 평평하고 아무리 가도 끝이 없다는 것이 상식이었다. 그러나 지리의 지식이 풍부해짐에 따라 지금은 누구라도 지구가 둥글다는 것을 알고 있다.

　　19세기 말부터 20세기에 걸쳐서 실험이나 관측 기술이 발달하고 빛과 큰 차이가 없는 속도까지 연구를 할 수 있게 되자, 지금까지 시공간의 상식으로는 풀 수 없는 것이 많아졌다. 바로 그러한 문제의 해법을 아인슈타인에 제시했고, 그렇기 때문에 그는 유사 이래 최고의 과학자 중 한 사람으로 지목되고 있는 것이다.

알프레트 베게너

ALFRED WEGENER
1880~1930

대륙이동설

인류사에 **지각변동**을 **일으키다**

어떻게 여러 대륙에
같은 생물이 존재하는가?

1859년에 출간된 찰스 다윈의 『종의 기원』은 학자들에게 여러 가지 연구 과제를 제시했다. 그의 학설대로 서로 비슷한 종種이 공통의 조상에서 진화한 것이라면 그 증거가 어디엔가 남아 있어야 한다. 다윈의 진화론에 확신을 가졌던 독일의 동물학자 에른스트 헤켈Ernst Haeckel은 지구가 격심한 변혁기를 거쳐 현재와 같이 되었는데, 그 여파로 생물의 진화와 적응에 큰 변화가 있었으며 지구는 계속 변하고 있다고 주장했다.

지구의 여러 곳에서 어느 때는 천천히, 또 어느 때는 격심하게 지표의 침강과 상승이 일어났으며 대륙이나 섬들이 가라앉고 새로운 산맥이 출현했다. 섬들이 산맥이 되고 반도가 섬이 되었으며 섬이 대륙이 되는 경우도 있었다.

헤켈은 영장류의 분포 상태를 조사한 결과 각 대륙의 일부 생물들이 유사한 것을 보고 생물들이 자연적인 방법으로는 인도양을 건널 수 없다고 결론 내렸다. 그렇다면 '생물들이 인도양이라는 넓은 바다를 건널 수 없었는데도 어떻게 여러 대륙에 존재하는가?'라는 의문이 남는다. 이에 대한 가장 명쾌한 대답은 이들 지역이 아주 오랜 과거에는 육지로 연결되어 있었다는 것이다.

헤켈은 사람이 원숭이에서 진화했다는 다윈의 진화론을 입증해줄 만한, 즉 그 연관성을 증명할 만한 화석이 아무 데서도 발견되지 않는 이유는 사라진 대륙과 아프리카 대륙에서 인류가 탄생했기 때문이라고 추정했다. 헤켈은 자신의 주장을 증명해 줄 원인猿人 화석이 두 대륙에서 틀림없이 발견될 것이라고 장담하면서 피테칸트로푸스 에렉투스라고 미리 이름까지 지어놓았다.

그가 사라진 대륙이라고 추측한 곳은 영국의 동물학자 필립 스클레이터Philip Lutley Sclater에 의해 레무리아Lemuria 대륙이라고 명명된 곳이었다. 레무리아 대륙은 약 2억 년 전 지금의 아프리카, 남미, 오스트레일리아, 뉴질랜드, 남극대륙을 아우르는 거대한 곤드와나Gondwana 대륙이 있었다는 지역과 거의 일치한다.

대륙이 이동한다

스클레이터가 사라진 대륙을 레무리아 대륙이라 명명한 이유는, 마다가스카르섬에 살고 있는 여우원숭이의 진화 과정을 조사한 결과 헤켈이 주장했던 대륙에 여우원숭이가 살았다고 추정했기 때문이다. 스클레이터는 여우원숭이가 마다가스카르섬에 인접한 아프리카 대륙에는 존재하지 않고 인도양에서 멀리 떨어져 있는 수마트라에는 존재하는 것을 발견하고 마다가스카르섬에서 수마트라에 이르는 인도양을 가로지르는 큰 대륙이 있었다고 추정했다(최근 아프리카에도 여우원숭이종이 서식한다는 것이 발견되었다). 마찬가지로 프테로푸스Pteropus(박쥐류의 동물)는 마다가스카르섬과 인도에는 살고 있지만 아프리카에는 살고 있지 않다.

동식물의 분포를 보면 마다가스카르섬의 동식물은 인도의 동식물과 놀랄 만큼 유사하다. 인도에서 마다가스카르섬으로 동식물이 유입되었든, 그 반대가 되었든 바다를 건너야 한다. 더욱이 마다가스카르섬의 동식물은 오스트레일리아나 나아가서 남미의 동식물과 매우 유사하다. 스클레이터는 이에 대해 명쾌한 가설을 제시했다. 아프리카와 아메리카 대륙 사이에 흔적도 없이 바다 밑으로 사라져버린 육교land bridge가 있어야만 이런 현상을 설명할 수 있다는 것이다.

스클레이터의 주장은 고생물학자들에게 전폭적인 지지를 받았다. 그의 주장은 헤켈 등이 주장한 고생물의 진화 분포를 비교적 논리적으로 설명할 수 있었기 때문이다. 레무리아 대륙이 현재의 마다가스카르섬, 모리셔스, 세이셸, 코모로 제도를 포함한다는 가설은 프랑스의 에밀 프랑샬, 독일의 오스칼 페셜, 다윈과 진화론의 공동 발견자인 앨프리드 윌러스 등에 의해 지지를 받았다.

그 내용은 결국 '대륙이 이동한다'는 것이다. 상식적으로 일반인들이 지구 대륙이 이동한다는 생각을 떠올리기는 것은 쉽지 않다. 학교에서 지구 대륙이 움직인다고 배웠어도 마찬가지다. 우리가 일상생활에서 대륙의 움직임을 실감할 수 없기 때문이다.

일반 상식에 반대되는 말을 하면 거의 모든 사람에게 이상한 사람 취급받기 일쑤다. 학문도 마찬가지다. 과학이 미지의 세계를 탐험하는 학문이라지만 과거의 지식에 반하는 새로운 이론을 처음으로 주장할 때 대부분의 학자들은 거부반응을 일으킨다. 다윈의 진화론도 그 과정을 겪었다.

당대 학자들에게 가장 크게 외면당한 이론 중에 빼놓을 수 없는 것이 알프레트 베게너의 대륙이동설이다. 대륙이동설은 지구가 움직인다는 내용을 포함하므로 처음부터 끝까지 매우 복잡하며 난해하다.

현대인이 읽어도 난해하기 짝이 없는 대륙이동설은 지구과학자가 아닌 기상학자의 재능 넘치는 통찰력에서 시작되었다. 알프레트 베게너의 눈썰미는 어린아이들도 금방 이해할 수 있는 관찰에서 비롯되었다. 지구의地球儀를 유심히 살펴보면 바로 마주 보는 대륙과 대륙의 끝 부분이 퍼즐을 맞추는 식으로 꼭 맞아 떨어진다는 것을 누구나 발견할 수 있다. 이를 보면 혹시 이들 대륙이 붙어 있었던 것은 아닐까 의심을 가질 수 있는데, 이런 눈썰미가 있는 사람은 과거에도 있었다. 네덜란드의 지도 제작자 아브라함 오르텔리우스Abraham Ortelius는 대서양의 양쪽이 분명히 찢어졌다고 주장했다. 영국의 프랜시스 베이컨Francis Bacon도 이런 유사성이 '단순한 우연이 아닐 것'이라는 의견을 제시했고, 이후 생물지리학을 발전시킨 독일의 알렉산더 훔볼트는 단순히 대륙의 모습이 유사하다는 차원을 넘어 생물학, 지질학, 지리학 등의 유사성을 지적하기도 했다.

18세기까지만 해도 지질학자들은 『성경』에 나오는 노아의 홍수가 지구 표면을 형성했다는 설을 당연하게 받아들였다. 전 세계에 걸친 재앙이 급격하고 갑작스러운 변화를 일으켰고 현재의 지형을 형성했다는 것이다. 17세기의 박물학자 안토니오 스니데르 펠레그리니Antonio Snider-Pellegrini는 노아의 홍수로 지구 내부에 있던 물질들이 밀려 올라오자 대륙이 쪼개져 양족으로 밀려나면서 대서양이 형성되었다는 가설을 내놓았다.

20세기가 시작되자 『성경』에 쓰인 가설과 기존에 제시되던 지각변동의 이론이 차츰 사라지기 시작했다. 1908년에는 미국의 과학자 프랭크 테일러Frank Bursley Taylor가 세상을 깜짝 놀라게 하는 가설을 발표했다. 약 1억 년 전인 백악기 무렵에 달이 지구에 아주 가까이 접근해서 지구의 중력장에 붙잡히게 되었다는 것이다. 그 결과 조수의 힘으로 대륙이 적도 쪽으로 끌려왔으며, 이 과정에서 히말라야나 알프스 같은 거대한 산맥이 형성되었다는 것이다. 이와 비슷한 가설로 미국의 하워드 베이커Howard B. Baker는 수억 년 전 금성이 가까이 접근했을 때 지구의 암석을 끌어당겨서 달이 생겼고, 이때 대륙이 이동했다고 주장했다. 이처럼 수많은 가설이 제기되었지만 그들 모두 전 지구 현상을 설명하는 데는 미흡했다.

모험을 즐기는 기상학자

알프레트 베게너는 1880년 11월 베를린에서 고아원을 운영하던 목사 리하르트 베게너의 아들로 태어났다. 그는 어린 시절부터 운동의 달인으

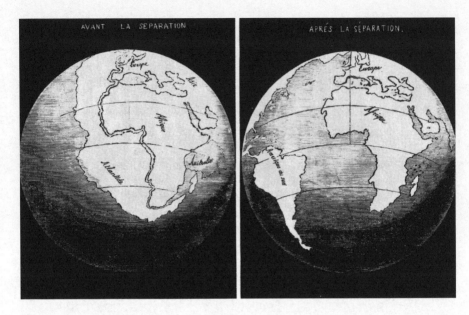

17세기의 박물학자 펠레그리니는
노아의 홍수로 대륙이 갈라져서 대서양이 형성되었다고
생각했다. 펠리그리니의 가설을 설명한 그림.

로 스케이트와 스키를 특히 좋아했는데 스포츠는 훗날 그가 극한 환경을 탐험하는 데 큰 도움이 되었다. 그는 자연과학 중에서도 천문학에 남다른 홍미를 보였다. 당시의 천문학이란 수학의 도움을 받아 천체의 구조나 물리학적 성질을 해명하는 정도였다.

24세 때인 1904년 베게너는 베를린대학에서 천문학으로 최우수 평가를 받으며 박사학위를 취득했다. 그리고 당시로서는 새로운 과학 분야인 기상학으로 눈을 돌렸다. 마침 베게너의 형인 쿠르트 베게너가 프러시아 왕립항공천문대에서 근무하고 있었기 때문에, 그는 이곳에 들어가 형의 조수가 되었다. 이 연구소에서는 기구를 사용해 고층기상을 연구했다. 1906년에 형과 함께 기구를 이용해 최초로 북극 대기를 관측해 용감한 연구원으로 이름을 떨쳤다. 당시 연鳶과 줄에 매달린 기구를 타고 하늘을 나는 일은 매우 위험한 일이었다.

베게너 형제는 1906년 고든 베넷 비행기구 대회에 참가해 독일과 덴마크를 가로지르고 카테가트 해협(덴마크와 스웨덴 사이의 해협)을 건너서 다시 독일로 돌아오는 52시간 기구 비행을 달성했다. 그것은 당시의 최장 체공 기록인 35시간을 크게 웃도는 세계기록이었다. 그해 덴마크 탐험대에서 그린란드 북동부를 조사했고 북위 77도에 위치한 비스마르크 곶의 기지에서 2년간 근무했다. 그곳에서 동식물과 지질, 빙하, 기상 등을 조사했는데, 베게너는 그 무렵 극지의 얼음이 분열해 빙산이 떨어져나가는 것을 보고 초대륙의 분열과 대륙의 이동이라는 이론을 구상했다고 훗날 회고했다.

1909년 마르부르크대학의 강사가 되어 천문학과 기상학을 가르칠 때는 명쾌한 강의로 학생들에게 큰 인기를 얻었다. 특히 새로운 개념을 재빨리 파악해 자신이 이미 알고 있던 것과 매끄럽게 결합하고 복잡한 문제의 답을 직관적으로 알아내는 것으로 유명했다. 그의 직감력은 매우 뛰어나서 1910년 12월 나중에 그의 아내가 되는 엘제 쾨펜에게 다음과 같이 말했다.

> 마치 한때 서로 붙어 있었던 것처럼 남아메리카의 동해안이 아프리카의 서해안에 정확하게 들어맞는 것 같지 않아? 앞으로 내가 탐구해야 할 건 이것 같아.

베게너는 다방면에 뛰어난 능력을 보였다. 특히 30살이 되던 해에 출판한 『대기권의 열역학』은 독일의 여러 대학에서 교재로 사용되었고 그를 그 분야의 권위자로 만들었다. 젊은 나이에 교수로 승승장구하던 베게네는 31살인 1911년 마르부르크대학 도서관에서 우연히 스클레이터의 논문을 발견했다. 그 논문은 브라질과 아프리카 사이에 옛날에 육교가 있었음이 틀림없다고 주장하고 있었는데, 두 대륙이 예전에는 하나였다는 육교설은 그에게 충격을 주었다. 대륙의 양쪽 해안이 떨어진 것처럼 보인다고 생각은 했지만 육교라는 아이디어에는 미치지 못했던 베게너는 곧바로 반문했다. '대체 어떤 육교란 말인가?' 베게너는 두 대륙을 연결하는 땅이 있었다가 바다로 가라앉았다는 건 말도 안 된다고 생각했다. 그렇다면 결론은 단순했다. 육교가 아니라 한때 하나였던 대륙이 떨어졌다고 하면 보다 합리적인 설명이 될 것이었다.

베게너는 자신의 가설, 즉 땅이 움직인다는 설이 많은 과학자들의 반발을 받을 거라 생각했다. 지구는 변하지 않는다는 것이 당시의 이론이었는데, 만약 그의 주장이 받아들여지면 지구 역사에 관한 기존의 모든 이해가 뒤집어지기 때문이다. 그러므로 베게너는 자신의 가설을 증명하기 위해 과학적 증거를 찾는 것이 급선무라고 생각했다. 이런 작업에 관한 한 그는 누구보다 유리한 위치에 있었다. 탐험가로서의 자질도 갖고 있던 베게너는, 곧바로 자신의 가설을 뒷받침할 수 있는 자료를 모으기 시작했다.

그중 하나가 정원 달팽이garden snail의 일종인 헬릭스 포마티아Helix pomatia로, 베게너는 이 달팽이가 유럽 서부와 북아메리카 동부에만 서식한다는 것을 알아냈다. 달팽이가 수천 킬로미터나 되는 대서양을 건너 반대쪽 해안에 도달한다는 것은 상식적으로 불가능한 일이다. 이러한 생물의 분포를 감안하면 대서양은 예전에 서로 연결되어 있었으나, 점차 갈라져서 지금과 같은 모습이 되었다고 추측할 수 있다.

물론 두 대륙이 붙어 있었다는 가설에 대한 증거는 달팽이뿐만이 아니다. 지층에 묻혀 있는 수많은 고생물의 화석도 이 가설을 뒷받침했다. 북극의 스피츠베르겐 제도에서는 양치류나 소철처럼 열대지방에서 사는 식물의 화석이 발견되었고 남극에서 석탄이 발견되기도 했다.

한편 남아프리카에서는 모래, 자갈, 둥근돌, 점토가 뒤섞여 나왔는데 이는 빙하가 녹은 흔적으로 이 지역이 한때 훨씬 추운 지방이었음을 암시했다. 아이오와, 텍사스, 캔자스주의 거대한 석고 퇴적층은 2억 5,000만 년 전인 페름기에 이 지역이 아주 덥고 건조한 기후였다는 것을 알려주었다. 캔자스나 유럽같이 서로 멀리 떨어진 지역의 소금퇴적층에서도 모두 같은 결론을 얻었다. 베게너의 결론은 간단하다. 대륙이 움직인다고 가정할 때 지구에서 발견되는 여러 가지 모순점이 쉽게 설명된다는 것이다.

초대륙이 있다

1912년 1월 프랑크푸르트암마인에서 열린 독일지질학회에서 베게너는 자신이 수집한 자료를 정리해 '대륙의 위치 이동'이란 발표로 폭탄을 터뜨렸다. 이 용어는 나중에 '대륙이동설'로 변경된다. 베게너는 판게아 Pangaea(그리스어로 '모든 육지'라는 뜻)라는 초대륙이 있어서 동물과 식물이 서로 섞일 수 있었고, 그 후 대륙이 분열해 오늘날과 같은 각 대륙이 생겨났다고 발표했다. 베게너가 자신만만하게 자신의 이론을 뒷받침할 증거를 제시했지만, 학자들은 한마디로 만화 같은 소리라고 그를 비하하고 조롱했다. 그가 얼마나 혹독한 비난을 받았는지는 다음과 같은 말에 잘 나타나 있다.

> 지구가 자유자재로 움직인다는 이야기는 비약적이고도 기이하고 구차스러운 사실의 총집합이다. 이 가설은 연구자가 아닌 종교 맹신자의 주장과 다름없다.

그의 설명이 과학적이지 못하다는 것은 그의 논문을 과학으로 다루는 것조차 거부한다는 것을 의미했다. 심지어 '전문가도 아닌 기상학자가

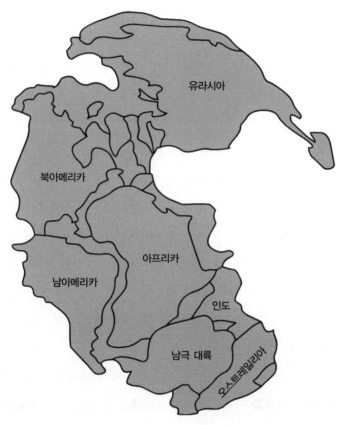

베게너가 주장한 판게아의 모습.
베게너는 판게아라는 초대륙이 있어서
동식물이 섞일 수 있었고, 이것이 분리되어
오늘날과 같은 대륙이 생겨났다고 주장했다.

무슨 말을 하는지 모르겠다'라는 비아냥은 물론, 그가 지질학 논문을 제출하는 것 자체만으로도 불쾌감을 표시했다. 지질학자들이 취한 방법은 간단했다. 그런 주장은 들은 적도 없다는 듯이 깡그리 무시하는 것이다. 결국 베게너의 논문은 그의 기대와는 달리 학계의 주목은커녕 더 이상 거론조차 되지 않았다.

자신의 이론이 더 이상의 진전 없이 지지부진해 있을 때 베게너에게 행운이랄 수 있는 기회가 찾아왔다. 1914년 제1차 세계대전이 발발하자 베게너는 독일군 기상예보 장교로 복무했고, 그 와중에 팔과 목에 탄환을 맞아 병원에서 많은 시간을 보냈다. 병원에서 적적한 차에 그는 대륙이동에 관한 연구를 계속할 수 있었다. 그사이 상처는 치유되었지만, 심장 이상이 있어서 전쟁이 끝날 때까지 각지의 기상대에서 기상 관계 업무에 종사했다. 이 과정에서 그는 대륙이동설을 보완했고, 뒤에 자신의 가설을 발표하는 데 큰 힘이 되었다.

1915년 베게너는 자신의 이론을 논문이 아닌 『대륙과 대양의 기원』이란 책으로 발표했다. 책이 출간된 초기에는 별다른 반응이 없었으나 영어, 스페인, 프랑스어로 번역되자마자 상상을 뛰어넘을 정도의 폭발적인 반응을 얻었다. 그러자 학자들도 그의 책을 검토하기 시작했다. 베게너도 그런 점을 노렸는지, 서문에 다음과 같이 적었다.

> 지구의 초기 상태를 해명하기 위해서는 지구에 관련된 모든 분야의 과학적 증거를 이용해야 한다. 그러나 과학자들은 아직도 이 문제가 모든 증거를 통합해서 바라봐야만 해결할 수 있는 문제라는 사실을 이해하지 못

하는 것 같다. 지구와 관련된 모든 과학적 증거를 통합해야만 진실을 알 수 있다. 알려진 모든 사실을 가장 잘 설명할 수 있는 논리를 찾아내려면 그렇게 해야 한다. 또 우리는 새로운 과학적 증거를 발견하면 그것이 무엇이든 우리가 생각하고 있던 기존의 이론을 수정할 준비가 되어 있어야 한다.

베게너의 말은 명쾌하다. 말도 안 될 것 같은 주장이라도 그것에 진실이 담겨 있다면 과거의 것을 버리고 새로운 생각으로 바꿔야 한다는 것이다. 그는 대륙들이 당시에 어떤 모양으로 붙어 있었는지를 보여주는 지도를 제작하기도 했다.

대륙은 연달아 분리되었다. 남극대륙, 오스트레일리아, 인도, 아프리카가 약 1억 5,000만 년 전인 쥐라기에 분리되었고, 백악기에는 아프리카와 남아메리카가 얼음덩이가 갈라지듯 분리되었다. 마지막으로 스칸디나비아, 그린란드, 캐나다가 약 100만 년 전 빙하기가 시작될 무렵에 분리되었다.

베게너는 아이슬란드나 아조레스 제도를 이루고 있는 중앙 대서양의 해령海嶺은 지금은 대서양 가장자리에 있는 양 대륙이 분열될 때 남은 물질로 구성된 것이라고 주장했다. 캥거루와 주머니쥐 같은 유대류가 오스트레일리아와 아메리카에만 살고 있다는 사실도 베게너가 오스트레일리아를 멀리 떨어진 남아메리카와 연결 짓는 근거가 되었다. 베게너는 고대의 기후에서 대륙의 이동을 증명하는 사실을 찾아냈고 북극이나 남극도 이동했다는 것을 발견했다. 또한 그는 오래된 지질시대의 생물을 조사해 고생물의 분포로도 대류이동설을 증명할 수 있음을 발견했다.

베게너의 결론은 간단하다. 지구 대륙이 거대한 바지선barge船과 같다는 것이다. 배에 짐을 실으면 바지선은 가라앉고 배 아래의 물은 옆으로 밀려 올라와서 바지선이 잠긴다. 바지선의 짐을 내리면 무게가 감소한 만큼 더 큰 부력을 받아 배가 다시 떠오른다. 베게너는 해양저(해양 바닥)는 지각보다 한 층 아래에 있고 대륙이 그 위에 떠 있는 것이라고 믿었다. 마치 빙산이 물보다 밀도가 낮아 떠 있는 것처럼 대륙의 암석이 해양저를 이루는 물질보다 밀도가 낮다고 생각했다.

이는 해양저가 대륙과는 다른 물질로 구성되어 있다는 것을 의미했다. 만약 대륙을 잇는 육교가 있었다면 이것은 해양저의 일부가 되었을 것이다. 하지만 당시의 기술로는 해양저의 밀도와 중력을 측정하거나 해저 깊은 곳의 암석 견본을 채취할 방법이 없었다.

베게너의 가설은 땅의 융기와 침강에 관한 오랜 실마리가 해결될 수 있음을 의미했다. 그런데 200년 전 아이작 뉴턴은 지구 전체가 완전히 고정된 형태로 수축되기 전에 산이 지각에서 돌출했다는 가설을 발표했다. 뉴턴은 지구의 내부는 한때 불덩이였지만 세월이 흐르면서 점점 냉각되었고 그로 인해 지구의 표면이 수축되었다고 보았다. 그런데 학자들은 지구가 상당한 수준까지 냉각된 적이 없다는 걸 발견했다.

베게너의 대륙이동설은 수많은 학자들의 격렬한 비난을 받았지만 엄밀한 의미에서 베게너의 주장을 모든 학자들이 반대한 것은 아니었다. 극소수긴 하지만 베게너의 대륙이동설을 지지한 학자들도 있었다. 스위스의 지질학자 에밀 아르강Emile Argand은 알프스산맥을 조사하던 중 뒤틀린

지층을 발견하고 땅덩어리가 충돌한다는 베게너의 주장을 받아들였다. 남아프리카공화국의 지질학자 알렉산더 뒤 트와Alexander Logie Du Toit는 아프리카와 남아메리카에서 발견되는 유사한 화석을 볼 때 과거 대륙이 가까이 붙어 있을 때 쌓인 것이라고 설명했다. 에든버러대학의 앨프리드 홈스 교수는 지구 깊은 곳의 대류 때문에 대륙이 움직이는 것으로 생각된다고 발표했다.

폐기 처분된 대륙이동설

베게너가 베스트셀러로 일약 유명 인사로 떠오르자 1923년 영국왕립지리학회는 그에게 논문 발표의 기회를 주었다. 그러나 베게너가 야심차게 보완한 가설도 곧 강력한 비판을 받았다. 이번에도 베게너를 지질학의 '지' 자도 모르는 문외한으로 매도하며 퍼즐 조각을 맞추는 것은 어린아이도 할 수 있다고 맹비난했다. 1926년 베게너가 미국화석지질학회의 심포지엄에 참석했을 때도 상황은 변하지 않았다. 그에게 호감을 갖고 있던 사람조차 다음과 같이 말했다.

이 가설은 우리의 상상력을 자극할 만큼 도전적이다. 그러나 과학의 기본 법칙에 합치하는 가설이라면 상상력에 호소할 것이 아니라 건실한 기초를 가지고 있어야 한다.

당대의 학자들이 베게너의 주장을 몰아세운 것도 무리는 아니었다. 과학에서의 '이론'이란 자연계에서 일어나는 일련의 현상들을 어떤 체계 하에서도 모순 없이 설명할 수 있을 때 비로소 널리 인정받을 수 있다. 그런데 베게너의 이론은 당대의 학자들이 나름대로의 근거를 제시하면서 조목조목 반박할 수 있었다.

우선 베게너는 지리학적 증거나 화석상의 증거로 대륙이동설을 설명했지만 과거에 육교 역할을 했던 땅이 존재했다고 가정하면 그 육교를 통해 동식물이 이동했다고 볼 수 있다. 한마디로 육교 부분이 침몰했다고 보면 무리한 설명은 아니라는 것이다. 더구나 오래된 암석층의 유사성은 꼭 대륙이 이동하지 않더라도 처음에 달랐던 암석이 환경의 변화에 따라 우연하게 비슷해질 수도 있는 일이다. 이런 반론은 당시의 과학자들이 대륙이동설을 인정하지 않을 중요한 근거가 되었다. 또 베게너가 자신의 이론을 증명하기 위해 제시한 자료가 과장되었다는 것도 빌미가 되었다. 예를 들면 그는 북아메리카와 유럽이 매년 2.5미터씩 멀어지고 있다고 가정했지만 이는 실제 측정된 값의 100배나 되는 수치였다.

베게너가 학자들에게 극심한 비난을 받은 또 다른 결정적인 요인은, 학자들이 줄기차게 질문하는 대륙이동의 원동력을 적절하게 제시하지 못했기 때문이다. 베게너는 마치 쇄빙선이 쟁기질로 얼음판을 뚫고 움직이듯이 대륙지각이 해양지각을 떠다닌다고 생각했다. 그런데 그 힘이 지구 자전에서 비롯된 지구의 원심력과 달과 태양의 조석력에서 나온다고 말한 것이 치명적 오류였다.

이 부분은 베게너의 실수라 하지 않을 수 없다. 그는 기상학자지 물리학자가 아니었고, 물리 지식을 동원한 이론적 근거를 만들지 않은 상태에서 이 이론을 설명했다. 문제는 그와 반대쪽에 서 있는 학자들이 계산한 바에 의하면 대륙을 움직이기에는 원심력과 조석력이 너무 작았고, 또 대륙지각이 해양지각을 쟁기질하면 대륙 자체가 뒤틀린다는 반론을 제기했다. 또 대륙을 움직일 정도의 조석력이라면 지구는 1년도 안 되어 멈추고 말았을 것이라는 계산도 나왔다. 베게너의 대륙이동설은 아마추어에게는 흥미로운 가설이었지만 전문가를 설득시키지 못해서 더 이상 학계의 주목받지 못했다.

베게너는 그래도 자신이 있었다. 그는 장인에게 이렇게 편지를 썼다. "기껏해야 옛날 사고방식은 10년을 못 넘길 겁니다." 10년 정도면 자신의 이론이 인정받을 것이라고 예상했지만 역사는 베게너가 원하는 대로 진행되지 않았다. 학자들은 그의 가설에 대해 더 이상 논하지 않았고, 그가 탐험 도중 사망하자 대륙이동설은 폐기 처분되었다.

고자기학이 이끌어낸 판구조론

제2차 세계대전을 치른 뒤 과학은 비약적으로 발전했다. 베게너가 사망한 지 20여 년 뒤였다. 특히 1950년대에 고지자기학古地磁氣學이라는 전혀 예상치도 못한 연구 분야의 등장으로 베게너의 이론은 재검증 받기 시작했다. 암석 형성시 지구 자기장의 크기, 방향을 동시에 가지게 되는 것을 자연잔류자화라 하는데, 지구 표층에 분포하는 암석의 자연잔류자화를 이용해 지구의 과거 상태를 탐구하는 학문이 고지자기학이다.

학자들은 기존의 통설과는 달리 지각판의 구조와 성분이 균일하지 않
다는 사실을 발견했다. 해양 지각판의 두께는 대략 6~7킬로미터이고, 사
실상 그 위에 얹혀 있는 대륙지각판의 평균 두께는 대략 32킬로미터이
다. 두 지각판은 서로 다르다. 예를 들면 해양지각에는 대륙지각에 존재
하는 화강암층이 없다. 따라서 대륙의 형성을 단순히 암석 덩어리의 상승
과 하강으로만 볼 수 없다.

이러한 문제점을 해결하기 위해, 1953년 미국 프린스턴대學 해리 헤
스Harry Hess 교수가 중앙 해령 사이에서 발견된 열극(해저산맥 사이로 기다
랗게 벌어진 틈새)을 토대로 그동안 묻혀 있던 베게너의 대륙이동설을 창
고 속에서 끄집어냈다. 현대적인 지형 측정법과 지구 중심부 샘플을 조사
한 결과 지각은 종래의 학설과는 달리 매우 동적이라는 것을 발견했다.

헤스는 동부 태평양에서 남북 방향으로 연속되는 특이한 자장 이상대
(고지자기 줄무늬)가 존재하는 사실을 발견해 해저확장설에 관한 논문을
발표했다. 이런 현상이 여러 해양에서도 관측되자 1963년 케임브리지대
學의 프레더릭 바인Frederick Vine과 드루먼드 매슈스Drumond Matthews는 자장
이상대는 해저 확장의 결과라고 발표해 헤스의 이론을 뒷받침했다. 그들
은 중앙 대서양 해양저에 생성된 거대한 해령海嶺들과 평행하게 발달한
자기적 극성이 교대로 바뀌는 용암 암반 속의 '줄무늬'에 주목해 '만일
해양저 자체가 확장한다면, 즉 해령에서 멀리 이동한다면 그 줄무늬들을
잘 설명할 수 있다는 것'이라고 말했다. 다시 말해 해양저가 확장하고 지
자기地磁氣의 반전이 일어나면 현무암질 마그마는 해령 축에서 상승해 암

맥으로 변하게 되며 이것이 축에서 떨어져 옆으로 확장된다는 것이다.

대륙이동설에서 출발한 해저확장설은 판구조론plate tectonics이라는 새로운 지구과학을 이끌어낸다. 종래의 관점으로 지구 횡단면에 보이는 지구의 중심부는 용융된 납과 완전히 용해되지 않은 암석층에 둘러싸여 있고 그 표면을 얇고 견고한 지각이 감싸고 있다. 현대에도 이런 지각의 형태는 변함이 없으나 과거 이론과는 달리 지각 그 자체가 움직일 수 있다는 것이 판구조론이다. 거대한 섬 같은 지각층 윗부분의 지각 덩어리(지괴地塊)는 지각층 아랫부분에 있는 널빤지plate 모양의 판상板牀 위에 위치한 것으로 추정한다. 전 세계적으로 암석권으로 알려진 이런 지각판은 취약구역인 반 액체 상태의 광대한 맨틀 위에 떠 있다. 그 결과 취약 구역을 뚫고 나온 용암이 두 개의 지각판이 갈라진 틈새로 흘러들어가면서 지각판과 대류이 분리된다. 판구조론에 의하면 지구표면은 여러 개의 굳은 판으로 나뉘고, 판은 변형 내지 수평운동을 하고 있다.

판구조론을 도입하면 해양저가 왜 상대적으로 육지보다 젊은지에 대한 설명도 가능하다. 해양저 중에 1억 7,500만 년보다 오래된 곳은 아직 발견되지 않았다. 대륙의 암석들이 수십억 년씩 된 것과 비교하면 무척 젊은 나이다. 그러나 헤스는 판구조론을 도입해 이 질문을 매끄럽게 해결했다. 바다 밑에 있는 암석들은 해변에 도달할 때까지만 존재한다는 것이다.

판구조론은 지진의 발생에 대해서도 명쾌하게 설명한다. 지진이 만들어내는 지진파가 지구 내부에서 이동하는 모습을 관찰하던 지구물리학자들은, 지각과 상부 맨틀을 포함하는 약 100킬로미터 두께의 암석권은 매우 단단한 구조를 가지고 있으나 그 밑에는 연약권, 즉 힘을 받으면 움직일 수 있는 층이 있음을 알게 되었다. 지구 내부가 단단한 고체로 되어 있다고 믿던 학자들이 지구 내부에 움직일 수 있는 연약권이 있다는 새로운 결론을 내리면서, 베게너를 괴롭혔던 대륙이동의 문제가 말끔하게 해결되었다. 1960년대 후반에는 이런 사실들을 종합해 다음과 같이 새롭게 정리한 이론이 등장한다.

지구의 약 100킬로미터 두께의 표층은 해저산맥, 해구trench(해저의 좁고 길게 움푹 들어간 곳) 등을 경계로 해서 10여 개의 조각으로 나뉘어져 있으며, 이들은 서로 상대적인 운동을 한다. 판의 경계는 지질학적으로 불안정한데, 이 지역에서 지진이 발생한다.

판구조론을 기본으로 지구를 보는 새로운 시각이 이론으로 자리 잡았다. 판구조론에 의하면 깊은 해구는 해저 표면에 있던 지각이 지구 속 깊숙이 가라앉은 곳이다. 이렇게 가라앉은 지각이 지구 내부로 깊이 들어가면서 지진을 일으키며, 이것이 충분히 가라앉으면 압력으로 더워져 용암이 되고 다시 지표로 솟아오르며 화산을 만든다. 해저산맥이나 깊은 심해저에서 왜 그렇게 지진이 많이 일어나는지를 분명히 설명할 수 있는 것이다.

베게너가 남긴 유산

1929년 베게너는 자신의 이론을 보다 확고히 하기 위해, 그린란드의

미드아이스 기지를 발판으로 다시 탐험을 떠난다. 그의 네 번째 탐험대 이름은 '국제과학탐사대'로, 스스로 대장이 되어 위도 71도를 따라 위치한 세 지대의 기후와 지질을 조사하는 것이 목적이었다. 미드아이스 기지는 내륙에서 400킬로미터 떨어진, 고도가 3,000미터나 되는 곳이다. 그런데 이 조사를 위해 특별히 설계한 모터 썰매가 작동하지 않아 기지에 있는 탐험 대원들에게 물품을 공급할 수 없게 되었다. 베게너는 직접 물품을 공급하기로 하고 두 명의 탐험 대원과 함께 개썰매로 1930년 9월 21일 본부를 출발했다. 그들은 영하 65도나 되는 기온 속에서 40일이 지난 후에야 기지에 도착했다.

베게너는 기지에 도착해 하루 동안 휴식했고, 다음 날인 1930년 11월 1일에 22세의 탐험 대원 라스무스 빌룸센과 함께 다시 본부를 향해 출발했다. 그러나 그들은 끝내 본부로 돌아오지 못했다. 이 날은 베게너의 50번째 생일날이었다.

미드아이스 기지에서 겨울을 넘긴 대원들은 이듬해 5월, 본부로 가는 길목의 만년빙 위에서 똑바로 꽂아둔 스키와 함께 깔끔하게 침낭에 싸인 그의 시신을 발견했다. 그의 동료는 발견되지 않았다. 대원들은 얼음 속에 그를 묻고 장례를 치렀다. 사인은 탈진에 의한 심장마비였지만 탐구열에 의해 희생되었다는 것이 더 적합한 표현이다. 그가 열렬히 주장한 대륙이동설이 새로운 학문에 의해 증명된 것은 그 20년 후의 일이다.

지구과학에서 판구조론이 차지하는 위치는 진화론에서 현대적인 과학론이 차지하는 위치에 비유할 수 있을 정도로 인류에게 큰 영향을 주었다. 인간이 지구 위에 떠돌아다니는 판 위에 살고 있다는 것은 상상치 못

베게너는 자신의 이론을 확고히 하기 위해
극지방 탐험에 나섰고, 그것이 그의 마지막이었다.
사인은 심장마비였지만 주체할 수 없는 탐구열에 희생되었다
는 말이 더 적합할 것이다.

하던 일이며, 이로 인해 발생하는 지진이나 화산 폭발에 인간이 무력하다는 것은 만물의 영장이라고 자처하는 인간의 오만함을 여지없이 꺾어버렸다.

그러나 인간은 지구의 이런 거대한 힘에 굴하지 않고 대비책을 마련하는 데 동분서주하고 있다. 아직 완전하지는 않지만 지진과 화산 활동 등을 예보하는 기술이 개발되고 있다. 베게너의 유산이 상상보다 훨씬 더 크고 포괄적이고 거대한 과학으로 인간의 뇌리에 심어지고 있다는 증거다. 그런 면에서 베게너는 실패한 사람이 아니다. 그의 이론이 부동의 이론으로 세계의 교과서에 실리고 있기 때문이다. 만화 같은 이야기로 매도된 가설이 세계에서 가장 중요한 이론으로 자리매김하는 것을 보면 만화야 말로 새로운 아이디어를 제공하는 창구일지 모른다.

BUDDHA

墨子

DIOGENÉS

JESÚS CHRIST

BARTOLOMÉ DE LAS CASAS

C. MONTESQUIEU

IMMANUEL KANT

HENRY DAVID THOREAU

JOHN STUAT MILL

MAHATMA GANDHI

제2부

가치의 창조자들

붓다

Buddha

기원전 563? ~ 기원전 483?

평등

미신과 **도그마**를 내려놓다

축의 시대

'악의 축axis of evil' 이라는 말이 있다. 축軸이란 중심을 뜻한다. 더 정확하게는 활동이나 회전의 중심이 되는 부분을 말한다. 악의 축이란 미국이 북한 등을 가리키며 사용한 말이다. 북한이 악의 중심이라는 것이다. 안타까운 말이다. 동족이 악의 중심이라니 얼마나 슬픈 일인가?

이와 달리 좋은 역사적 의미에서 '축의 시대axial age' 라는 말도 있다. 인류 역사의 중심이 되는 시대라는 뜻이다. 독일의 철학자 카를 야스퍼스 Karl Jaspers가 1949년에 쓴 『역사의 기원과 목표』라는 책에서 처음 사용한 말로, 기원전 900년에서 기원전 200년 사이 700년간 세계의 네 지역에서 인류 정신에 자양분이 될 위대한 전통이 탄생한 시대를 가리킨다. 중국의 유교와 도교, 인도의 힌두교와 불교, 이스라엘의 유일신교, 그리스의 철학적 합리주의가 그것들이다. 이 시기에 붓다, 소크라테스, 공자, 예레미야, 묵자, 맹자, 에우리피데스, 플라톤, 아리스토텔레스, 디오게네스 등 사상의 대가들이 탄생했다. 700년 사이에 그들이 생각해낸 아이디어가 그 전의 수만 년 동안 나온 아이디어들보다 더 큰 영향을 세계에 미쳤다.

그런 점에서 이 시대야말로 우리 시대, 즉 현대의 시작이었다. 이 시기에 와서 처음으로 급격한 도시화와 인구 증가로 인한 사회경제적 변화가 생겨났고, 계속되는 전쟁이라는 수난의 시대가 이어졌다. 그 폭력과 무질서를 해결하는 데 전통적 관습이나, 살아 있는 제물을 신에게 올리는 무자비한 희생제犧牲祭는 별 효과가 없었다. 따라서 이전처럼 하늘, 자연물, 조상 등 외부의 신을 정해진 교리와 제의에 따라 섬기기보다 인간 내면의 근본적 변화를 추구하게 되었다. 이러한 내면의 새로운 발견, 즉 자기중심주의 비판이야말로 현대의 기원이었다.

축의 시대를 산 현자들은 개인이 겪는 고통은 물론이고, 사회적 갈등의 원인이 모두 '자기중심주의'에서 비롯된다는 사실을 깨달았다. 자기를 보호하려는 욕구, 자기의 본능과 욕망을 우선시하는 이기심이 사람들 사이에서 탐욕과 갈등과 증오를 불러오는 것이다. '자기'를 버리는 방법을 찾는 것은 축의 시대 현자들의 공통된 목표였다. 따라서 그들에게 가장 중요한 것은 '무엇을 믿느냐'가 아니라 '어떻게 행동하느냐' 하는 것이었다. 그들은 자기중심주의와 탐욕, 폭력과 무례를 버려야 한다고 강조했다. 서로 죽이는 것만 잘못된 것이 아니라, 적대적인 말을 하거나 성마르게 행동해서도 안 된다고 보았다. 나아가 자비를 자기 민족에만 제한할 수 없고 전 세계로 관심을 확대했다.

그들은 상아탑에서 명상을 한 것이 아니라, 전쟁으로 찢긴 무시무시한 사회, 오랜 가치들이 사라져가는 사회에 살았다. 그들도 우리와 마찬가지로 공허와 심연을 의식했다. 그들은 유토피아를 꿈꾸는 사람들이 아니라 실용적인 사람들이었다. 그중에는 정치와 정부에 몰두한 인물도 있었지만 그런 것이 일시적이거나 피상적 유토피아에 불과하다고 느낀 인물도 많았다. 도리어 자비와 사랑, 사람에 대한 관심이 최선의 정책이라고 생각했다. 그 대표적인 인물이 바로 붓다다.

평등하지 않으면 자유도 없다

우리에게 익숙한 불교의 개념을 꼽자면 '환생reincarnation' 즉 '영혼의 귀환'을 들 수 있을 것이다. 더 익숙한 말로는 '윤회輪廻'나 '전생轉生'도 있다. 이는 붓다가 처음 생각한 개념이 아니라, 기원전 7세기경 고대 인도의 경전 『우파니샤드』에 처음 언급된 것을 붓다가 새롭게 발전시킨 것이다. 그러나 윤회라는 개념은 힌두교의 그것을 붓다가 새롭게 발전시킨 것이 아니다. 도리어 붓다는 윤회를 비판하고 극복한 사람으로, 이런 주장은 붓다가 윤회가 아닌 반反윤회를 핵심으로 삼은 것을 모른 탓에 생긴 오해라고도 볼 수 있다.

불교를 윤회의 종교라고 봄은 우리의 잘못된 상식이기도 하다. 윤회는 힌두교만이 아니라 힌두교에서 나온 인도의 자이나교나 시크교에서도 인정하며, 고대 그리스의 오르페우스교나 대부분의 원시종교에서도 인정한 것이었다. 따라서 이를 부정한 붓다의 불교는 참으로 개혁적인 종교이다. 뿐만 아니라 불교는 신을 부정한 무신론이라는 점에서 대부분의 종교와 근본적으로 다르고, 인간이라면 누구나 '신과 같은 완전한 존재'인 붓다가 될 수 있다고 한 점에서 가장 민주적인 종교이다. 또 불교에는 어떤 신비적 요소도 없다는 점에서 가장 과학적인 종교라고도 말할 수 있다.

무엇보다 중요한 붓다의 생각은 '인간은 모두 자유롭고 평등하다'는 것, '모든 미신이나 도그마는 버려야 한다'는 것, '천지를 창조한 신이 있다느니 그 신과 약속한 윤리가 있다느니 하는 것도 미신이나 도그마니 다 버려야 한다'는 것, '사람은 누구나 피해를 입기 싫어하므로 누구에게도 가해해서는 안 된다'는 것이다. 이는 오늘날 우리에게는 상식이라고 할 수 있을지 모르지만 2,500년 전 인도 사람들에게는 상식이기는커녕 누구도 인정할 수 없는 비상식이었다. 당시 인도를 지배한 힌두교 아래에서 인간은 자유롭지도 평등하지도 않았고, 사람들은 온갖 미신과 도그마에 사로잡혀 있었으며, 천지를 창조한 신이 있었다. 그런 세상에서 그 반대를 말한 사람이 붓다였다. 그것이 세계를 바꾼 붓다의 혁명적인 생각이었다.

이는 몸과 마음을 속박하는 번뇌에서 해방되거나 벗어난 상태인 해탈로 나아가는 길이다. 즉 고뇌를 낳는 근본인 무명無明을 멸함으로써 해탈의 도, 즉 팔정도八正道가 달성된다. 붓다가 말한 해탈과 자유는 오늘날 우리가 헌법에서 인권의 원리로 정한 자유와는 다르지만, 어떤 구속이나 속박에서 벗어난다는 자유의 기본적인 의미는 다르지 않다. 특히 카스트에서 벗어나는 자유인 평등에 대한 붓다의 주장은 인권의 원리인 자유, 평등과 전혀 다르지 않다. 평등하지 않는 한 자유롭지도 못하기 때문이다. 붓다는 카스트라는 계급제도하에서 참된 해탈이 있을 수 없다고 보았기에 카스트를 부정했다. 그런 계급제도를 부정했다는 점에서 붓다는 이른

'인간은 모두 자유롭고 평등하다'는 생각은
오늘날 우리에게는 상식이지만, 힌두교의 절대적 영향 아래
있던 2,500년 전 인도 사람들에게는 비상식이었다.

바 축의 시대에 그 누구보다도 훌륭한 민주주의자였다. 그는 계급 차별만이 아니라 남녀 차별도 거부했다. 아니 모든 차별을 거부했다. 차별이 있는 곳에 자유는 있을 수 없기 때문이다. 붓다는 미신, 도그마, 점술, 샤머니즘 등은 잘못된 것이고 오로지 참된 자기를 찾아야 한다는 것을 깨달았다. 특히 불평등은 잘못된 것이고 평등이 옳다는 것을 깨우쳤다.

불교의 문제

불교나 힌두교에 관해서는 지극히 난해한 논의가 많다. 소위 화두話頭니 공안公案이니 하는 선문답도 있다. 화두란 '말'이나 '이야기'에 불과한 것이고, 이는 말의 의미를 부정하려는 말장난 같은 것인데도 그 말이 신비로운 의미를 갖는 것인 양 오해되고도 있다. 불교에서 흔히 말하는 시심마是甚麼라는 것도 마찬가지다. 이는 '이것은 무엇인가'라는 단순한 물음에 불과한데도 마치 대단한 철학적인 의미가 있는 양 떠벌리는 경우가 많다. 오늘날 프랑스 철학에서 '담론'이라고 번역되는 discours가 실은 말이나 이야기에 불과한 것과 같다.

불교의 말이 어려운 이유는 오늘날의 서양 사상처럼 불교 또한 외래 사상이기 때문이다. 즉 그 개념이 모두 번역어이기 때문이다. 이는 유교나 도교도 마찬가지다. 불교의 경우 산스크리트어나 팔리어로 된 불교 경전을 중국어로 옮긴 뒤 다시 한국어로 읽어야 했기 때문에, 사상의 혼란은 더욱 심했고 그런 경향은 지금도 남아 있다. 민간신앙의 산신각山神閣

(산신山神을 모신 사찰의 건물)처럼 불교와 민간 전통의 결합이 무의미한 것은 아니지만, 불교의 정확한 이해에 문제의 소지를 남길 수도 있다.

하지만 더 큰 이유는 불교 경전의 양이 방대하다는 것이다. 불교 경전은 팔만대장경(정확하게는 8만 1,258판)이라고 할 정도로 그 양이 많고 복잡하다. 따라서 붓다가 45년간 설법을 한 경전이 어느 것인지 정확하게 알 수 없다. 이는 다른 종교도 마찬가지지만 불교와는 비교할 수 없다. 가령 『논어』의 어디까지가 공자의 말인지, 『신약성경』의 어디까지가 예수의 말인지 알 수 없지만, 그래도 그 경전들이 불교만큼 복잡하지는 않다.

이 복잡함을 더하는 것이 각 종파가 근본경전으로 의지하는 경전所依經典(소의경전)이 수없이 많다는 것이다. 가령 조계종에서는 『금강경金剛經』과 『전등법어傳燈法語』를 소의경전으로 삼는데 그것만으로는 불교는 물론이고 조계종도 충분히 이해하기 어렵다. 이런 현상은 다른 종교에서는 볼 수 없는 현상이다. 가령 최근 우리나라에서도 인기를 끄는 베트남 출신의 승려 틱낫한Thích Nhất Hạnh의 명상법이나 붓다의 명상법인 위파사나는 소위 화두, 즉 말을 놓고 수행하는 조계종과 달리 각각 걷기나 호흡을 중심으로 하는 호흡선呼吸禪을 중심으로 하는 점이 다른데, 이를 불교사의 이해 없이 무조건 받아들이기는 어렵다.

불교를 더욱 어렵게 만드는 것 중 하나는, 불교가 인도에서 유래했다는 이유로 그것을 힌두교 내지 인도철학의 하나로 친다는 점이다. 이는 인도에서 힌두교에 3억이나 있다는 신의 하나로 붓다를 보아온 것과 마찬가지 전통에서 비롯되었을 것이다. 인도인들은 붓다만이 아니라 예수도 힌두의 수많은 신의 하나로 본다.

그렇기는 해도 핵심은 간단하다. 힌두교와 불교는 계급의 타파, 즉 인류의 평등을 인정하느냐 그렇지 않느냐라는 점에서 차이가 있음을 주목해야 한다. 『리그베다Rig-Veda』에서 비롯된 카스트제도 아래에서, 붓다는 어쩌면 크샤트리아(카스트제도에서 두 번째 지위인 왕족과 무사 계급) 출신이었기 때문에 카스트를 부정했는지도 모른다. 반면 간디는 낮은 카스트인 바이샤(카스트제도에서 세 번째 지위인 평민 계급) 출신임에도 힌두교의 카스트를 타고난 역할(생업)로 긍정하고 이를 인도 독립의 기반으로 삼았다. 반면 간디와 함께 현대 인도의 아버지로 꼽히는 브힘라오 베드카르Bhimrao Ramji Ambedkar는 달리트(불가촉천민) 출신의 불교도로서 카스트를 부정했다. 이는 전통적으로 불교가 카스트를 부정한 것에서 비롯된 지극히 당연한 행위였다.

힌두교와 불교

힌두교에서는 계급을 뛰어넘는 '업業의 탈피'가 불가능하다. 윤회설을 기초로 신분을 공고화鞏固化하는 것을 넘어 이를 옹호하고 확산하는 힌두교에서는, 계급의 상승 이동이 거의 불가능하기 때문이다. 따라서 힌두교에서 해방은 불살생하고 채식하며 신을 찬양하는 브라만에게만 가능하고 나머지 카스트에게는 불가능하다. 즉 힌두교는 만유萬有(만물)에 해를 끼치지 않는 절대자에 의존한다.

이처럼 현재를 전생의 업보라고 보거나 내세의 기초라고 보아 현재의 계급을 인정하는 것은 힌두교지 불교가 아니다. 전생과 내세라는 관념은 타인과의 관계를 설정하지 않는다는 점에서 비윤리적까지는 아니지만, 윤리성이 상당히 배제된다.

불교에서도 힌두교에서와 같이 업은 인정한다. 업業이란 불교에서도 핵심이다. 그러나 불교에서 이 말은 힌두교의 그것처럼 숙명적인 것이 아니다. 원래 업이란 말은 행위와 그 결과를 뜻하는 개념이다. 즉 원인과 결과의 인과법칙을 말하는 것이다. 또 불교의 업이란 그 행위를 한 본인에게만 한정된 것으로 타인을 고려한 것이 아니다. 자신의 행위에 대한 자기책임을 강조한다는 점에서 불교는 지극히 논리적인 동시에 윤리적이다.

종래의 불교는 무아無我설에 입각한다고 설명되었다. 즉 힌두교 윤회설의 근거를 부정하기 위해 자아를 부정했다고 보았다. 힌두교는 전생의 내가 현생의 나를 규정하고 현생의 내가 내생의 나를 규정한다고 해, 생을 거듭하는 나의 동일성有我을 주장하므로, 불교에서는 '나'라는 것을 부정하면 윤회의 근본이 무너진다고 본 것이다. 이는 참된 자아를 부정한 것이 아니라 잘못된 자아를 부정한 것으로 보아야 한다.

세속적 집착을 버리고 '참된 자기'를 깨닫는 것이 불교인데 그것은 '법', 즉 '있는 그대로의 진실에 따르는 도리'를 스스로 체현하는 것이다. 이는 모든 것이 상관된다는 연기緣起를 뜻하고 여기서 타자의 '참된 자기'에 대한 깨달음이 나온다. 그리고 그것은 사회성의 획득과 함께 자비의 실천으로 나아간다. 그러나 그 사회성이 소속 집단이나 조직이 개인에 우선하고, 국가나 사회, 전통이나 의례가 개인을 구속하고 규제하는 것을 뜻하지 않는다. 도리어 불교는 철저히 개인주의적이고 해방주의적이다.

'연기'는 붓다의 깨달음에 대한 인식이다. 연기를 달리 말하면 원인을 설명하는 이치이자 도리다. 나아가 연기설은 모든 고정불변하는 실체를 부정한다. 불교에서 말하는 제행무상諸行無常이란 모든 행위가 허무하다는 뜻이 아니라 '모든 것은 언제나 같지 않다'는 연기에 기초한다. 여기서 인연因緣의 '인'은 사회적인 상황이고 '연'은 개인적인 선택이므로 연기설은 사회적이고 개인적인 맺음에 의해 모든 것이 이루어지고 살아진다는 '만남'을 뜻하는 것이다. 이러한 상호의존성은 보편책임성으로 나아간다. 가령 우리와 사회 사이에는 상호 관계가 있고, 각자의 태도는 사회에 영향을 미친다.

이처럼 불교는 힌두교의 업이나 윤회설과 구별된 것이기에 사회적 질곡과 계급을 타파할 수 있었다. 그러나 불교는 그 고유 정신을 지키지 못하고 붓다를 신격화하는 등 힌두교화되어 인도에서 소멸했다. 윤회는 힌두교적인 것이기에 불교에서는 부정되었음에도 대승불교에는 힌두교적 요소가 남아 있다.

반면 선종에는 윤회가 없다. 선종은 직지인심直指人心, 즉 교파나 계율을 떠나, 붓다의 깨달음으로 바로 들어가는 것을 지향하며 모든 도그마를 부정한다. "붓다를 만나면 붓다를 죽여라", "천상천하유아독존이라 말하며 태어났다는 붓다를 만나면 갈기갈기 찢어 개에게 주겠다"는 선사들의 말이 이를 단적으로 보여준다. 동시에 자아에 대한 확신을 바탕으로 '문득 깨달음頓悟漸修(돈오점수)'을 추구한다. 선종은 불교의 자력 신앙을 분명하게 보여주었으나, 불교가 힌두교화됨에 따라 (대승불교, 정토종, 밀교 등 붓다의 신격화에 의한) 타력 신앙으로 변했다. 결국 불교를 함부로 윤회의

불교의 연기설이 가진 상호의존적 측면은
사회성을 강조하고, 이는 자비의 실천으로 나아간다.
이것은 개인을 구속하고 옥죄는 종류의 것이 아니라
철저히 개인주의적이고 해방주의적인 것이다.

종교라 하는 경향이 생겨났는데 이는 붓다의 가르침을 오해한 것이다.

불교의 현대성

불교의 연기 개념이 사물의 본질이나 실체가 아닌, 사물 사이의 관계를 중요시하는 개념이라는 점은 학문, 예술뿐 아니라 인간과 사회를 이해하는 데 대단히 중요하다. 본질이나 실체란 사물에 존재하는 고유하고 고정된 속성을 말한다. 그러나 불교에서는 그런 본질이나 실체를 인정하지 않고 인과관계 내지 상호관계의 존재만을 인정할 뿐이다. 이 점에서 불교는 대단히 현대적이다.

불교에서 말하는 무아란 사물의 근원이 서로 기대어 만들어진다는 것이고, 무상無常이란 이 사물이 저 사물로 변화한다는 것이다. 따라서 불교에서는 실체나 본질에 대한 관심보다 그것을 받아들이는 감수성에 더욱 깊은 관심을 기울인다. 즉 물질세계인 색色(몸)과 인식 작용인 명名(마음)이라는 대별 아래, 명을 다시 수受(감각), 상想(지각), 행行(구성), 식識(의식)으로 분류하는 것이다. 이처럼 인간의 입장에서 현상을 분석하는 것도 불교의 현대적인 점이다.

또 하나 꼽을 수 있는 불교의 현대적 지점은, 힌두교나 불교에서 '달마達磨'는 사회의 법을 뜻하는 것이 아니라 우주의 질서를 뜻하는 것이라고 흔히 이야기하고 있으나, 사실은 불교에서는 그것이 동시에 사회의 법을 의미한다는 점이다. 이런 지점에서 불교의 종교적 원리와 개념을 정치,

경제나 법의 사회적 개념으로 끌어쓸 수 있는 가능성을 찾을 수 있다. 불교에서 연기라는 인과론을 끌어쓸 때, 신의 은총이나 저주와 같은 불가사의한 개념이 아니라 이성적이고 논리적이고 체계적인 사고를 하게 된다는 점 또한 현대적이다.

그중에서 무엇보다 현대적인 측면은 붓다는 이론가가 아닌 행동가였고, 따라서 불교도 이론보다는 실천을 중시하는 종교라는 점이다. 어떻게 보자면 불교는 신비롭지도, 종교적이지도 않다. 불교에는 신도, 영생불멸하는 영혼도 없다. 불교에 있는 것은 도덕적 실천이 가능한 방향과, 그것을 향한 아나키적 자유의 왕국인 니르바나涅槃라는 유토피아의 희망이다. 붓다는 욕망과 권력에 편승한 업만이 과보果報를 남긴다고 하고 생존을 위한 업은 죄가 아니라고 했다. 이 자유와 평등을 향한 급진적 실천성이야말로, 붓다가 인류에게 준 교훈이라고 할 수 있을 것이다.

묵자

墨子
기원전 479?~기원전 381?

겸애
차별 없이 **모두**를 **사랑**하라

묵자의 십론

묵자墨子의 본명은 묵적墨翟이라고 하는데 중국에 '묵'이라는 성이 있었는지 의문이다. 이처럼 그의 이름은 물론 생도生道는 생몰연대부터 시작해서 불명한 점이 너무 많다. 기원전 5세기경에 살았다는 것 외에 확실한 것은 아무것도 없다. 이는 그가 수천 년 간 유지된 계급사회에서 그를 반대한 지배 계층이나 그들에게 아부한 지식계층에 의해 철저히 무시되어 온 탓이다.

묵자의 출신을 두고 묵형墨刑을 받은 죄수나 천민이다, 예속적 지위의 기술자다, 사대부다, 하급무사다, 협객이다 등 여러 가지 견해가 있지만 그 어느 것도 근거가 없다. 다만 『묵자』 「귀의貴義」 편에는 묵자를 '비천한 사람'이라고 말하는 사람이 나오고, 그 책에서 천인은 항상 군자에 대응하는 존재로 등장한다.

고대 사회에서 '천인'이란 농부에서 노예나 죄수까지, 즉 사농공상에서 사土를 뺀 모든 서민을 포함하는 광범위한 개념이었다. 즉 양민과 구별되는 천인이 아니라 양민까지를 포함하는 개념이었다. 실제로 이들은 피지배 계층이었으며, 따라서 양민이니 평민이니 하는 계층은 사실상 천민과 크게 다르지 않았다.

묵자를 제외한 대부분의 제자백가가 '사'로서, 천인을 철저히 경멸한 반면, 묵자는 스스로 천인임을 부인하지 않은 점도 눈여겨볼 만한 점이다. 특히 공자를 비롯한 유가가 천인을 소인이라고 철저히 경멸한 반면, 묵가는 천인을 가장 동정했고 그들에게 호의적이었다는 사실은 고대 아시아의 지식인으로서는 특이한 점이었다. 이는 유가가 친권력적이었던 것에 반해 묵가는 반권력적이었다는 점에서 비롯되었다. 유가는 상층사회의 사치에도 긍정적이었고 예를 중시하고 음악을 사랑하라고 권했으나, 묵가는 그것들에 대해 언제나 비판적이어서 절약을 강조하고 지나친 예를 삼가고 음악을 멀리하라고 가르쳤다.

묵자의 사상은 10개의 주장으로 이루어져 십론十論이라고 하는데, 그 10개는 다시 한 쌍씩 묶어 다섯 종류로 나눌 수 있다. 즉 타인에 대한 평등한 사랑兼愛과 침략 전쟁의 부인非攻, 능력주의尙賢와 통치자 숭배尙同, 절약節用과 간소한 장례節葬, 하늘 숭배天志와 귀신 숭배明鬼, 음악에 대한 경계非樂와 숙명의 부정非命이다. 그런데 이 다섯 종류, 10가지가 모두 묵가가 주장한 것인지, 아니면 그의 제자들이 만들어낸 것인지에 대해서는 논쟁이 있다. 즉 묵자는 민중의 편에서 겸애와 비공을 만들었으나, 묵자 사후 제자들이 대제국을 지향해 친권력적인 상동과 천지를 만들었다는 것이다. 이에 대한 언급이 가장 적은 것을 보면 묵가에서는 그다지 중시되지 않는 가치임을 알 수 있다.

묵자가 가장 중시한 것은 겸애와 비공이었다. 겸애란 모든 차등과 차별에 반대하는 것, 즉 평등을 주장하는 것이다. 비공은 타국을 침략하고 영토를 병합하는 것은 반인류적 범죄라고 하여 가해자인 강대국에 그 중지를 요구하는 것이다. 침략 전쟁을 반대한 점에서 묵가는 유가와 다르지 않았지만, 유가가 지배계급의 입장에서 침략이 의롭지 못하다고 주장한 반면, 묵가는 피지배계급의 이익에 반하기 때문에 의롭지 못하다고 주장한 점에서 달랐다.

십론의 나머지는 모두 겸애와 비공을 위한 수단적 제도였다. 가령 상현과 상동은 약소국의 정치적 안정을 도모하기 위한 것이고, 절용과 절장은 약소국의 국가 재정을 강화하기 위한 것이었다. 천지와 명귀는 침략과 병합을 하늘과 귀신도 금지한다고 주장하기 위한 것이고, 비악과 비명은 노동을 권장하기 위한 것이었다. 특히 상현은 귀족 종법제를 무너뜨리기 위해 천인들을 정치 무대에 등장시킨 것이었다. 그래서 그는 관리를 선발할 때 빈부, 귀천, 원근, 친소를 가리지 말아야 한다고 주장했다. 이는 사람의 차별을 주장한 유가의 입장에 철저히 반하는 것이었다. 묵가는 천인의 입장을 대변했기 때문에 통치자는 이를 거부했다. 그래서 묵가의 생명은 결코 길 수 없었다.

묵자의 공익주의

묵자는 사회 혼란의 원인이 도덕관념의 오류, 즉 사람들이 자기만을 사랑自愛하고 서로 사랑兼愛할 줄 모르는 탓이라고 보았다. 즉 자애를 겸애로 바꾸어야 혼란이 제거된다는 것이었다. 그런데 겸애는 반드시 이타주의와 일치하는 것은 아니었다. 묵자는 자애는 반대하지만 자기를 아끼는 것에는 반대하지 않았기 때문이다. 그는 타인을 사랑할 줄 알아야 자기를 아낄 수도 있다고 보았다. 사랑은 먼저 주는 것이라고 본 묵자의 사랑관은 사랑에 대한 수많은 금언과 공통된다.

겸애란 가족 중심의 농업경제에서 이루어지는 상호 교환이나 상호부조의 관념을 확대한 것이기도 했다. 겸애는 박애의 다른 이름이었다. 겸애는 개인 사이의 관계뿐 아니라 집안 간이나 나라 간에도 적용되었다. 따라서 묵자는 춘추전국시대의 통일 전쟁에도 반대했다. 그런 전쟁은 백성이 사용하는 것을 빼앗고, 백성의 이익을 그르친다고 생각한 탓이었다. 그러나 그는 모든 전쟁에 반대하는 반전주의자는 아니었다. 무고한 나라를 공격하는 전쟁에는 반대했지만 나라를 지키기 위한 전쟁에는 찬성했다.

묵자는 강한 자는 약한 자의 것을 빼앗지 않고 다수가 소수의 것을 강압적으로 빼앗지 않아야 한다고 주장했다. 또 부자가 가난한 사람을 업신여기지 않고, 귀한 사람이 천한 사람을 업신여기지 않아야 한다고 했다. 이 점이 겸애의 핵심이다. 즉 겸애의 핵심은 '애'가 아니라 '겸'에 있다.

공자가 말하는 인仁도 남을 사랑하는 것이지만, 유가의 사랑은 구별과 차별에 입각한 사랑인 '별애別愛'라는 점에서 묵자의 겸애와 다른 것이었다. 가령 공자는 『중용』에서 "부모, 형제의 사랑이 가장 중요하고, 현인의 존경이 가장 중요하다"고 하면서 친족 사랑에도 등급이 있고 현인의 존경에도 차별이 있어야 한다고 주장했다. 그리고 『맹자』「진심盡心」 상편에서는 "군자는 금수·초목을 아끼되 인을 베풀지 않고, 백성에게는 인을 베풀되 친애하지 않는다"라고 했다. 이처럼 사람을 구별하는 유가는 묵가를 아비 없는 자식이자 금수라고 보았다. 아비가 없음은 임금이 없음과 같으므로 대역무도大逆無道에 해당한다고도 했다.

유교에서 말하는 수신제가치국평천하修身齊家治國平天下도 천하를 지배하는 '나'를 중심으로 본 것이었다. 유교가 말하는 서恕도 나를 기준으로 남을 생각하는 것이었다. 반면 묵가는 유가의 차별 관념이 사회 죄악의 총체적 근원이라고 보았다. 묵자가 보기에 유가의 차등적 사랑은 별애고, 별애란 변형된 자애에 불과했다.

묵자는 이利가 애를 따른다고 보았다. 그래서 겸애로 자애를 대체하듯 교리交利, 交相利로 자리自利를 대체했다. 반면에 묵자는 자리에는 반대하지만 이기利己에는 반대하지 않았다. 반드시 남을 이롭게 해야만 자기를 이롭게 할 수 있다고 보았기 때문이다.

묵자가 이처럼 이利를 강조하는 것은 유가와 특히 다른 점이었다. 유가는 '이'에 대해 말하기를 가장 꺼렸다. 자기의 이익인 '자리'를 반대하는 점에서 유가와 묵가는 공통적이지만 유가가 의義를 추구해 의로 이를 대체하는 반면, 묵가는 이가 곧 의라고 보았다.

묵가는 행위의 판단 기준을 두 가지 이, 즉 유리有利와 불리不利에서 찾았다. 가령 겸애는 모두에게 유리하므로 실천한다는 것이다. 그 점에서

至聖孔子 名丘字仲尼山東 兗州府曲阜縣人

공자의 '인'은 차별에 입각한 사랑이라는 점에서
묵자의 겸애와는 달랐다. 공자는 친족 사랑에도 등급이
있고 현인의 존경에도 차별이 있어야 한다고 주장했다.

묵자는 실리주의자, 실용주의자, 공리주의자였다. 그러나 제러미 벤담 Jeremy Bentham의 공리주의와는 달랐다. 벤담의 공리주의는 최대 다수의 최대 행복이라는 표어가 말하듯 한 사람의 이익을 기준으로 해 더 많은 사람의 이익을 더한 것일 뿐이지만, 묵가의 이는 인류 전체에 대한 것으로 사리를 희생한 대가로 전체의 이익을 얻는 것이었다. 그런 점에서 묵자는 철저한 공익주의자였다.

상현과 상동, 절용과 비악

묵자는 사회 혼란은 정치 지도자의 능력으로 해결할 수 있다고 보았다. 따라서 혈연관계일 뿐 지혜가 없는 사람이 함부로 자리를 차지해 놀고먹게 해서는 안 되며, 현명한 지도자를 뽑아야 한다고 주장했다. 이처럼 상현尙賢은 상친尙親과 대립하는 것이었다. 묵자가 이러한 주장을 한 이유는 귀족 종법 세습제를 철저히 뿌리 뽑기 위해서였다. 공자도 현명한 인재의 발탁을 주장했지만 공자는 세습제와 종법제를 인정한 점에서 묵자와 달랐다. 종법제는 공자의 예에 해당하는 것이었다.

묵자에게는 현명한 지도자의 선출 방법에 대해서 말하지 않았다는 약점이 있지만 상현 자체에는 문제가 없었다. 다만 상현과 함께 주장한 상동尙同에는 전체주의적 요소가 있다는 점에서 문제가 많았다. 그러나 앞에서 말한 대로 그것은 겸애를 실천하기 위한 수단으로 주장한 것이다.

묵사는 만물이 천자와 상동해야 하는 것과 같이 천자는 하늘과 상동해야 한다고 주장했다. 그것이 천지天志, 즉 하늘의 의지로 겸애를 바라는 일이었다. 명귀의 의미도 마찬가지였다. 따라서 묵자는 귀신에게 복을 비는 것에 찬성하지 않았고, 복은 행동에 따라 얻어지는 것으로 기도나 제사와는 무관하다고 해 미신에 빠지지 않았다. 천지와 명귀는 겸애를 실천하면 상을 받고 그렇지 않으면 벌을 받는다고 믿게 하려고 만든 것에 불과했다.

천하를 안정시키기 위한 물질적 보장을 위해 묵자가 제시한 것이 절용節用과 비악非樂이다. 묵자는 당연히 풍요를 위해 노력해야 한다고 주장한다. 힘써 일하면 반드시 부유해지고 힘써 일하지 않으면 반드시 가난해진다고 했다. 그러나 백성이 빈곤한 것은 물질 생산의 부족 탓만이 아니라 귀족들이 사치와 낭비로 사회 재물의 대부분을 탕진하기 때문이다. 따라서 열심히 일하는 것보다 절용, 즉 쓸데없는 비용을 없애는 절약이 더욱 중요하다고 묵자는 주장했다. 그것은 서민에 대한 요구가 아니라 귀족에 대한 요구였음은 물론이다. 귀족은 의식주에서 실용성만을 추구하고 모든 장식을 배제해야 한다고 그는 말했다.

이는 유가에서 복장, 수레, 저택, 기물 등으로 신분의 차이를 드러내서 사회질서를 유지하고자 한 것에 대한 반발이기도 했다. 예禮에 따라 귀족은 의복을 아름답게 장식한 반면 서민은 장식이 없는 소박한 의복을 입어야 했다. 염색 등의 기술적 문제도 있었지만, 조선 후기부터 서민의 의복이 백색 일색으로 변한 더욱 중요한 요인은 유교의 그러한 이념이었다.

묵자는 또한 장례의 절용을 주장했는데 특히 상복을 입는 기간의 단축을 강조했다. 이 점에서 묵가는 유가와 대립했다. 유가는 장례를 엄숙하고 장중하게 치르는 것으로 신분 질서를 강화하고자 했기 때문이다. 이처럼 고대광실을 짓고 화려한 의복 등을 소비하기 위해서는 자연에서 막대한 물자를 가져와야 했다. 순자 같은 이는 자연에는 그런 능력이 있다고 주장하면서 묵가의 절용을 비롯한 검약주의를 비판했다.

반면 묵자는 자연에 사는 생물인 인류는 다른 생물에 비해 지극히 열등한 존재라고 생각했다. 인류는 나면서부터 자연에서 살아남을 수 있는 충분한 도구를 갖추지 못했고, 식량과 식수도 자연에 있는 것을 그대로 이용할 수 없기 때문이었다. 이처럼 야생 상태에서는 지극히 허약한 존재가 인류이므로 집단으로 생활해 사회를 형성하고, 인공적으로 물자를 생산하는 것 말고는 가혹한 자연환경에서 살아남을 방법을 알지 못했다.

천하의 제후들이 자국의 부를 증가시키려고 타국을 침략해 영토를 확장하는 방법을 채택했는데, 묵자는 이에 반대하고 절용을 주장했다. 가령 의복은 겨울에 추위를 막고 여름 더위를 막기 위한 것이므로 의복은 겨울에 따뜻하고 여름에 시원하면 된다. 따라서 화려하기만 할 뿐 실용적 편의를 갖지 못한 의복은 배제해야 한다고 묵자는 주장했다. 주택의 건축도 마찬가지였다.

묵자는 고행하는 수도승처럼 살아야 한다고 주장했다. 이러한 절용의 원리는 공리주의적 입장이었다. 과한 욕망은 비용만 더하고 백성의 이로움에는 도움이 되지 않기 때문이었다. 음악 연주는 잘못이라고 한 것도 공리주의에서 나왔다. 음악에 대한 관점에서도 묵가는 유가와 대립했다. 유가는 예에 의한 교화의 수단으로 음악을 중시했기 때문이다.

묵가와 유가는 숙명론을 둘러싸고도 대립했다. 즉 『논어』 「안연顏淵」 편에서 수명이나 부나 출세가 숙명이라는 것을 묵가는 부정했다. 특히 입신출세를 강조한 유가를 묵가는 멸시했다. 장자는 『장자』 「천하天下」 편에서 그러한 묵가의 태도를 비현실적이라고 비판하면서도 세속을 벗어난 묵가의 입장이 세상을 구제하기 위한 것임을 인정했다.

세상에 이로울 수만 있다면

중국의 사상과 철학, 문화에 대한 논의에서는 언제나 유가나 도가가 등장하지 유가나 도가 없이 묵가가 등장하는 경우는 거의 없다. 따라서 이 책에서 세상을 바꾼 창조자로 공자나 노자가 아닌 묵자를 다루는 이유가 궁금할 것이다. 가장 큰 이유는 제자백가 중에서 묵가를 제외하고는 대부분 상층 문화의 산물이었기 때문이다. 통치자의 법을 가르친 법가나 사대부의 도덕을 가르친 유가는 물론, 노자나 장자 중심의 도가도 상층 문화에 속했다. 묵가만이 하층 문화의 산물이었다. 따라서 제자백가 중에서 유일하게 민중적이고 민주적인 사상가가 묵자라고 할 수 있겠다.

묵자는 제자백가 시대에 유가와 쌍벽을 이루었지만 유가가 득세한 진나라 이후 사라졌고, 한반도에는 전래된 적도 없다. 반면 묵자의 겸애설은 실크로드를 통해 유럽에 전해져서 디오게네스나 에세네파 그리고 예수의 보편적 사랑이라는 개념을 낳는 데 결정적인 역할을 했을 수도 있다. 묵자는 예수가 태어나기 400여 년 전에 박애를 주장했는데, 그것은 종교적·신학적 영감에 의한 것이 아니었다. 그의 논적인 맹자도 인정했듯 그는 "세상에 이로울 수 있다면 머리끝에서 발꿈치까지 갈아 없어진다 해도 개의치 않을 사람"이었다.

묵자가 모든 것을 의심했다는 점에서 그를 회의주의의 아버지라고도 할 수 있겠다. 그는 "우리가 지금 알고 있는 것은 대부분 과거의 경험에서 나온 것이 아닌가?"라고 말했기 때문이다.

이처럼 묵자는 다양한 관점에서 정의 내릴 수 있지만, 그의 핵심 사상이라고 하면 역시 '겸애'를 들 수 있겠다. 겸애는 평등을 전제로 한다는 점에서 묵자야말로 중국사상사 최초의 평등주의자다.

디오게네스

DIOGENÉS
기원전 400?~ 기원전 323

세계시민
국경도 국가도 없는 자유

인류 최초의 반체제 인사

　고대 그리스 철학자들에 대한 가장 오래된 문헌은 3세기경 디오게네스 라에르티오스가 쓴 『그리스 철학자 열전』이다. 이 책은 10권으로 구성되어 있는데 그중 2~7권은 이오니아학파, 8~10권은 이탈리아학파를 다룬다. 번역서를 기준으로 30쪽 이상의 분량으로 언급되는 철학자는 플라톤, (시노페의) 디오게네스, 제논, 에피쿠로스뿐이다. 이에 비해 소크라테스, 아리스토텔레스, 피타고라스, 엠페도클레스는 모두 그보다 적은 분량으로 다루고 있다.

　『그리스 철학자 열전』을 보면 디오게네스는 13편의 대화와 7편의 비극 등을 썼다고 하는데 그 가운데 지금까지 전해진 것은 하나도 없다. 디오게네스는 일반적으로 기원전 412년경에 태어나 기원전 323년에 죽었다고 하지만 이것도 정확한 것은 아니다. 반면에 아리스토텔레스가 기원전 384년에 태어나 기원전 322년에 죽었다는 것은 확실하다. 두 사람이 태어난 시점은 차이가 있지만 죽은 시점은 거의 같으니 동시대인이라고 볼 수 있겠다.

디오게네스의 사상은 자유와 평등, 무욕과 평화에 근거한다. 그에게 자유란 인간이 어떤 권력이나 욕망에도 복종하지 않고 자족하는 것, 인간 사이에서는 서로 공개적으로 당당하고 대등하게 행동하는 것을 뜻한다. 그러한 자유를 전제로 하면 노예제도는 당연히 인정될 수 없는 것이며, 인간 사이의 평등까지 고려하면 더욱더 용인할 수 없는 것이다. 아리스토 텔레스는 노예는 '타고난 것'이라고 주장한 반면 디오니소스가 볼 때 '타고난'이란 말은 "악덕을 부각시키는 장식"에 불과했다. 또한 디오게네스에게 무욕이란 세속적인 욕망을 버리고 소박하게 사는 것을 뜻했고, 평화란 세계시민주의를 뜻했다.

이러한 디오게네스의 생각은, 극장에 들어갈 때 그곳에서 나오는 사람들과 맞부딪치듯이 들어가는 것을 빗대어 한 말, 즉 "전 생애를 통해서 이루려고 힘쓰는 것"이라는 말로 요약된다. 다시 말해 그는 평생 주류를 거스르는 생각과 일만 했다. 그는 계급제와 노예제에 반대했고, 그리스 중심주의에 반대했다. 이런 의미에서 그는 최초의 비주류였고, 최초의 반체제 인사였다. 그렇다고 기이한 행동을 일삼은 철학자로만 그를 보아서는 곤란하다. 최근에는 그의 세계시민주의도 주목받고 있지만, 그동안에는 그의 기행만 부각되었다. 그의 철학에서 가장 중요한 측면은 반화폐주의, 반물질주의, 반경제주의, 반자본주의, 반성장주의다. 요컨대, 그는 돈, 돈, 돈 하는 것에 반대했던 것이다. 이런 그의 태도는 그가 최초로 철학을 하게 된 계기였다는 '통화위조사건'과 관련이 있다.

통화위조사건과 반경제주의

디오게네스는 가치 있는 모든 것이 무가치한 화폐와 교환되는 당시의 경제 현실에 분노해 당당하게 화폐를 위조했다. 이런 태도는 모든 법과 관습에 대항하는 그의 태도와 연결된다. 그는 돈이 필요하면 '빌려 달라' 고 하지 않고 '돌려 달라' 고 했다. 거기에는 '신들은 모든 것을 소유하고 있다, 현자는 신들과 친한 자다, 친한 자의 소유는 모두 공통이다, 그러므로 현자는 모든 것을 소유하고 있다' 는 논리가 있었다. 여기서 현자란 디오게네스 자신을 가리킨다.

그가 말한 현자는 소크라테스와 플라톤이 말한 철인이나 아리스토텔레스가 말한 탁월한 인간으로서의 철학자와는 다르다. 그는 철학자로서의 현자나 탁월한 인간에 대해 특별히 말한 적이 없다. 그는 학자나 철학자를 자처한 적도 없고, 사람들을 가르친다고 자부한 적도 없으며, 플라톤이나 아리스토텔레스처럼 학교를 세우거나 제자를 둔 적도 없다. 소크라테스는 학교를 세운 적은 없지만 자기가 모든 인간을 깨우치게 해준다고 자부했고, 많은 제자를 거느렸다. 디오게네스가 죽은 뒤에 그의 뜻을 잇고자 하는 제자들이 나타나긴 했지만, 그들이 반드시 디오게네스 생전에 그에게 배운 사람은 아니었다.

그 자신과 같은 거지, 노숙자, 매춘부 같은 사회 저변의 민중이나, 물건 취급을 당하던 노예를 디오게네스가 현자라고 했을 수도 있다. "어떤 사고나 본성으로 인해 국가가 없는 자는 인간 이하거나 인간 이상", "친족도 없고 법률도 없고 가정도 없는 자", "전쟁광이며 장기판에서 혼자 앞서나간 말처럼 독불장군", "공동체 안에서 살 수 없거나 자급자족해 그럴 필요를 느끼지 못하는 자는 국가의 부분이 아니며, 들짐승이거나 신일 것이다"라고 아리스토텔레스가 지칭한 '들짐승을 포함한 모든 버림받고 차별받는 사람들'이 바로 디오게네스가 말하는 현자일 수도 있다.

누군가 디오게네스에게 "시노페인들이 당신에게 추방을 선고했군"이라고 말하자 디오게네스는 "그러나 나는 그들에게 고국에 머물 것을 선고했다"라고 대답했다. 또 "당신은 어느 나라 사람이냐"라는 물음에 디오게네스는 "세계시민"이라고 대답했다. 또 "유일하게 올바른 국가는 세계적인 규모의 것"이라고도 했다.

디오게네스가 "유일하게 올바른 국가"라고 한 것이 구체적으로 어떤 국가를 가리킨 것인지 전해진 바는 없다. 하지만 그의 제자인 크라테스 Krates가 지은 것으로 알려진 다음 시를 통해, 그 국가가 소유가 없지만 풍요하고 모두가 자유롭고 평등하며 평화롭게 사는 나라일 것이라고 상상해볼 수 있다.

> 포도주 빛을 띤 허영(바다)의 한가운데 펠레(동냥자루)란 나라가 있다.
> 그 나라는 훌륭하고 결실이 풍요로운데 모두가 더럽고 아무것도 소유하지 않는다.
> 그 나라로 가면 어리석은 자도, 식객도, 또 창녀의 엉덩이에 광란하는 음란한 사내도 배를 저어 나아가지 않는다.
> 하지만 그 나라에는 사향초도, 마늘도, 무화과도, 빵도 있다.
> 그렇기 때문에 사람들은 그런 것을 둘러싸고 다투지도 않고,

금전이나 명성 때문에 무기를 준비하지도 않는다.

　어쩌면 세계 최초의 유토피아 시일지도 모를 이 시에서 '동냥자루'란 가난을 상징한다. 따라서 그 나라는 디오게네스가 꿈꾸는 가난한 유토피아 국가다. "유일하게 올바른 국가"에 대한 그의 원뜻은 전해진 게 없지만, 그는 그 국가를 자기와 같이 동냥자루를 지니고 사는 사람들의 나라라고 생각했던 게 틀림없다. 그런 그의 생각을 일부 엿볼 수 있는 그의 말이 있다. 그는 모든 것이 신들의 소유라고 한 뒤에 법에 대해 다음과 같이 말했다.

　　법이 없으면 (문명화한) 시민생활을 보내는 것이 불가능하다고 디오게네스는 말했다. 왜냐하면 그의 생각에 시민 국가가 존재하는 것이 아니라면 문명화되어도 아무런 득도 되지 않기 때문이었다. 그런데 시민 국가는 문명화를 가져오며, 또 시민 국가가 존재하지 않으면 법은 아무런 쓸모도 없다. 따라서 법은 문명화를 가져오는 것이다.

　이 인용문에 나오는 법과 시민 국가란 당시에 현존하던 실정법과 폴리스를 가리키는 것이 아니라 "고귀한 출신성분이라든가, 명성이라든가, 그와 같은 모든 것"이 "악덕을 부각시키는 장식"으로 더 이상 이용되지 않는 이성적인 사회의 법과 그런 국가를 가리키는 것으로 볼 수 있다. 이런 태도는 출신 성분과 명성을 중시한 소크라테스, 플라톤, 아리스토텔레스의 태도와 반대되는 것이다.

디오게네스는 그런 나라에서는 "부인은 공유"해야 하고 "설득을 한 사내가 설득을 당한 여자와 하나가 되면" 좋으며 "아이도 공유"해야 한다고 했다. 이 점에서도 디오게네스는 소크라테스, 플라톤, 아리스토텔레스와 달랐다. 아리스토텔레스는 부인과 자녀의 사유제를 분명히 주장했고, 소크라테스와 플라톤은 극소수 '수호자' 층의 가족에 대해서만 공유제를 주장했다. 반면에 디오게네스의 가족공유제는 모든 사람에게 해당하는 것이었다.

자유와 자족

디오게네스가 "자유보다 좋은 것은 없다"고 하면서 실제로 그렇게 산 이유는, 그가 통화를 위조한 데서도 알 수 있듯 "법에 따르는 것에는, 자연 본디에 바탕을 둔 것에 부여한 것과 같은 가치를 조금도 부여하려고 하지 않았"기 때문이었다. 그는 "운명에는 용기를, 법에는 자연 본디의 것을, 정념에는 이성을 대항시키는 것"이라고 자신의 입장을 밝혔다. 여기서 우리는 디오게네스가 법, 운명, 정념보다 용기, 자연 본디의 것, 이성을 중시했음을 알 수 있다. 그는 "인생을 살기 위해서는 이성을 갖추거나, 그렇지 않으면 (목을 묶기 위한) 밧줄을 준비해야 한다"고 늘 말했다.

그리스어에서 '자유'라는 말은 '삶을 스스로 지도하는 것', '만사의 자율', '생각하는 대로 사는 능력', '자신을 지배하는 것'을 뜻했다. 따라서 자유는 남에게 자기 일을 시키는 것일 수 없었고, 당연히 노예 부리는 것을 거부하는 일이었다. 디오게네스는 신발을 신을 때 하인을 시키는 자들에게 "그대는 코도 누군가 대신 풀어주지 않으면 행복하지 않은 것 같군. 그러나 그것은 그대의 두 손을 쓰지 못하게 될 때의 일이 아닐까"라고 말했다. 그에게 그런 인간은 자율의 인간이나 자립의 인간이 아니라 노예나 하인에 의존해야 비로소 살아갈 수 있는 인간이었다. 따라서 그에게 자유는 '자재自在해 타자의 지배를 받지 않는 것', 즉 '자족'과 통하는 것이었다. 디오게네스를 비롯한 키니코스학파에게 자유와 자족이란 생활의 필요를 최소한으로 줄여 간소한 삶을 사는 것을 뜻했다.

디오게네스의 자족하는 생활을 단적으로 보여주는 에피소드로는, 아이가 두 손으로 물을 떠서 마시는 것을 보고 그가 컵을 내던졌고, 아이가 접시를 깨뜨린 뒤에 빵의 패인 곳에 수프를 넣는 것을 보고 그가 그릇을 내던졌다는 이야기가 있다. 그는 편리와 사치와 학문과 예술도 거부했다. 예를 들면 해시계를 보여주는 사람에게 그는 "식사에 늦지 않기 위해서 편리하겠다"라고만 말했을 뿐이고, 음악을 들려준 사람에게 그는 "나라의 통치나 집안의 평화는 음악에 의해 이루어지는 것이 아니라 사람들의 견식에 의해 이루어지는 것"이라고 말했다. 또 그는 디오니소스 축제의 경연을 두고 "바보들에 의한 대규모 인형극"이라고 말했고, 민중 지도자들에 대해 "군중의 하인"이라면서 "그들에게 수여되는 영예의 관은 명성의 부스럼에 지나지 않는다"고 말했다.

디오게네스는 자기 단련을 강조했다. 그는 여름에 뜨거운 모래 위를 뒹굴거나 겨울에 눈으로 뒤덮인 조각상을 껴안는 등 온갖 수단을 다해 자신을 단련했고, 늙어서도 마찬가지였다. 늙었으니 편하게 지내라는 사람들에게 그는 골인 지점에 다 왔는데 힘을 빼라는 것이냐고 응수했다. 그는 단련에는 정신의 단련과 몸의 단련이 있다고 했다.

디오게네스는 자신이 가지고 다닌 동냥자루를 '현인이자 자유로운 인간'의 상징이라고 보았고, 그것을 지니지 않은 자를 '열악한 자'라고 보았다. 그가 대낮에 등에 불을 켜고 "나는 인간을 찾고 있는 것"이라고 말했을 때의 '인간'은 그런 자유로운 인간을 뜻하는 것이었다.

디오게네스가 자유를 어떻게 생각했는지는 정확하게 알 수 없다. 다만 그를 이은 제논은 자유에 대해 이렇게 말한 것으로 전해진다. "현자만이 자유인이고 열악한 자들은 노예다. 왜냐하면 자유란 자주적으로 행동할 수 있다는 것이고 예속이란 자주성을 빼앗긴 상태를 뜻하기 때문이다." 라에르티오스에 따르면 디오게네스는 세상에서 훌륭한 것은 "무엇이든 할 수 있는 것"이라고 했다. 디오게네스가 말한 '무엇이든 할 수 있는 것'은 식사와 성교를 포함한 모든 것을 공개적으로 당당하게 하는 것이다. 즉 디오게네스에게 자유는 모든 것을 공개적으로 하는 것이었다.

그러나 그것이 방종한 욕망 발산을 뜻하는 것은 아니었다. 디오게네스는 "열악한 인간은 욕망을 섬기는 자"들이라고 했다. 가령 "자신의 결점은 모르면서 옛 문헌에 나오는 인물의 결점을 찾는" 문헌학자, "자신의 혼의 상태는 부조화인 채로 있으면서" 악기의 현을 맞추는 음악가, "태양이나 달에는 눈을 돌리면서 자신의 발밑에 있는 일은 지나치는" 수학자나 천문학자, "정의에 대해서 논하는 데는 매우 열성이면서도 그것을 조금도 실행하지 않는" 변론가, "돈을 헐뜯고 있는 주제에 그것을 지나치게 선호"하는 돈 좋아하는 사람, 재산을 갖고 있다는 것보다도 뛰어나다는

디오게네스의 등불.
그는 어리석고, 교만하고, 무례한 인간들 속에서
'진짜 인간'을 찾기 위해 벌건 대낮에 등불을
들고 다녔다.

것을 이유로 "올바른 사람을 칭찬"하면서도 "다른 한편으로는 크게 재산을 축적한 사람을 부러워하는 자", "건강하기를 바라는 마음에서 신들에게 희생을 바치면서 바로 그 희생식의 와중에 건강을 해칠 정도로 성찬을 드는" 자 등이 바로 디오게네스가 말한 '열악한 인간'이었다. 또한 "무지한 부자", "돼지고기와 쇠고기로 몸이 이루어"진 무신경한 운동선수, 꿈에서 본 것을 두려워하는 사람, 미신을 믿는 사람, 신전을 관리하는 관리, 자신의 부친을 경멸하는 사람 등도 그러한 인간이었다. 디오게네스는 "해몽가나 점쟁이, 그들에게 빌붙어 다니는 사람들, 또는 명성이나 부를 자랑하는 사람들을 보면 인간처럼 어리석은 존재는 없는 것처럼 생각된다"고도 했다.

디오게네스는 '열악한 자' 중에서도 가장 '열악한 자'는 권력자, 특히 독재자라고 생각했다. 즉 그가 보기에는 알렉산드로스처럼 끝없는 명예욕과 정복욕의 포로가 되어 타인을 자신에게 예속시키고 타인에게 자신을 숭배하도록 강요하는 교만하고 무례한 인간이 가장 열악한 자였다.

그는 반면에 "결혼할 생각은 있는데 결혼하지 않고 있는 사람, 배 여행을 떠날 생각은 있는데 떠나지 않고 있는 사람, 정치에 종사할 생각은 있는데 그렇게 하지 않고 있는 사람, 아이를 기를 생각은 있는데 그렇게 하지 않는 사람, 권력자들과 함께 살 준비는 되어 있는데 그들에게 접근하지 않고 있는 사람"을 칭찬했다.

디오게네스는 자신의 성적 욕망을 충족시켜야 할 때는 광장에서 자위행위를 했고, 그의 제자 크라테스도 공개적으로 성행위를 했다고 하는데, 사랑이 나쁜 것이 아니고 자연스러운 것이라면 공공연하게 사랑을 한다고 해서 나쁠 게 없다는 것이 디오게네스의 생각이었다. 디오게네스는 자위행위가 성적 욕망을 충족시켜주듯 '배고픔을 해결할 수 있는 자위행위 같은 것'이 있으면 좋겠다는 생각도 했다.

주인 행세를 한 노예

디오게네스에게도 노예가 있었다고 한다. 아마도 그가 시노페에서 생활할 때였으리라. 그 뒤로는 디오게네스가 그야말로 '개'처럼 홀로 살았기 때문이다. 도망간 노예를 찾으라고 충고하는 사람에게 디오게네스는 "만일 노예가 나 없이도 살아갈 수 있는데 나는 노예 없이 살아갈 수 없다고 한다면 그것은 이상한 이야기"라고 했다. 이는 자신의 자족 생활과 노예의 자족 생활을 비교해 말한 것인 동시에 자신과 노예가 평등하다고 말한 것이기도 하다.

디오게네스는 어느 도망친 노예가 우물가에 앉아 있는 것을 보고 "어이, 젊은이! 빠지지 않도록 조심해"라고 말했다고 한다. 우물이라는 그리스 말에 함정이라는 뜻도 들어 있으니 디오게네스도 그런 뜻을 담아 말한 것으로 해석되지만, 불필요한 사치의 삶을 살지 말라는 경고의 뜻이었다고도 해석할 수 있다. 왜냐하면 디오게네스는 "주인들이 게걸스럽게 먹는 것을 보면서도 주인이 먹는 것을 무엇 하나 빼앗으려고 하지 않는" 노예들에게 감탄했기 때문이다.

노예와 관련된 디오게네스의 일화 가운데 가장 중요한 것은 그 자신이 만년에 노예로 살았다는 점이다. 디오게네스는 배를 타고 아이기나섬으로 가던 중에 해적에게 붙잡혔고, 크레타섬으로 끌려가서 노예 매물로 나오게 되었다. 그때 고시告示하는 일을 맡은 자가 "무슨 일을 할 수 있느냐"고 묻자 그는 "사람들을 지배하는 일"이라고 대답하고는 "누군가 자기를 위해 주인을 사려는 자"가 없는지를 고시해달라고 했다. 또 그가 디오게네스를 앉아 있지 못하게 하자 디오게네스는 "그런 것은 아무래도 상관이 없다. 물고기도 어떻게 놓여 있건 팔려나가는 것이니까"라고 응수했다. 이어 디오게네스는 그곳에 있던 크세니아데스를 가리키며 그가 "주인을 필요로 한다"고 말했고, 결국 크세니아데스는 디오게네스를 매수했다. 크세니아데스는 아이들을 감독하는 일과 집안일을 디오게네스에게 맡겼는데 디오게네스는 그 모든 일을 잘해서 크세니아데스는 그를 자랑스러워했다. 디오게네스는 크세니아데스에게 명령을 하면서 크세니아데스는 자기의 명령에 복종해야 한다고 말했다. 그야말로 노예가 주인 행세를 한 것이었다. 이에 크세니아데스가 "이제 강의 흐름은 위쪽으로 향하고 있다"는 말로 하극상에 대해 불평하자 "만일 당신이 병에 걸려 있고 의사를 사들였다고 한다면 그때 당신은 의사가 말하는 것에 따르지 않겠느냐"고 되물었다.

누군가가 디오게네스에게 노예가 왜 '풋맨footman'이라고 불리게 되었느냐고 묻자 그는 "인간의 다리를 가지고 있으면서 그런 질문을 하고 있는, 지금 당신의 혼과 같은 상태이기 때문"이라고 답했다. 이 에피소드는 그 뜻이 명확하지는 않지만, 노예를 '열등하게 타고난 존재'로 전제하는 아리스토텔레스 같은 자를 비판한 것으로 여겨진다.

하지만 디오게네스는 노예 상태에서 적극적으로 벗어나려고도 하지 않았다. 이는 그의 친구들이 노예인 그를 자유로운 몸으로 만들어주기 위해 몸값을 지불하려고 하자 "사자도 이를 기르고 있는 자의 노예가 아니고 오히려 기르고 있는 자야말로 사자의 노예"라면서 그들을 "어리석은 자들"이라고 말했다는 에피소드를 통해 알 수 있다. 그는 죽을 때까지 노예로 살았을 가능성이 있다. 그가 노예의 신분에서 벗어났다는 기록은 전해진 것이 없다.

알렉산드로스와 만나다

디오게네스는 크레타섬에서 알렉산드로스를 만났다. 당시에 알렉산드로스는 마케도니아의 왕에 즉위한 직후였고, 크레타에 있는 그리스인들에 의해 페르시아 정복 전쟁을 책임지는 총사령관으로 선출되어 그곳에 머물고 있었다. 기원전 336년의 가을과 겨울 사이였다.

알렉산드로스가 디오게네스의 앞에 서서 "나는 대왕 알렉산드로스다"라고 하자 디오게네스는 "나는 개인 디오게네스다"라고 했다. 알렉산드로스가 왜 개로 불리느냐고 묻자 "무엇인가 주는 사람들에게는 꼬리를 흔들고, 주지 않는 사람에게는 짖어대고, 나쁜 자들은 물어뜯기 때문"이라고 답했다. 또 알렉산드로스가 "무엇이건 원하는 것을 말해보라"고 하자 디오게네스는 "햇빛 가리지 말고 비켜라"라고 대답했다.

알렉산드로스가 "그대는 짐이 두렵지 않은가"라고 묻자 디오게네스

그 누구도 두려워하지 않고, 그 누구에게도 고개 숙이지 않는
디오게네스를 보고, 마케도니아의 왕 알렉산드로스는
"내가 알렉산드로스가 아니었다면 디오게네스이기를
바랐을 것"이라고 했다.

는 "도대체 당신이 누구인가? 선한 자인가, 아니면 악한 자인가?"라고 되물었다. 이에 대왕이 "물론 선한 자다"라고 대답하자 디오게네스는 "그러면 누가 선한 자를 두려워하겠는가?"라고 말했다. 그 뒤 알렉산드로스는 만일 자신이 알렉산드로스가 아니었다면 디오게네스이기를 바랐을 것이라고 말했다고 한다.

디오게네스는 죽을 때 어떻게 매장되기를 원하는지 묻는 사람에게 "얼굴을 밑으로 해서"라고 대답했다. 그 이유가 무엇이냐는 질문에 그는 "얼마 안 가서 위와 아래가 바뀔 테니까"라고 대답했다. 당시 그리스의 패권을 마케도니아인이 장악하고 있었는데 그들이 낮은 지위에서 출세해 신분이 높은 자들이 되었음을 디오게네스가 염두에 두고 한 말이라고 라에르티오스는 전한다. 이는 곧 디오게네스가 당시의 지배자 집단인 알렉산드로스 대왕을 비롯한 마케도니아인에게 적대적인 태도를 가졌음을 뜻했다. 한편 "얼마 안 가서 위와 아래가 바뀔 것"이라는 디오게네스의 말은 단지 적대감의 표현일 뿐 아니라, 디오게네스의 변혁 사상을 단적으로 보여주는 것이기도 했다.

예수

JESUS CHRIST
기원전 4?~기원후 30

사랑
우상을 거부한 고난의 길

자비와 사랑으로 부활하다

예수의 핵심 사상은 '보편적 사랑'이다. 이는 유대교의 전통인 '이웃 사랑'에 보편적 호소를 추가한 것이다. 한편 전지전능한 유일신이라는 개념이나 신이 인간을 사랑한다는 발상은 예수가 최초로 생각한 것이 아니라 그보다 훨씬 앞서 살았던 유대인이 만든 것으로, 예수도 그 생각을 받아들였다.

기독교는 유대교에 근거하는 종교로, 약 2,000년 전 로마제국의 지배를 받던 유대왕국과 갈릴리 지방에서 생겨났다. 기독교는 유대교에서 비롯되었고 『구약성경』을 서로 공유한다. 이슬람교와도 공통점이 많다. 그러나 예수를 '신의 아들'로 숭배한다는 점이 다른 종교와 다르다. 흥미로운 점은 예수는 유대인이자 유대교도였다는 점이다. 유대교는 계율을 엄수했는데 예수 시대에 와서 계율이 600개를 넘자 빈민이나 병자는 지키기가 어려워졌다. 예수는 그런 율법에 의문을 품고 신은 사랑을 주는 존재라고 믿었다.

예수에 대한 기록은 사(4)복음서로 남아 있다. 예수의 제자들이 쓴 책인데 오래된 책이어서 문제가 많다. 우리가 쓰는 서력은 예수의 출생이 기준인데 예수의 출생 연도에 대해서는 여러 가지 논의가 있다. 크리스마스가 탄생 기념일인 것과, 30세 이전 그의 생애에 대한 이야기도 마찬가지로 논의가 분분하다.

30세 이후에 예수가 설교를 시작하고 처음 한 말이 "회개하라 천국이 가까이 왔느니라" 였다. 예수는 3년간 설교를 했고 기적도 행했다. 사복음서에 기록된 내용을 몇 마디로 요약하기 어렵지만 중심된 가르침은 사랑이다. "너희 아버지의 자비로우심 같이 너희도 자비로운 자가 되라."(「누가」 6장 36절) 결국 기독교의 가르침은 앞에서 본 붓다의 가르침과 크게 다르지 않는 셈이다. 자비란 "남을 깊이 사랑하고 가엾게 여김. 또는 그렇게 여겨서 베푸는 혜택"을 말한다.

예수의 설교 중 가장 유명한 것은 다음 여덟 가지 행복에 관한 산상수훈이다.

> 예수께서 눈을 들어 제자들을 보시고 이르시되 너희 가난한 자는 복이 있나니 하나님의 나라가 너희 것임이요.
> 지금 주린 자는 복이 있나니 너희가 배부름을 얻을 것임이요. 지금 우는 자는 복이 있나니 너희가 웃을 것임이요.
> 인자로 말미암아 사람들이 너희를 미워하며 멀리하고 욕하고 너희 이름을 악하다 하여 버릴 때에는 너희에게 복이 있도다.

그 날에 기뻐하고 뛰놀라. 하늘에서 너희 상이 큼이라. 그들의 조상들이 선지자들에게 이와 같이 하였느니라.

그러나 화 있을진저. 너희 부요한 자여. 너희는 너희의 위로를 이미 받았도다.

화 있을진저. 너희 지금 배부른 자여. 너희는 주리리로다. 화 있을진저. 너희 지금 웃는 자여. 너희가 애통하며 울리로다.

모든 사람이 너희를 칭찬하면 화가 있도다. 그들의 조상들이 거짓 선지자들에게 이와 같이 하였느니라.(「누가」 6장 20~26절)

당시 로마의 식민지였던 이스라엘은 민란이 잦았다. 예수도 민란을 일으킬 가능성이 있다고 판단해 처형했으나 부활해서 승천했다고 한다. 복음서를 쓴 사람들은 예수의 죽음이 유대인 때문이라고 했고, 이는 그 뒤 2,000년 간 유대인을 미워하고 박해한 근거가 되었다.

독일 신학자 한스 큉이 말하듯, 예수는 조상과 그 전통을 상대화하고 여자를 제자로 받아들였으니 절대로 가부장적 위계질서를 옹호한 사람이 아니었다. 그는 유부남도 제자로 받아들였고 따라서 사제가 독신이어야 한다고 주장하지도 않았다. 제자들을 위해 봉사하며 높은 자가 모든 사람의 하인이 되어야 한다고 했으며, 제자들과의 모임이 군주제나 귀족제가 아니라 민주제이기를 바랐다. 그 모든 권위를 거부한 점에서 예수는 자유로웠고 철저히 평등을 추구했으며 민중과 일치했다. 예수는 자유, 평등, 박애 그 자체였다.

체제를 조롱한 예수

예수의 국가관이나 권력관과 관련해 흔히 인용되는 「마가복음」 12장 17절의 "가이사의 것은 가이사에게, 하나님의 것은 하나님께 바치라"는 말은 신의 나라와 지상의 국가를 엄격하게 구별해야 한다는 뜻으로 이해되어 왔다. 그러나 이 말은 전후의 문맥을 통해 진의를 파악해야 한다.

이 말은 예수의 적들이 예수를 함정에 빠뜨리기 위해 시험한 질문에서 시작한다. 그들은 예수에게 로마 황제에게 세금을 내는 것이 옳은지 그른지를 묻는다. 예수는 그들의 의도를 알아채고 동전을 가져오게 해서 그 동전에 새겨진 초상과 글이 누구 것이냐고 묻는다. 로마 시대의 동전에는 그 당시 황제의 얼굴이 새겨졌고, 그 동전을 황제의 소유물로 여겼다. 동전에 어떤 사람의 얼굴이든 새길 수 있지만, 그 주인은 어디까지나 동전의 소유자인 오늘날과 달랐다. 즉 로마에서는 동전에 장식이 아니라 소유권자를 표시한 것이다. 따라서 예수가 그 동전을 황제에게 바치라고 한 것은 소유권자인 황제에게 돌려주라고 한 뻔한 소리에 불과하다.

예수에게 돈은 인간의 죄와 죽음을 낳는 욕망 자체고 순종을 요구하는 권력 자체다. 한편 이는 예수가 돈이 아닌 다른 것까지 황제에게 속하는 것은 아니라고 보았음을 뜻한다. 즉 황제는 동전 외에 다른 것에 대해서는 어떤 권리도 없다는 것이다. 가령 인간의 생명에 대해, 즉 삶과 죽음에 대해 황제에게는 어떤 권한도 없다. 이는 하나님이 인간에게 주신 것이니 하나님의 것이다. 따라서 사람들을 전쟁에 몰아넣을 어떤 권한도 없다. 도시를 황폐하게 하고 파괴시킬 어떤 권한도 없다. 황제의 것은 돈밖에 없다. 예수는 그 돈을 타락한 것으로 보고 하나님에 대립시킨다. 즉 돈은 예수의 것이 아니다. 권력과 마찬가지로 돈도 예수의 것이 아니라 악마의 것이다. 따라서 돈을 숭배해서는 안 된다. 마찬가지로 황제를 숭배해서는 안 된다. 동전은 동시에 기술의 상징이다. 따라서 기술도 숭배해서는 안 된다.

이와 유사한 에피소드로 성전세聖殿稅와 관련된 것이 있다. 예수는 성전세를 낼 의무가 없다고 하면서도, 성전세를 받는 이들의 오해를 살 필요는 없다는 이유로 물고기 입에서 동전을 찾는 가벼운 기적을 일으켜 그 동전으로 성전세를 냈다(「마태」 17장 24절). 여기서 기적이란 권력이 얼마나 하찮은 것인가를 보여주는 일종의 조롱으로 예수가 왕이나 성전의 권력과는 전혀 다르다는 것을 보여준다. 물고기 입에서 동전을 만들어 정치적·종교적 권력을 무가치하게 만든 것이다. 권력이란 조롱하는 것 외에는 감수하거나 순종할 가치가 없다는 것이다.

이상 몇 가지 에피소드는 예수의 재판과 비교할 때 그야말로 에피소드에 불과한 것일지 모른다. 예수는 빌라도의 재판을 기꺼이 받고자 했고 빌라도에게 경의를 표했으며 재판에 반대하지 않았다. 그 때문에 예수는 재판을 합법적인 것으로 간주했다, 즉 국가권력을 인정했다고 보는 견해가 일반적이다. 그러나 예수는 그 재판 절차에 결코 복종한 것이 아니라 철저히 침묵했을 뿐이다. 그리고 그 침묵이야말로 모든 권력을 부정하고 조롱한 것이었다. 「마태복음」에 의하면 사람들은 예수를 사형에 처하기 위해 증거를 찾았지만 실질적인 증거를 찾지 못했고, 단지 두 사람만이 예수가 성전 파괴를 예언했다고 말했다. 이에 대해 예수가 침묵하자 제사

예수는 빌라도의 재판을 기꺼이 받았고, 끝까지 침묵했다.
이는 복종의 뜻이 아니라 권력에 대한 철저한 부정이었다.

장이 대답을 종용했으나, 예수는 계속 침묵했다.(「마태」 26장 59~63절) 예수는 헤롯(「누가」 23장 9절)이나 빌라도 앞에서도 침묵했다(「마태」 27장 12절 이하).

이 침묵은 무엇을 뜻하는가? 이를 국가권력을 인정한 사람의 태도라고 할 수 있을까? 도리어 종교와 정치적 권위를 전적으로 부정하는 태도가 아닌가? 그런 권위를 결코 정당하다고 여기지 않았고, 그것들에서 자신을 보호하는 것이 쓸모없는 짓이라고 생각한 탓이 아닐까?

예수는 권위에 도전했다. 그는 자기를 잡으러 온 제사장에게 "너희가 강도를 잡는 것 같이 검과 몽치를 가지고 나왔느냐. 내가 날마다 너희와 함께 성전에 있을 때에 내게 손을 대지 아니하였도다. 그러나 이제는 너희 때요 어둠의 권세로다 하시더라"라고 말한다(「누가」 22장 52절). 이는 사제장을 권력을 가진 마귀로 본 것이다.

예수가 다시 빌라도에게 불려갔을 때 빌라도는 예수에게 말한다. "내게 말하지 아니하느냐 내가 너를 놓을 권한도 있고 십자가에 못 박을 권한도 있는 줄 알지 못하느냐." 이에 대해 예수는 "위에서 주지 아니하셨더라면 나를 해할 권한이 없었으리니. 그러므로 나를 네게 넘겨 준 자의 죄는 더 크다 하시니라"라고 답한다(「요한」 19장 10~11절). 이때 "위에서"라는 말을 일부 신학자들은 '신에서 비롯된 정치권력' 또는 '로마 황제에서 비롯된 정치권력'이라고 보았다. 그러나 그렇게 해석하면 뒷부분의 설명이 불가능하다. 그렇게 보면 '예수를 넘겨준 자'에게 죄가 있다고 할 수 없기 때문이다. 나는 「요한복음」 전체로 볼 때 그 "위에서"란 '어둠의 권세', 즉 '마귀의 권력'이라고 보는 것이 옳다고 생각한다. 따라서 이

"위에서"라는 부분을 '하늘에서'라고 번역한 공동번역성서의 번역에는 의문이 있다.

예수와 달리 바울은 친권력적이라고 보는 견해가 일반적이다. 로마교회에 보낸 바울의 편지인 「로마서」 13장 1~4절에서는 "각 사람은 위에 있는 권세들에게 복종하라. 권세는 하나님으로부터 나지 않음이 없나니 모든 권세는 다 하나님께서 정하신 바라. 그러므로 권세를 거스르는 자는 하나님의 명을 거스름이니. 거스르는 자들은 심판을 자취하리라. 다스리는 자들은 선한 일에 대하여 두려움이 되지 않고 악한 일에 대하여 되나니. 네가 권세를 두려워하지 아니하려느냐. 선을 행하라. 그리하면 그에게 칭찬을 받으리라. 그는 하나님의 사역자가 되어 네게 선을 베푸는 자니라. 그러나 네가 악을 행하거든 두려워하라. 그가 공연히 칼을 가지지 아니하였으니. 곧 하나님의 사역자가 되어 악을 행하는 자에게 진노하심을 따라 보응하는 자니라"라고 한다.

이러한 바울의 친권력적인 말은 기독교 아나키스트들이 오랫동안 고민해 온 문제인데 초기 교부들이 모두 바울과 같았던 것은 아니다. 가령 베드로와 요한은 다른 사람이 아니라 지배자인 신에게 복종해야 한다고 말한다.(『사도행전』 4장 19절, 5장 29절) 같은 뜻의 말이 「디도서」(3장 1절), 「히브리서」(13장 17절), 「베드로전서」(1권, 2장 13~17절)에도 나온다.

그러나 바울의 말에 대한 해석도 다양하다. 가령 「로마서」 12장 2절에서 바울은 "너희는 이 세대를 본받지 말고 오직 마음을 새롭게 함으로 변화를 받아 하나님의 선하시고 기뻐하시고 온전하신 뜻이 무엇인지 분별하도록 하라"고 한다. 여기서 말하는 '이 세상'을 대표하는 것이 '국가'라면 12장과 13장의 내용은 분명히 모순된다. 그러나 12장 3절 이하에서는 원수까지 포함해 형제처럼 서로 사랑해야 한다고 말한다. 그리고 "악에게 지지 말고 선으로 악을 이기라"는 말 뒤에 국가에 대한 복종을 설명하는 부분이 나온다. 곧 국가 권력은 악일 수도 있지만 그것도 하나님에게서 나온 것이니 복종해야 한다고 읽을 수도 있다. 이는 바울의 시대가 예수 처형 직후, 기독교도가 로마제국의 박해를 받은 어두운 시기였다는 역사적 사실을 고려하면 더욱 잘 이해할 수 있다. "성도가 세상을 판단할 것"이라고 하면서 세상의 법정에 소송하지 말라고 하며 "하물며 세상 일이랴"고 한 바울의 말과 함께 이해하면 더욱 그렇다(「고린도전서」 6장 2~3절).

나아가 바울은 예수가 "통치자들과 권세들을 무력화하여 드러내어 구경거리로 삼으시고 십자가로 그들을 이기셨느니라"고 한다(「골로새서」 2장 15절). 초기 기독교도들이 박해를 받은 이유는 그들이 예수를 믿은 탓이 아니라, 신의 형상을 한 인간적 우상과 로마 황제에 대한 숭배를 거부한 탓이었다.

여기서 주목해야 할 점은 「사도행전」에 나오는 초기 기독교 공산 공동체다. 즉 기독교가 의례가 아니라 타인에 대한 사랑과 배려에 근거해 돈과 노동을 분배하는 평등을 실현한 것이다. 「사도행전」 2장 44~45절에서 "믿는 사람이 다 함께 있어 모든 물건을 서로 통용하고, 또 재산과 소유를 팔아 각 사람의 필요를 따라 나누었다"고 하듯 예루살렘 교회에서는 첫 번째 성령 강림주에 재산을 공유하는 기독교 공산주의를 실천했다. 또한 초기 기독교에서는 남녀평등이 인정되었다. 가령 「로마서」에 나오는 '뵈뵈'의 사례를 보아도 그렇다(「로마서」 16장).

그러나 기독교는 313년 로마제국의 국교가 되면서 아나키즘과는 배치되는 길을 걷기 시작했다. 즉 국가권력과 기독교는 일치하기 시작했고 국가권력을 차지한 엘리트가 국가와 함께 종교도 지배하게 되었으며, 십자군 전쟁 등을 통해 종교가 폭력과 연루되며 타락했다. 이는 신을 사회질서를 유지하는 중요한 도구로 보고, 국가를 신성한 것으로 보면서 교회는 국가를 지지해야 한다는 주장으로 정당화되었다.

빵과 말씀 사이에서 시험을 받다

복음서를 보면 예수는 40일 동안 사탄에게 시험을 받는다. 그동안 아무것도 먹지 못한 예수에게 마귀가 말한다. "네가 만일 하나님의 아들이거든 이 돌들에게 명하여 떡이 되게 하라." 이에 예수는 『성경』에 "사람이 떡으로만 살 것이 아니라"고 쓰여 있다고 답한다. 그러자 마귀는 다시 세상의 '모든 나라'를 보여주며 말한다. "이 모든 권위와 그 영광을 내가 네게 주리라 이것은 내게 넘겨 준 것이므로 내가 원하는 자에게 주노라. 그러므로 네가 만일 내게 절하면 다 네 것이 되리라." 이에 예수는 다시 『성경』에 하나님만을 섬기라고 쓰여 있다고 하며 마귀의 시험을 거부한다(「누가」 4장 1~13절).

예수가 말한 『성경』 구절은 모두 모세의 설교에 나오는 말들이다. 전자는 사람이 빵만이 아니라 하나님의 말씀으로 살아가야 한다는 것이고 후자는 하나님 외의 다른 권위를 인정하지 않는다는 것이다. 전자의 에피소드에서 중요한 점은 마귀의 시험을 거부했다는 점인데, 동시에 예수가 빵과 하나님의 말씀, 즉 물질과 정신을 대립시켰다는 점도 중요하다. 예수는 물질의 가치를 전면적으로 부정하지 않았고 삶의 기본인 빵을 중시했지만 그보다는 정신이 더 중요하다고 보았다.

첫 시험보다 두 번째 시험에서 예수의 태도는 더욱 단호하다. 즉 물질과 정신을 대립시키듯 뒤에서는 권력을 하나님과 대립시키되, 물질과 정신의 공존을 인정한 앞과는 달리 뒤에서는 권력과의 공존을 부정한다. 권력은 마귀의 것이니 예수는 권력을 갖지 않으며 앞으로도 갖지 않는다는 점을 분명히 밝힌다. 권력은 악마의 것으로 악마가 나라에 주는 것이고 악마는 자신에게 절하는 자에게만 권력을 주어 나라를 만들게 하기 때문이다. 즉 국가도 권력도 악마의 것이며 그 악마를 권력자나 국민이 마치 신처럼 숭배한다고 비판하며 악마의 권력에 대항한다. 권력이나 국가가 악마의 것이라는 예수의 말은 묵시록에서 그것을 거대한 괴물에 비유하는 것으로도 나타난다.

악마의 시험을 이겨낸 예수가 처음으로 하는 설교도 모세의 말에서 나온 것이다. 즉 "포로 된 자에게 자유를" 선포하며 "눌린 자를 자유롭게" 하라는 것이다(「누가」 4장 18~19절). 뒤이어 예수는 "이제 이 세상에 대한 심판이 이르렀으니 이 세상의 임금이 쫓겨나리라"고 말한다(「요한」 12장 31절). 죽음이 가까워져 옴을 알고 나서도 예수는 "이 후에는 내가 너희와 말을 많이 하지 아니하리니. 이 세상의 임금이 오겠음이라. 그러나 그는 내게 관계할 것이 없으니"라고 한다(「요한」 14장 30절). 최후의 만찬에서도 예수는 "이 세상 임금이 심판을 받았음이라" 하고 말한다(「요한」 16장 11

절). 이처럼 예수는 신의 나라와 현실의 나라를 구분하고 "내가 세상에 속하지 아니함 같이 그들도 세상에 속하지 아니하였"다고 한다(「요한」 17장 16절). 그들이란 예수의 제자들이다.

예수는 예루살렘으로 가는 길에 "이방인의 집권자들이 그들을 임의로 주관하고 그 고관들이 그들에게 권세를 부린다"(「마태」 20장 25절)고 한다. 이는 폭정 아닌 국가권력은 있을 수 없고, 국가권력은 반드시 부패한다고 생각하는 예수의 권력관을 보여준다. 따라서 "칼을 가지는 자는 다 칼로 망하느니라"고 한다(「마태」 26장 52절). 이는 폭력의 부정, 즉 비폭력 평화주의를 보여주는 것이기도 하지만, 예수가 권력과 국가 자체를 폭력으로 규정하고 거부했음도 분명히 보여준다. 즉 물질, 권력, 폭력은 악마의 것이다.

> "너희 중에는 그렇지 않아야 하나니. 너희 중에 누구든지 크고자 하는 자는 너희를 섬기는 자가 되고, 너희 중에 누구든지 으뜸이 되고자 하는 자는 너희의 종이 되어야 하리라. 인자가 온 것은 섬김을 받으려 함이 아니라, 도리어 섬기려 하고 자기 목숨을 많은 사람의 대속물로 주려 함이니라."(「마태」 20장 26~28절)

예수는 어떤 권력도, 권위도, 계급도 없는 새로운 사회를 세우고자 했다. 이는 기존의 현실 권력 자체를 변화시킬 수 없다는 생각을 전제로 하는 것이다. 예수 사후에 교회가 권력과 관련을 맺고, 자신의 권위를 창조함으로써 즉시 부패한 것을 미리 경고한 것이며, 나아가 예수가 생각한 하나님의 뜻에 따른 사회는 현실의 사회와 명백히 다른 것임을 보여주는 말이라고 할 수 있다.

예수는 인간적 리더십에도 적대적이다. 그는 제자들에게 누구든 "땅에 있는 자를 아버지라 하지 말" 것이며 "또한 지도자라 칭함을 받지 말라"고 말한다(「마태」 23장 8~12절). 앞에서 보았듯이 이미 그는 왕이 되기를 거부했다. 그 뒤에도 예수는 그의 기적을 본 사람들이 "그들이 와서 자기를 억지로 붙들어 임금으로 삼으려는 줄 아시고 다시 혼자 산으로 떠나" 갔다(「요한」 6장 15절).

바르톨로메 데 라스카사스

BARTOLOMÉ DE LAS CASAS
1484~1566

인류애
박해받는 자를 위한 투쟁

두 번의 회심을 거치다

바르톨로메 데 라스카사스는 1484년 스페인 남부 세비야에서 태어났다. 콜럼버스가 아메리카 대륙을 발견했다는 1492년에 라스카사스는 어린 소년이었다. 1493년 9월, 콜럼버스가 제2차 아메리카 항해에 나서자 라스카사스의 아버지도 참여했다. 1499년에 돌아온 아버지는 콜럼버스에게 받은 노예를 라스카사스에게 '선물'로 주었다. 1502년, 라스카사스도 노예와 금은을 손에 넣기 위해 아메리카로 갔다. 그러나 이후 4년간 금은은커녕 극심한 빈궁에 시달렸고, 무참한 인디오 학살 전쟁에서 생명의 위협을 느꼈을 뿐이었다.

1506년 스페인에 돌아온 그는 신부가 되었고 1507년 다시 아메리카로 갔다. 라스카사스가 신부가 되었기 때문에 원주민을 옹호한 것은 아니었다. 당시 대부분의 신부는 식민주의의 앞잡이였고 라스카사스 역시 신부가 된 뒤에도 그런 역할을 계속했다. 선교사나 신부는 다른 식민자들과

다를 바 없었다. 다른 게 있다면 노예로 잡은 원주민을 기독교도로 개종시키는 역할을 한 정도일 것이다.

그러나 끝없이 반복되는 엄청난 원주민 학살, 광산에서의 가혹한 강제노동, 인디오 여성에 대한 강간, 인디오 아이들의 아사를 목격하며 라스카사스는 양심의 가책을 느끼기 시작했다. 이러한 행위들은 인디오에게 노동을 강요하면서 동시에 기독교 인화를 강요한 '엥코미엔다encomienda'라는 제도에 의해 이루어졌다.

30세에 라스카사스는 자신의 인디오 노예를 해방하며, 식민들 앞에서 인디오에게 스페인인들이 저지른 부정과 압정과 만행을 고발했다. 아울러 엥코미엔다 제도를 비판하고 인디오에게서 약탈한 모든 것을 돌려주자고 설교했다. 이것이 그가 후에 '첫 회심回心'이라 부른 시기다. 그러나 어떤 식민도 그의 말을 듣지 않았다. 낙심한 라스카사스는 스페인 국왕에게 직접 개선을 요구하고자 고국으로 돌아갔다.

1516년, 32세에 그는 『14개의 개선책』을 썼다. 그것은 인디오에 대한 강제 노동을 중지하고 자급자족적인 인디오 마을을 건설해야 한다는 내용이었다. 그러나 당시 스페인 교회는 그의 제안을 받아들이는 체하면서도 여전히 식민정책에 동조했다. 라스카사스는 최초의 인디오 보호관으로 임명되어 다시 아메리카로 돌아가 개혁을 실시하고자 했으나 일이 성사되기는커녕 식민들과의 대립만 더욱 심화될 뿐이었다. 결국 그는 강제 소환 명령을 받았다.

1517년 그는 다시 개선을 촉구하는 각서를 제출했다. 이는 광업보다 농업 식민을 중시하고 인디오 해방을 위해 흑인 노예제를 도입할 것을 주장하는 내용을 담고 있었다. 그중 농민 이민자를 보내야 한다는 제안은 받아들여져 희망자 모집까지 시작했으나 그들에게 식민지 생활에 대한 보장을 해줄 수 없어서 결국 중단되었다.

1519년, 그는 개혁을 위한 세 번째 각서를 제출하고 이듬해 그 각서에 따른 평화적 식민지 개척을 위해 다시 아메리카로 갔다. 그러나 그의 계획은 다시 좌절당하고 도리어 엄청난 학살 사건의 빌미가 되었다. 그 후 라스카사스는 제2의 회심을 경험한 뒤 1526년까지 현지에서 수도 생활을 하며 신학과 법학을 연구했다. 이를 통해 라스카사스는 이론으로 무장한 인디오 해방자이자 인디오의 사도로 탈바꿈했다.

1523년부터 집필한 『모든 사람을 참된 가르침으로 이끄는 유일한 방법』은 평화적 개종의 원칙을 신학적으로 논증한 것으로 이후 그의 행동 지침이 되었다. 여기서 그는, 언제 어디서건 폭력과 강제로 이교도를 개종시킬 수 없으며, 신앙에 따른 생활이야말로 유일한 방법이라는 주장을 폈다.

1527년, 인디오의 문화와 그들에 대한 정복사를 정리한 『역사』를 집필했다. 그는 만년에 이것을 '콜럼버스 발견' 이후의 스페인 정복사를 다룬 『인디아스 역사』와 인디오의 뛰어난 문화 관습 등을 고대 유럽의 여러 민족과 비교한 『인디아스 문명지』로 나누어 완성했다.

1531년, 그는 인디아스 추기경 회의에 편지를 보내 인디언 착취와 정복 전쟁의 부당성을 호소했다. 그러나 이로 인해 그는 2년간 설교를 금지 당했다. 외부 활동도 힘들어졌다. 그 뒤에도 식민당국과 끊임없이 대립하며 평화적 개종을 위해 노력했다.

라스카사스는 인디오에 대한 동포의 죄악상을
마주하고 고뇌한 끝에, 두 번의 회심에 이른다.
그림은 펠릭스 파라의 〈수도사 바르톨로메 데 라스카사스〉.

식민지 신부의 인디오 해방 투쟁

라스카사스는 평화적 개종을 위해 충분히 교육받지 못한 성인 인디오와 흑인에 대한 강제 세례를 금지하자고 했다. 이에 교회 측은 당시 국제법의 최고 권위자인 비토리오에게 세례를 심사토록 했다.

라스카사스는 그 뒤에도 인디오 정복 실태 보고서와 개선책에 대한 여러 문서를 집필해 새로운 식민지법을 만들었다. 1545년 아메리카로 돌아가 식민들과 싸우다가 1547년 다시 귀국해 식민 지배의 정당성을 둘러싼 논쟁에 말려들었다. 당시 세블베다라는 학자가 아리스토텔레스가 쓴 『정치학』의 천부 노예설에 근거해 인디오를 생래적 비인간적 야만인으로 규정하고, 그들을 '인도적이고 덕망 있는 스페인 사람'이 지배하는 것은 자연법에 합치하는 정당한 행위로, 이를 거부할 경우 자연법에 따라 무력으로 지배할 수 있다는 주장을 편 탓이었다. 또 세블베다는 『성경』에 근거해 인디오의 우상숭배, 인신 희생 등은 자연에 반하는 범죄라 주장하고 그런 행위를 하는 인디오의 생명과 재산을 뺏는 것도 정당하다고 했다.

그는 더 나아가서 그런 인디오의 압정에 희생당하는 대부분의 무고한 사람을 보호하는 것이 기독교인의 의무이고 이를 위한 전쟁은 정당하므로, 기독교인은 이를 수행할 의무가 있다고 주장했다. 파멸로 향하는 불쌍한 이교도를 개종시키는 것은 자연법과 신의 법에 일치하므로 이교도를 전쟁 등의 방법으로 무조건 복종시켜서 개종해도 된다는 주장이었다.

근대 유럽 최초의 제국주의론으로 불리는 세블베다의 이러한 생각은 사실 이라크 전쟁 때 부시가 주장한 바와 조금도 다르지 않다. 세월이

500년이나 흘렀건만 인간은 조금도 변하지 않은 것이다. 세블베다의 주장은 당시 국가와 식민주의자의 입장을 옹호하는 강력한 이론으로 자리 잡고 있었다. 스페인 왕의 인디오 정책에 위기감을 느낀 라스카사스는 국왕에 대한 비판과 도전을 서슴지 않는 동시에, 그런 세블베다의 주장을 용납할 수 없었다.

라스카사스는 논쟁에서 인디오의 문화와 역사를 설명하며 그들이 아리스토텔레스가 말하는 '천부 노예'가 아니라고 반박하고, 신이 우상숭배를 이유로 이교도에 대한 전쟁을 명령하지는 않았으며, 역대 교황 중에도 그런 주장을 한 사람이 없다고 말했다. 또 라스카사스는 신의 가르침을 모르는 우상숭배자인 인디오는 복음의 진리를 무시하고 거부하는 이교도(예컨대 유대교나 이슬람교)보다 죄가 가볍다고 하고, 유대인이나 이슬람교도를 처벌하지 않는데 하물며 인디오를 처벌할 수는 없다고 주장했다.

또 교회가 이교도를 처벌할 수 있는 경우는 이교도가 무력으로 기독교도의 영토에 침입해 전쟁을 일으키거나 교회를 박해하는 때, 또는 기독교도에게 빼앗은 토지를 점유하고 있을 때뿐이라며, 설령 이교도가 무고한 자들을 부당하게 압박하고 우상에게 인신 희생을 강요한다 할지라도, 그들을 구한다는 미명으로 전쟁을 벌여 무고한 자를 죽음으로 몰아넣는다면 이는 최소악最少惡이라고 했다. 아울러 전쟁에서는 죄인과 무고한 자를 구별하는 것이 불가능하고, 설령 이교도에게 죄가 있다 해도 신이 심판할 노릇이지 인간에게 그를 처벌할 권리는 없다고 주장했다. 덧붙여 라스카사스는 인신 희생은 유럽 고대 민족사회에서도 일반적으로 허용하고 있고, 인디오의 그것은 나름의 돈독한 신앙심에 근거하는 것이므로 결코 자연의 이성에 반하는 행위로 볼 수 없다고 반박했다.

1552년부터 10년간 라스카사스는 『인디아스 역사』의 집필을 재개했다. 서문에서 그는 역사의 역할과 역사가의 자질을 논한 뒤, 사람들이 실제로 보지 않고 소문으로 들은 것을 역사라고 왜곡해 기록하는 태도를 비판했다. 또한 사물의 표면에 연연해 사물의 내면으로 천착해 들어가지 못함을 비판했다. 나아가 그들이 자신의 종교와 문명을 절대적인 것으로 생각해, 인디오가 구축한 문명이나 그들의 생활 습관을 야만이라 보고 정복을 정당화하는 태도를 비판했다. 즉 문명과 역사에 대한 자국 중심, 유럽 중심의 사고방식을 비판하고 그런 해석에 이의를 제기한 것이었다.

이어 그는 자신의 집필 동기를 '우리 스페인 국민을 그들이 빠져 있는, 지금까지도 계속되고 있는 지극히 중대하고 위험한 오류와 기만에서 해방시키기 위해서'라고 썼다. 특히 흥미로운 점은 그가 식민주의자였던 과거의 자신을 엄하게 비판한 점이었다. 무엇보다도 1514년 이후 그가 주장한 흑인 노예 도입론을 두고 철저한 자기비판을 했다. 지금까지도 그는 흑인을 희생해 인디오를 옹호한 자, 특히 인디오를 대신하는 노동력으로 흑인 노예의 도입을 역사상 최초로 획책한 자로 비판받아왔다. 그러나 그가 그 논리의 최초 입안자는 아니었다. 흑인 노예무역은 이미 1501년 9월의 칙령에 의해 시작되었고, 라스카사스가 당시 요구한 것은 설탕 공장의 가혹한 노동을, 신체가 약한 인디오 대신 신체 강건한 흑인 몇 명에게 맡기자는 것이었다.

1552년 『인디아스 역사』를 집필할 때까지 라스카사스는 아메리카 흑인 노예의 합법성에 대해 적극적으로 이의를 제기하지 않았다. 그뿐 아니

라스카사스는 박해받는 인디오를 대신해
흑인 노예를 도입하자고 주장했다. 그러나 그는 훗날 그런
자신의 주장에 철저한 자기비판을 했다.

라 당시 유럽에서 그 문제에 이의를 제기한 이는 아무도 없었다. 하지만 라스카사스는 이미 1547년경, 포르투갈인에 의한 흑인 노예화의 참상을 목격하고, 그것이 인디오에 대한 스페인인의 불법행위와 다름없다는 이유에서 그 정당성에 대해 의문을 가진다. 흑인 노예의 도입을 주장했던 자신을 『인디아스 역사』를 통해 적극 비판한 것은 그런 이유 때문이었다. 이로써 그는 흑인 노예화의 부당성을 호소하고 그들을 옹호한 최초의 유럽인이 되었다.

『인디아스 역사』는 당시 인디오에게 퍼부어진 비방과 중상에서 인디오의 존엄과 명예를 지키기 위해 집필되었다. 이 책은 라스카사스 본인의 경험과 성직자들이 수집한 정보에 의거, 남미의 풍부한 자연과 인디오의 선천적, 후천적 능력을 유럽의 자연 및 고대 여러 민족과 비교한 세계 최초의 비교 민족지다. 여기서 그는 스페인 인이 오기 전 이미 인디오들이 완전한 사회를 구축했음을 상세히 입증하고, 특히 스페인의 정복을 정당화한 인디오의 우상숭배나 인신 희생에 대해 설명했다.

라스카사스는 고대 그리스인이나 로마인도 인신 희생을 했음을 상기시키면서 인디오의 인신 희생을 신에 대한 돈독한 신앙심에 근거한 것이라 설명했다. 그는 신앙에 근거한 인신 희생은 자연법이나 인정법에 비추어 허용할 수 있는 종교 행위라고 주장했다. 이는 기독교가 숭배하는 절대 신의 존재를 부정하는 것이었지만, 그는 그러한 편협함을 뛰어넘어 '인류는 하나'라는 확신에서 자기주장의 근거를 찾았다. 유럽인과 인디오 사이에 인간으로서 어떤 차이도 그는 인정하지 않았다.

만년의 라스카사스는 국왕, 즉 국가와 결별한다. 스페인 정복자와 식민주의자는 물론, 교회나 수도원 건설을 위해 기부를 받은 성직자에게도 인디오에 대한 배상 의무가 있다고 하면서 국왕의 배상 의무까지 주장했다. 잉카제국이 전제국이어서 스페인 국왕의 정복이 정당했다는 주장에 대해, 라스카사스는 인디아스의 모든 토지를 뺏은 스페인 국왕이야말로 전제자라고 맞서며 인디오에게 영토를 돌려주어야 한다고 역설했다.

국제법의 추악한 이면

9·11 사태 이후 미국이 국제법을 어겼다는 지적이 끝없이 제기되고 있다. 전쟁에 대한 국제법이 엄연히 존재하거늘, 미국은 그 모든 것을 무시하고 아프가니스탄을 폭격하면서 '신은 중립이 아니다', '세계 전체의 전쟁이고 문명의 전쟁이다', '제2의 십자군전쟁이다' 같은 수식어로 상황을 합리화했다.

『문명의 충돌』을 쓴 새뮤얼 헌팅턴 등은 과격한 전쟁 지지 성명으로 이를 뒷받침했다. 폭격은 무고한 사람을 악에서 구하는 것이고, 그에 대해 유엔 같은 국제기구의 승인을 기다리는 것은 '자살행위'에 불과하므로 불필요하다는 주장이었다(여기서 '악'이란 아프가니스탄만이 아니라 아랍 전체, 심지어 이슬람교를 말하는 것이기도 했다. 그 밖에 북한 등 소위 '불량국가'들도 포함된다). 2002년 8월 1일, 미국의 부시 대통령은 요르단 국왕과의 회담 직전에 이슬람을 잘못된 종교라고 해 문제를 일으켰다.

더욱 놀라운 것은 대부분의 국제법 학자들도 그런 주장을 펴서, 이제

국제법은 강대국의 자의적 판단에 의한 패권주의의 장식에 불과하다는 비판까지 나오고 있다. 미국의 저명한 국제법 학자인 라이스만은 9·11 직후에 발표한 『세계의 공공질서를 지키기 위해』의 머리말에서 오직 승리냐 패배냐가 문제라면서, 민주주의의 적을 괴멸시키는 무기와 새로운 전쟁 형태, 그런 무기 사용에 대한 국제법을 발전시켜야 한다고 했다. 그 글에는 나치보다 더한 정치적 결단주의가 있다. 그가 말하는 국제법이 과연 '법'이라는 이름을 달 수 있는 것인지 의심스럽다.

물론 이런 식의 전쟁 합리화는 처음이 아니다. 도발한 나라 멋대로 전쟁을 자위권 발동으로 합리화한 사례는 수없이 많았다. 예컨대 이스라엘의 1968년 레바논 공격과 1985년의 튀니지 공격, 미국의 1986년 리비아 공격, 1993년의 이라크 공격, 1998년의 수단과 아프가니스탄 공격 등이 그랬다. 그러나 그 어느 것도 유엔에 의해 자위권 행사라는 추인을 받지 못했다. 어디 그뿐인가? 역사상 대부분의 전쟁은 국제법적으로 정당하다는 평가를 받지 못했다.

또 하나의 국제법 파괴는 전시에 최소한의 인간 존엄을 지키기 위해 만들어진 국제인도법과 관련한 것이다. 얼마 전 아프가니스탄 측 민간인과 포로가 대량 학살되었다는 보도가 나왔을 때 유엔은 인도법 준수를 요구했다. 또 미군이 포로를 인도적으로 대우하지 않는다고 NGO가 지적하자 미군 측이 NGO에 약간의 돈을 주었다는 보고도 있었다. 그러나 미국은 아프가니스탄 포로를 포로로 인정하지 않는다고 해 국제적 비난을 샀다.

국제법상 포로나 민간인에 대한 보호조차 이제 사라지는 걸까? 국제법의 효력에 대해서는 회의적인 시각이 많지만, 그럼에도 국제법은 인류 최소한의 양심 차원에서 존재해왔다. 사실 국제법은 그 자체가 부시가 주장하는 신의 법, 문명의 전쟁이라는 식의 사고에 근거했다고 볼 여지가 있다. 그런 말은 어제오늘 생긴 것이 아니다. 이는 우리가 흔히 '국제법의 아버지', '자연법의 아버지'라고 부르는 후고 그로티우스Hugo Grotius의 법사상에 이미 등장한 것이다.

서양에는 사람이 제정한 인정법, 실정법과는 다른 자연법이라는 것이 있다는 주장이 오래전부터 있어왔다. 자연법이란 신의 법에서 비롯한 보편법이고, 국제법이야말로 그에 근거한다는 것이다. 그러나 그것은 고대 유럽에서 중세 후기에 이르기까지 국제 관계에 의해 귀납적이고 경험적으로 그 존재와 보편성이 논증되었을 뿐이다. 이 경우 '국제'니 '자연'이니 하는 것은 유럽 문명이라는 틀 속의 그것에 불과하고, 거기서 나온 보편성이라는 것 또한 전 지구적 규모의 보편성을 뜻하지는 않는다. 곧 석가나 마호메트, 예수나 공자, 맹자가 아닌 아리스토텔레스나 키케로가 그 전거라는 뜻이다.

물론 사상 내용의 보편성과 사상 형성 전거의 보편성은 차원을 달리하는 것이고, 후자의 결여가 반드시 전자의 결여로 직결되지는 않는다. 하지만 그로티우스가 인류 보편의 법이라 주장한 국제법과 자연법의 내용이 동시대 이슬람과의 관계에서도 타당한 것이 아니었음은 두말할 필요도 없다. 또한 여러 국민의 법이라는 것도 사실 그리스 도시국가 이래 유럽 문명권의 국가적 관행을 전제로 한 것이다. 후대의 국제법 학자들은 자연법학과 국제법의 보편성이 19세기의 법실증주의파 국제법에 의해 대체되었다고 주장하지만, 자연법학파의 보편성 자체가 정말 보편적인 것이 아니라, 기본적으로 유럽에 한정된 것이었음을 간과해서는 안 된다.

신의 이름으로 자행된 인권 유린

이처럼 보편성을 갖는다고 주장된 자연법적 국제법은, 서양 열강에 의한 세계 식민지화 과정에서 국제 질서의 이론적 기초를 제공했고, 나아가 그를 정당화하는 이데올로기로서 기능을 유감없이 발휘했다. 예컨대 민법의 선점先占 이론에 따른 식민지 침략의 정당화, 해양 열강의 공해 자유 원칙이 갖는 이데올로기성 등이다.

이와 같이 그로티우스에서 비롯한 근대 국제법 이론은 기본적으로 유럽 독립국가 간의 관계를 규율하기 위해 생성되고 발전한 것으로, 거기서 소외된 객체에 불과한 비유럽 국가들의 입장에서는 식민지 침략을 정당화하는 것 이상 다름 아니다. 말하자면 유럽 국가들이 자신들의 고유한 규범을 다른 나라에 강제한 것에 불과한 것이다. 이러한 현상은 중국이나 한국 또는 일본이 소위 개화기에 적용받은(실제로는 강제된) 국제법에도 나타났다. 국제법의 유럽 중심주의는 오늘날까지도 변함이 없다. 일본이 침략을 합리화하려고 우리에게 강요한 여러 조약은 그 모방에 불과했다.

흔히 유럽에서 만들어진 국제법은 다른 지역의 그것과는 달리 국가 평등의 관념을 내포한 보편적인 법으로 여겨지고 있다. 그러나 유럽의 국제법은 비유럽 국가와 동등한 입장에서 자유로운 의사에 근거한 합의 위에

그로티우스의 자연법적 국제법은
서양 열강의 식민지 지배에 이론적 기초를 제공했고,
이를 정당화하는 이데올로기로서의
기능을 발휘했다.

적용된 것이 아니라, 군사력 우월을 배경으로 비유럽 국가에 강제된 것이다. 나아가 비유럽 여러 국가는 먼저 무력에 의해 지배당한 뒤, 국제법상의 주체성을 부정당하는 형태로 국제법 질서에 편입되었다. 힘에 의한 침략이 먼저였고, 국제법은 침략을 정당화하고 미화하는 수단이었다.

그 단계를 넘으면, 식민지가 이제는 식민지 지배권의 국내 문제이므로 국제법의 규율 대상이 아니라는 논리(국제법의 불간섭 영역으로서의 국내사항)에 따라, 비유럽 민족들은 다시 국제법상의 논의 대상에서 배제되었다.

'근대 유럽 문명에 의한 세계 지배 이데올로기'라는 국제법의 기능은 그로티우스만이 아니라 그의 절대주의적 국제법을 정치적 자유의 국제법으로 바꾸었다고 평가되는 에머리히 데 바텔Emerich de Vattel의 이론에도 그대로 존재한다. 바텔은 내정불간섭 원칙을 강조하고 국가 평등의 관념에 근거한 국제법을 주장했으나, 그 또한 어디까지나 근대 유럽 문명이라는 틀 속에서다. 이 역시 강대국이 자국 보호에 치우칠 때 기회주의적으로 애용되는 이론의 하나다.

바텔의 이론은 노동력 투하에 따른 소유권을 절대화한 로크의 이론에 근거했다. 로크는 재화의 희소성과 인간의 자기 보존이라는 행동 원리로 '만인에 대한 만인의 투쟁'을 주장한 홉스의 이론을 극복한 것으로 평가되지만, 이 또한 유럽 민족 내부에서만 적용되었다. 이 이론이 유럽에서 신대륙으로 온 식민자(침략자 또는 정복자)와 원주민의 사이에 적용되면 전자의 침략을 정당화하는 기능을 했다. 즉 식민자들이 자신의 노동관에 따라, 원주민은 자신이 산 땅에 노동력을 투하하지 않았으므로 소유권이 없고, 처음으로 노동력을 투여한 자신들이야말로 정당한 소유자라는 주장을 하게 만들었다.

이렇게 자연법이니 국제법이니 학문이니 사상이니 하는 주장들은 사실 원시적 폭력을 이용한 침략과 정복을 합리화하는 어용 학설에 불과했다. 서양의 국제정치나 국제법에 대한 논의는 거의 그런 것이라 봐도 과언이 아니었다. 이에 대해 비판을 제기한 이는 단 한 사람, 라스카사스뿐이었다. 그는 르네상스 시대를 살았으나, 어떤 책도 그를 르네상스인으로 다루지 않는다. 그러나 그는 르네상스 시대의 그 누구보다 중요한 사람이다. 그야말로 '인류는 하나'라는 신념에 근거해 신세계 주민뿐 아니라 학대받는 모든 사람들의 인간 존엄, 생명, 자유를 지키는 데 평생을 바친 보편인, 세계인, 행동인이었기 때문이다.

마찬가지로 르네상스인으로 불리지는 않으나, 근대사를 연 인물 중에는 '지리상의 발견'을 한 크리스토퍼 콜럼버스가 있다. 역사상 유일한 '콜럼버스 제1차 항해'에 대한 문헌인 『콜럼버스 항해지』는 라스카사스가 쓴 것이다. 이 책은 콜럼버스의 항해지를 정리한 것인데, 단순 정리에 그치지 않고 그에 대한 자신의 비판을 담고 있다. 예컨대 콜럼버스가 원주민에게 노동과 서양식 습관을 강요해야 한다고 쓴 부분에 대해, 라스카사스는 신의 의지를 배반한 파괴 행위라고 엄중하게 비판했다.

이처럼 두 사람의 길은 전혀 반대였고, 그들에 대한 평가도 양극단을 달렸다. 라스카사스는 근대 세계를 개척한 '위대한 발견자' 콜럼버스를 스페인의 정복 사업을 망치고자 한 '과대망상의 매국노'로 평가했다. 1992년 콜럼버스의 '신대륙 발견' 500주년을 기념하는 범세계적 행사가 열리는 가운데, 라스카사스의 기념비가 처음으로 그의 고향 세비야에 세워졌지만 곧 그 얼굴에는 검은 페인트가 칠해졌다. 이처럼 그에 대한 평가는 아직도 양면적이다. 일반인의 감정만이 아니라 학계의 평가도 여전히 나누어져 있다. 그럼에도 그가 자신의 과오를 극복하고 유럽 중심주의의 독선에 반기를 든 휴머니스트였다는 사실에는 변함이 없을 것이다.

샤를 루이 드 몽테스키외

C.Montesquieu
1689~1755

권력분립

어떤 경우에도 전제는 옳지 않다

계몽은 과거의 유물인가?

'계몽'이란 어둠을 밝히는 것이다. 아직 어둠 속에 있는 우리에겐 계몽이 필요하다. 그런데 오늘날 계몽이란 말은 낡고 촌스러운 느낌을 준다. 이광수나 최남선의 글들, 특히 심훈의 『상록수』를 연상시킨다. 아무리 가까이 끌고 와도 새마을운동의 요란한 노랫소리나 조국근대화와 유신이라는 구호 또는 국민교육헌장이 떠오른다.

그래서일까, 언제부턴가 그런 계몽의 분위기는 사라졌다. 근대화 대신 민주화란 구호가 등장했다. 근대화라는 미명 아래 '민주주의=대통령 직선제'라는 공식이 사라졌기에 그것을 다시 쟁취하자는 주장이 등장했다. 1980년대 후반 그것이 쟁취되자 우리는 자가용과 지하철의 양분 시대로 접어들었다.

자가용은 모더니즘이니 포스트모더니즘이란 말로 요란스레 장식되었다. 세상은 아직도 어두워 계몽이 필요한데도 말이다. 그런 우리에게 과연 역사로서의 계몽이 있었던가? 1789년의 프랑스 대혁명에 준하는 계몽이 있었던가? 누군가는 조선시대의 실학에서 우리 계몽의 역사를 찾는다. 그러나 내게 그것은 조선의 지배 이념이던 유교의 한 갈래, 그 이상으로 보이지 않는다.

사실 계몽은 르네상스보다 우리 시대에 더 가까우나, 이미 역사의 유물이 된 느낌을 준다. 포스트모더니즘으로 야단스러운 시대에 모더니즘도 아닌 하물며 계몽이랴. 그러나 과연 그런가? 계몽 시대에는 지금 우리가 봉착한 모든 문제가 다루어졌다. 그 시대의 볼테르는 이단의 처벌에 반대했으나 우리는 지금도 국가보안법을 두고 있다. 볼테르는 고문 금지도 주장했으나 몇 해 전까지도 우리나라에서는 검찰의 고문을 받은 피의자가 죽었다. 그동안 검찰이 인권 보장에 문제가 있다는 등의 이유로 감독해야 한다고 주장해온 경찰이 아닌, 바로 검찰에서 말이다.

계몽 시대였던 1764년, 체사레 보네사나 베카리아Cesare Bonesana Marchese di Beccaria 후작은 사형제 폐지를 주장했지만 우리는 지금도 그 논쟁을 하고 있다. 그는 배심제 도입을 주장하기도 했으나 우리는 2008년에 와서야 배심제 비슷한 것을 실시하기 시작했다. 마찬가지로 배심제를 찬양한 볼테르는 "프랑스의 형사법전은 시민을 파멸시키고자 하나, 영국의 그것은 시민을 구제하기 위한 것"이라고 말했다. 몽테스키외를 비롯한 많은 계몽주의자들이 그런 주장을 폈다. 그러나 우리의 사법제도는 국민참여재판을 하게 되어 있는 극소수의 재판을 제외하면 여전히 비민주적인 독재 사법에 의해 지배되고 있다.

나는 볼테르처럼, 배심제가 없는 우리의 현행 법 제도가 '시민을 파멸

유럽은 이미 18세기에 오늘날 봉착한 모든 문제를 다루었다.
반면 우리에게 과연 역사로서의 계몽이 존재했는지는 의문이
다. 그림은 테오발트 폰 외르의 〈바이마르 시인들의 안뜰〉.
계몽 시대의 대표적 지식인인 실러(책을 든 인물)와 괴테(왼손을
가슴에 얹은 인물)가 보인다.

시킨다' 고까지 비판할 용기는 없다. 하지만 관료가 독점하고 있다는 점에서 우리 사법 제도는 춘향이를 단죄한 '사또 재판' 즉 독재 재판에 다름아니다.

시민의 사법 참여, 재판 참여, 즉 배심제와 참심제는 고대 그리스에서 비롯되어 1215년 영국에서 마그나카르타로 확정된 뒤 민주주의의 원칙으로 인정받았다. 이후 유럽 국가의 관료 재판 개혁이 요구된 계몽 시대, 그러니까 1789년 프랑스 대혁명 뒤 프랑스에서 채택되었다. 그 후 세계 각국은 배심제나 참심제를 채택해 시민의 재판 참여를 인정했으나, 세계에서 거의 유일하게 우리나라에서만 오랫동안 채택되지 못했다.

권력은 분립되어야 한다

흔히 샤를 루이 드 몽테스키외는 로크가 주창한 행정권과 입법권의 이권분립에 사법권을 더해, 삼권분립을 세운 인물이라고들 한다. 그러나 몽테스키외의 『법의 정신』 제11편에는 삼권의 동등한 분립이라는 내용의 엄격한 의미에서의 권력 분립론은 찾아볼 수 없다. 실제로 그런 엄격한 삼권분립이 역사에서 실현된 경우도 없다.

사실 삼권분립이라고 하지만 어느 나라에서나 입법권과 사법권은 행정권에 비해 약하다. 특히 재판을 중심으로 한 사법권에 입법권이나 행정권에 버금갈 권력이 부여될 수 있는지도 의문이다. 재판이란 시민 사이의 분쟁이나 범죄를 해결하려는 수동적 제도에 불과하지 그 자체가 능동적으로 어떤 권력을 행사하는 것은 아니다. 몽테스키외도 사법권의 이런 특성을 인정했다. 그럼에도 몽테스키외가 사법권을 삼권의 하나로 본 것은 사실이다. 거기에는 개인적인 사정도 있다. 로크와 달리 몽테스키외는 판사였던 것이다.

몽테스키외의 삶과 생각을 살펴보기 전에, 그 시대가 소위 '태양왕' 루이 14세(재위 1643~1715)와 루이 15세(재위 1715~1774)라는 절대군주들이 서서히 몰락하던 시대였고, 왕과 귀족이 정치적 권위를 두고 대립한 시대라는 점을 기억하자.

그리고 또 하나, 우리로서는 잘 이해하기 힘들지만, 귀족의 정치적 권위는 귀족이 독점한 고등법원이란 권력기관을 중심으로 형성되었다는 점을 염두에 두자. 그리고 몽테스키외는 그 고등법원의 판사를 거쳐 법원장까지 지냈다는 점에 주의하자. 또 계몽사상가 중에서 몽테스키외는 귀족, 볼테르는 시민(부르주아), 루소는 노동자 출신이라는 점도 눈여겨보자. 물론 그런 점만으로 그들을 파악할 수는 없다.

그 시대는 가톨릭이 지배한 시대여서 지금 우리가 아는 사회과학이란 신학 교리에 불과했고, 사회에 대한 과학적 인식 또한 전무했다. 르네상스 시대에는 인문과학과 예술은 존재했으나, 사회과학은 없었다.

르네상스 시대에 인간이란 군주와 귀족, 그들과 결부된 특권계급을 지칭하는 것이었다. 그래서 마키아벨리가 찬양한 '욕망의 달성'도, 베이컨이 말한 '아는 것이 힘이다'도 그 소수를 위한 것이었다. 그런 경향은 르네상스 후 2세기가 흐른 18세기까지 그다지 변하지 않았다.

몽테스키외는 몽테뉴와 가끔 혼동된다. 이름뿐 아니라 인간적으로도 비슷한 점이 많다. 우선 국적이 같고 출신이 같다. 즉 두 사람 모두 프랑스의 옛 성에서 명문 귀족의 아들로 태어났다. 법을 공부하고, 판사가 된 점도 같다. 1557년에 몽테뉴가 그랬듯이 1713년 몽테스키외는 보르도 고등법원의 판사가 되었고, 몽테뉴보다 더 출세해 1716년에는 고등법원장까지 오른다. 그의 나이 27세였다. 그러나 이 출세는 당시 고등법원장을 세습하거나 매매하는 관습에 의한 것이었다.

법에는 큰 흥미를 느끼지 못하고 고전 연구에 몰두한 점도 두 사람의 공통점이다. 16세기를 산 몽테뉴와 달리 자연과학이 발달한 18세기를 산 몽테스키외는 당시 막 설립된 보르도학술원에서 물리학, 생물학, 지학을 연구한다. 그런 연구열이 법학은 물론 역사학, 정치학, 사회학 등 몽테스키외의 거대한 학문 토대를 형성하는 힘이 되었다.

당시에는 지리상의 발견 이래 유행한 동양 취향이 왕성했다. 그가 1721년 완성한 『페르시아인의 편지』도 그런 배경에서 집필된 것이다. 이 책은 당시 프랑스의 정치 및 사회풍속을 풍자한 '극히 위험한 사상'이어서 익명으로 발표되었음에도 불구하고, 어쩌면 바로 그 이유 때문에 '빵처럼 팔린' 베스트셀러였다. 에드워드 사이드는 『오리엔탈리즘』에서 당시의 다른 여러 사람들과 마찬가지로 몽테스키외도 동양에 대한 책을 쓸 때 인종에 대한 획일적 분류법을 채택했다는 점에서, 오리엔탈리즘이 식민지 침략의 학문으로 본격화되는 것의 선구를 이룬다고 지적했다. 하지만 나는 몽테스키외가 당시로서는 매우 예외적으로 노예제도나 식민정책을 반자연적 현상이라고 비판한 점도 함께 이해하는 것이 공정하다고 본다.

또한 반反자연에 대립되는 자연 정치라고 몽테스키외가 주장한, 자애로운 가부장 정치도 지금 우리의 입장에서만 비판할 것은 아니다. 사실 그 정도도 당시로서는 볼테르가 말했듯 가장 격렬한 비판이었기 때문이다.

『페르시아인의 편지』를 출판한 몽테스키외는 파리로 옮겨갔다. 물론 법원장 역할은 1726년 37세가 되던 해에 그 직을 '팔아치울' 때까지 10년간 계속 했으나 법원 일에는 아랑곳없었다. 판사직을 젊은 나이에 사임한 점도 몽테뉴와 똑같고, 그 후 유럽 전역을 여행한 점도 같다. 그러나 그는 유럽 대륙만을 여행한 몽테뉴와 달리 영국까지 갔다. 이 점이 그가 1748년에 『법의 정신』을 쓰는 결정적인 계기가 된다.

여행 후 고향에 있는 성에 칩거해 집필에만 몰두한 점도 같다. 그 칩거 기간 동안 몽테뉴는 『수상록』을 남겼고, 몽테스키외에게는 역사학을 비롯한 여러 학문 분야의 저술을 한다.

몽테스키외가 1734년 펴낸 『로마인의 흥망성쇠 원인론』은 "역사를 지배하는 것은 운명이 아니다"라고 주장했다는 점에서 역사학의 선구로, 또 로마의 정치를 분석한 점에서 정치학의 선구로 꼽힌다. 지금은 상식적인 이야기지만 신에 의한 운명적 역사관에 젖어 있던 당시로서는 그야말로 혁명적인 발언이었다. 이 책의 기본은 프랑스 왕정에 대한 비판, 특히 '태양왕'을 자처한 루이 14세의 세계 왕국 건설 시도가 시대착오적이고 실현성이 없는 것임을 비판한 것이었다.

이어서 몽테스키외는 1748년에 『법의 정신』을 저술하는데, 20년이라는 노고를 거쳐 집필했고, 책 출간 7년 뒤에 죽는다. 이 책에서 몽테스키외는 모든 국가에 적합한 정치나 법이란 존재하지 않으며, 특히 법에 대한 연구는 구체적인 현실 상황에서 출발해야 한다고 주장했다. 지금은 상식적인 이야기지만 당시로서는 대단히 혁명적인 주장이었던 탓에 이 책은 출판 3년 뒤 금서 목록에 오른다. 소위 불온도서였던 것이다.

몽테스키외는 이 점을 미리 우려한 듯 "한번 읽어보기만 하고 20년의 사업을 판단치 말라. 이 책 전체를 칭찬하든 비난하든 간에, 그 몇몇 구절에 구애치 말라. 만약 여러분이 저자의 의도를 찾아내려고 한다면, 이 작품 전체의 의도 속에서 그것을 찾아내는 수밖에 도리가 없을 것이다"라고 썼다.

그러나 오늘날 일반인은 물론 법학도의 대부분도 『법의 정신』을 읽지 않는 것을 암기 중심의 고시 탓이라고만 할 수는 없다. 물론 프랑스에서도 사정은 마찬가지다. 난잡하게 모아진 자료를 멋대로 엮은 것이어서 '고전'이라는 권위에 의심을 갖게 하지만, 몽테스키외가 자랑스럽게 말한 '의도'는 분명히 있고, 그것을 알면 이 책이 왜 고전인지를 알 수 있다.

몽테스키외는 이 책에서 '자유'에 대해 말한다. 즉 어떤 경우에도 전제는 나쁘므로 권력은 분립되어야 한다는 것이다. 사실 삼권분립론은 『법의 정신』의 일부, 즉 제11편에 설명된 일부일 뿐이다. 그 분량은 전체 분량 중 몇 쪽에 불과하다.

도리어 삼권분립론보다 더 중요한 자유를 향한 외침들이 이 책에 있다. 예컨대 한 사람의 증언으로 사형 선고가 내려지는 것에 대한 비판, 밀고자나 고문에 의한 증거 유도나 모든 형태의 잔혹한 형벌을 폐지하자는 주장, 반역 고발에 대한 회의, 그리고 무엇보다도 배심제의 채택을 통해 시민의 재판 참여를 독려하자는 주장과 같은, 현대 재판제도의 모든 것이

DE L'ESPRIT

DES

LOIX

OU DU RAPPORT QUE LES LOIX DOIVENT AVOIR AVEC LA CONSTITUTION DE CHAQUE GOUVERNEMENT, LES MŒURS, LE CLIMAT, LA RELIGION, LE COMMERCE, &c.

à quoi l'Auteur a ajoûté

Des recherches nouvelles sur les Loix Romaines touchant les Successions, sur les Loix Fran-çoises, & sur les Féodales.

Nouvelle Edition Revuë & Corrigée

TOME SECOND.

A AMSTERDAM,

Chez CHATELAIN.

M. D.CC. XLIX.

몽테스키외는 역사는 목적을 가진다는
당시 계몽주의자들의 믿음에서 벗어나,
최초로 역사를 비관념적으로 사유한 인물이었다.

이 책에 들어 있다.

『법의 정신』에서 말하고자 하는 핵심은 '다양성과 보편성', '현실성과 구체성'이라는 휴머니즘 정신에서 찾을 수 있다. 이는 르네상스 시대의 기본 정신이라고 볼 수 있는데, 계몽주의 사상가들 중에서 이런 르네상스 정신을 몽테스키외만큼 분명히 보여주는 사람은 없다.

특히 법에 대해서 그렇다. 몽테스키외는 당대를 지배한 가톨릭 신학의 교리에 사로잡힌 정치관, 사회관, 역사관을 비판함과 동시에 당시의 법학을 비판했다. 사실 그의 법에 대한 비판은 19세기 말에 와서야 법비교학이나 법사회학, 법사학으로 열매를 맺는다.

사회의 '현재'를 분석하라

몽테스키외를 귀족을 옹호하는 보수주의자로 규정한 루이 알튀세르 Louis Althusser는, 동시에 몽테스키외가 스승도 없이 홀로 자기만의 탐구를 거듭해 30년 만에 새로운 세계를 찾았다고 평가한다. 그 새로운 세계를 알튀세르는 정치과학이라고 부르나, 그 내용은 '무수한 법과 습속'이다. 몽테스키외는 그 속에서 "사람은 결코 의지에 지배만 당하지 않고 있음"을 믿게 된다. 즉 인간은 항상 합리적 필연성의 원리에 의해 지배되고 모든 법은 '보다 더 일반적인 법에 의존한다'는 것이다. 그 일반적인 법이 정신이다. "구체적인 것을 충분히 고찰할수록 원리의 확실성을 알게 된다.", "사람들이 부분을 고찰하는 것은 모두 전체를 판단하기 위해서이고, 모든 원인을 검토하는 것은 모든 결과를 알기 위해서다."

알튀세르가 지적했듯 몽테스키외는 당대의 계몽주의자들과는 달리 사회계약을 주장하지 않았다는 점에서 조반니 비코Giovanni Battista Vico와 같았다. 즉 당대 사회계약론자들이 당위를 주장한 것에 반해 몽테스키외와 비코는 사실을 분석한다. 몽테스키외는 사회란 이미 존재하는 것이므로 그 기원을 묻는 것은 무의미하다고 말한다.

몽테스키외는 『법의 정신』 제1편 제1장에서 법을 정의하며 먼저 가장 광의廣義의 법을 검토한다. 즉 법은 '사물의 성질에서 생기는 필연적인 관계'라는 것이다. 이는 법칙과 같은 것으로 "법이라는 것은 그것과 다른 가지가지의 존재와의 사이에 존재하는 관계 및 이들 가지가지의 존재 상호 간의 관계이다." 즉 제1편 제2장에서 설명한 자연법이다.

자연법에 대한 그의 설명은 매우 간단하다. 그는 자연법의 원리를 네 가지, 즉 평화의 추구, 생존을 위한 식욕의 충족, 양성 사이의 사랑, 사회적 상호작용이라고 한다. 이는 사회생활의 기본 원리라고 해도 좋다. 몽테스키외는 이러한 네 가지 원리가 상이한 풍토에서 살아가는 사람들이 사회와 국가를 만들면서 자연스럽게 생겨나는 관습법이나, 의도적으로 제정되는 실정법에도 담겨져 있지만, 그 구체적인 모습이나 내용은 달라진다고 보았다. 그리고 그 다양한 모습을 제14편 이후에 설명한다. 이 책은 총 31편 구성으로 전반부인 제13편까지는 총론이고 후반부인 제14편 이하는 각론이라고 할 수 있는데, 법제사, 법인류학, 법사회학의 모범이 되는 후반부는 참으로 흥미롭다.

제1편 제3장에서 몽테스키외는 실정법을 설명한다. 실정법은 여러 민

족 사이에 통용되는 만민법(국제법)과 국가와 개인 사이를 다루는 정치법(공법), 개인 사이를 다루는 시민법(사법)으로 구성된다. 이는 인간 이성이 적용되는 특수한 경우로 각 민중에게 고유한 것이다. 따라서 어떤 민중의 법이 다른 민중에게 적합할 수 없다. 그것은 지세, 기후, 민중의 생활양식, 법이 인정하는 자유의 정도, 종교, 민중의 성품, 재화, 상업, 습속 등 여러 관계에 의존하기 때문이다. 그것들이 '법의 정신'을 형성한다.

실정법은 인간 제도의 다양화 법칙과 그 발전 법칙을 인간 제도 내에서 끌어내는 것이 가능하다는 것을 전제한다. 그것은 '더 이상 관념적인 명령이 아니라, 현상에 내재하는 관계'이다. 따라서 법은 "본질에 대한 통찰에서 주어지는 것이 아니라, 선입견 없이, 연구하고 비교함으로써, 시행착오를 통해 사실 자체에서 도출된다." 따라서 몽테스키외는 끝없이 인간이 인식하지 못하는 요인인 기후, 토양, 풍속, 제도의 내적 논리를 연구해 인간이 왜 법을 일탈하는지를 탐구한다. 물론 몽테스키외는 그러한 일탈 판단의 기준이 되는 보편적인 당위조차 부정하는 것은 아니다. 다만 몽테스키외의 관심은 그런 보편적 당위 연구가 아닌 실정법의 분석에 있었다.

공화정, 군주정, 전제정의 핵심

제1편의 설명은 방법론에 관한 것이다. 『법의 정신』은 모두 31편으로 구성되는데, 그것들은 다음의 세 부분으로 나눌 수 있다.

첫째, 제2~13편은 정체政體의 본성과 원리에 의존하는 다양한 법에 대한 이론인 유형론을 담고 있다. 둘째, 법을 형성하는 요인 중 물질적 요인인 기후(제14~17편), 토양(제18편), 상업(제20~21편), 화폐(제22편), 인구(제23편)와 정신적 요인인 풍속(제19편), 종교(제24~25편)에 대한 설명으로 이어진다. 셋째, 역사에 관한 것으로서 로마상속법(제27편), 봉건법의 기원(제28, 30~31편), 법제정의 방법(제29편)을 설명한다.

이러한 유형, 요인, 역사라는 세 가지 설명은 대단히 혼란스럽다. 그러나 그 사이에는 새로운 원리를 설명하기 위한 체계적 구조가 있다. 첫째, 각 정체(공화정, 군주정, 전제정)에는 고유한 성질과 원리가 있다는 것이다. 성질이란 정체의 구조이며, 원리란 정체를 움직이는 원동력인 정념이다. 정념은 시민의 현실적 삶 전체를 정치적으로 표현한다. 원리는 추상적인 본성의 구체성이다. 현실적인 것은 양자의 통일성과 전체성이다.

정체는 권력을 누가 장악하고 집행하는가에 따라 구분된다. 공화정은 인민 전체 또는 일부가 주권을 갖는 것, 군주정은 1인이 통치하나 고정되고 확립된 법에 의해 통치하는 것, 전제정은 역시 1인이 통치하나 법이나 규칙 없이 통치하는 것이다. 각 정체는 필연적으로 고유한 동력을 갖는다. 공화정의 동력은 덕성, 군주정은 명예, 전제정은 공포가 각각 그것이다. 예컨대 덕성이란 시민들이 스스로를 공적 이익을 위해 희생하는 것, 그리고 모든 상황에서 자신의 정념보다 조국을 선호하는 것을 말한다. 조국애 즉 평등애를 말한다.

시민적 덕성이란 공화국에서는 …… 공화국에 대한 사랑이다. 공화국에 대한 사랑은 민주정체에 대한 사랑이며, 이는 곧 평등에 대한 사랑이다. 나아가 민주정체에 대한 사랑은 질박함에 대한 사랑이다.

몽테스키외는 정체의 본성과 원리의 전체성에 대한 사고에서 새로운 이론적 범주를 제안한다. 몽테스키외 이전에도 법의 다양성에 대한 설명은 있었으나, 주로 본성에 대한 설명에 그쳤다. 정념은 몽테스키외에 의해 최초로 논리적으로 설명되었다. 즉 제4편부터 제7편까지 다룬 교육, 토지 분할, 재산 정도, 재판 기술, 형벌과 포상, 여성의 지위, 전쟁의 지휘 등을 결정하는 법은 몽테스키외의 시대에 행하지 않던 것이었다. 그 필연성이 이해되지 않았기 때문이다. 그러나 몽테스키외는 국가란 현실적인 전체성이며 국가의 입법과 그 제도, 풍습의 모든 특징은 그 내적 통일성의 효과이자 표현이라는 가설을, 사실을 바탕으로 발견하고 입증한다.

정체의 본성과 원리는 항상 일치하지 않는다. 그것이 모순되는 경우 그 본성은 유지될 수 없으나 일정 기간 동안은 존속한다. 원리를 상실한 정체는 부패한 정치라고 몽테스키외는 『법의 정신』 제8편에서 말한다. 이는 당시 계몽주의자가 공유한 믿음, 즉 역사는 목적을 가지며 이성과 자유의 계몽 왕국을 추구한다는 믿음을 몽테스키외는 갖지 않았음을 뜻한다. 이로서 우리는 몽테스키외가 비관념적으로 역사를 사유한 최초의 인물이었다는 것을 알 수 있다.

어떤 경우에도 전제專制는 바람직하지 않으므로
권력은 분립되어야 한다는 몽테스키외의 주장은
당시로서는 혁명적인 것이었고,
이 때문에 『법의 정신』은 금서 목록에 오른다.

군주정을 옹호한 귀족의 한계

몽테스키외는 삼권이 완전히 별개라고 주장하지 않는다. 즉 그는 행정권은 입법권을 저지하는 권능을 가지며, 반대로 입법권은 행정권이 법을 어떻게 집행하느냐에 대해 감사권을 행사할 수 있다고 본다. 또한 사법권이 입법권에 침해되는 세 가지 예외를 인정하기도 한다. 즉 귀족은 귀족으로 구성된 상원에서 재판을 받고, 정치적 사건은 하원이 고발하고 상원에서 재판하며, 입법부의 특별사면권을 인정한다.

이러한 삼권의 관계는 흔히 삼권분립의 내용인 견제와 균형(현대의 그것과는 내용이 다르다 할지라도)의 관계로 설명된다. 따라서 몽테스키외가 그런 견제와 균형을 내용으로 하는 삼권분립을 설명했다 해서 그를 현대 삼권분립론의 창시자가 아니라고 보거나 그런 주장을 신화라고 비판할 필요는 없다.

이러한 비판은, 몽테스키외가 실제로 문제 삼은 것은 권력분립이 아닌 권력의 결합이라는 비판으로 나아간다. 몽테스키외에 의하면 삼권 중 사법권은 권력이 아니라 '무'다. 사법권은 일정한 등족等族이나 직업에 속하지 않으며, 나아가 '법의 말을 말하는 입, 그 힘이나 엄격함을 부드럽게 할 수 없는 무생물'에 불과하기 때문이다.

따라서 문제가 되는 것은 입법권과 행정권인데, 당시 유럽에서 입법권과 행정권은 군주가, 사법권은 신민이 갖고 있었다. 이를 몽테스키외는 제한 정체라고 하고 정치적 자유는 그곳에서만 존재한다고 봤다.

몽테스키외는 민주정이나 귀족정 국가는 자유국이 아니라고 했다. 그러면서도 그는 행정권은 1인의 군주에 속해야 하나, 입법권은 다수에 따르는 것이 좋다고 했다. 그러나 행정권이 입법권에 의해 선출된 몇 사람에게 부여되면 자유는 있을 수 없다고 말한다.

이처럼 몽테스키외가 사법권을 군주에게서 제외시키고, 입법권에 의해 선출된 자에게 행정권이 부여되는 것을 부정한 것을 두고 알튀세르는, 귀족을 왕과 인민에서 보호하려는 것이자 귀족이라는 보호벽을 통해 왕을 보호하려 한 것으로 본다. 몽테스키외는 귀족이었고 당시의 귀족 계층이 군주정에 위협을 느낀 것은 사실이다.

그러므로 몽테스키외를 민주주의적 삼권분립론의 주창자로 숭배할 이유는 없다. 그는 명백히 군주정을 옹호한 자였고, 그로써 자신이 속한 귀족을 보호할 수 있다고 생각했다. 다만 우리가 몽테스키외를 주목해야 하는 이유는 개인적 · 시대적 상황에 따른 그의 정치적 태도가 아니라, 그의 연구가 당시로서는 대단히 혁명적인 것이었으며 그것이 '다양성과 보편성', '현실성과 구체성'이라는 휴머니즘 정신에 입각해 있었기 때문이다.

이마누엘 칸트

Immanuel Kant
1724~1804

이성
이성을 **공공적**으로 **사용**하라

평화를 갈구한 이성주의자

이마누엘 칸트라는 이름을 들으면 당장 난해하고도 엄격한 이성 철학이 떠오를 것이다. 그의 주요 저서로 여겨지는 3대 비판서를 즐겨 읽는 사람은 아마 철학 전공자가 아닌 이상 한 명도 없을 것이다.

칸트는 팔십 평생을 쾨니스버그(지금은 러시아령 칼리닌그라드)에서 독신으로 살면서 매일 같은 시간에 산책을 했다는 일화를 남겼다. 그러나 그것은 철학자의 독특한 기행奇行이 아니다. 칸트는 산책을 하며 세상살이의 지혜를 찾는 것이 철학이라 했지 대학에서 연구하는 철학을 참된 철학이라고 보지 않았다. 따라서 우리는 대학에 시체처럼 안치된 그를 길거리로 불러내 일상의 언어로 대화를 해야 한다.

여기서는 칸트라고 하면 당장 튀어나오기 마련인 '물자체物自體' 니 뭐니 하는 철학자끼리만 통하는 암호 같은 말은 일절 사용하지 않겠다. 칸트도 소리 높여 외치지 않았는가. 모든 철학서는 통속화되어야 한다고.

철학이란 많은 사람들에 의해 음미되어야 한다고. 오직 이성을 공공적으로 사용하는 용기를 가지라고. 소크라테스가 철학의 할아버지라면 칸트는 철학의 아버지다. 이 둘은 모두 비판적 사고를 통해 편견이나 음미되지 않은 의견과 신념을 수정하고, 이를 통해 공공적인 공간을 열려고 했다.

학파를 형성하지 않고 모든 사람을 대화의 대상으로 삼았으며 반反권위주의적이었다는 점도 이들의 공통점이다. 또 두 사람은 비판적 사고를 통해 스스로를 '자유롭고 공개된 음미라고 하는 시험'에 들게 한 사상가로, 사상과 표현의 자유를 가장 중요한 인권이라 보았고, 다원주의야말로 가장 중요한 원리라고 보았다.

칸트의 고향 쾨니스버그는 그가 생전에도 '학문의 시베리아'로 불릴 만큼 뒤떨어진 곳이었다. 그런 곳에서 평생을 보낸 칸트의 삶은 너무나 단순하다. 1724년 가난한 수공업자의 아들로 태어나 춥디추운 고향에서 어렵게 공부해서 가정교사로 겨우 연명하다가, 고향에 있는 대학의 철학교수로 부임해 41년 간 재직하고 그곳에 묻혔다.

칸트는 다른 나라는커녕 독일의 다른 대도시에 유학한 적도 없다. 심지어 논문 발표를 위해 출장 한 번 간 적 없다. 아마 평생 초라한 집과 학교 말고는 다닌 곳이 없으리라. 그래서 도대체 전기를 쓰려 해도 흥미로운 이야깃거리가 하나도 없다. 기껏해야 점심식사에 늘 손님을 초청해 자신이 직접 만든 겨자 소스를 대접했으나 자신은 한 번도 먹지 않았다는 이상한 에피소드가 남아 있을 뿐이다. 게다가 독신이었으니 그 흔한 사랑 이야기도 없다.

당시 쾨니스버그는 러시아와 인접한 독일 북쪽 끝에 있는 작은 도시에 불과했다. 런던, 파리, 베를린 등 당대의 국제도시와 비교하면 세계화나 근대화에서 뒤떨어진 변방이었다. 그런 만큼 칸트는 자신이 산 전근대적인 봉건과 싸우기 위해 계몽과 이성을 추구했다. 그렇다고 오늘날 흔히 오해하듯, 역사를 넘어 인류에게 적용되는 추상적인 보편 이성을 추구한 것은 아니었다. 도리어 '풍부한 감정의 이성'에 입각한 다원주의를 주장했다. 흔히 칸트를 독일 관념론의 아버지라 해 피히테나 헤겔과 같이 분류하지만 칸트는 그들의 국가주의 철학과 분명 다르다. 아니 어쩌면 그 반대라고 해야 한다.

쾨니스버그는 칸트가 34세였던 1758년부터 4년간 러시아의 지배를 받다가 다시 독일에 탈환되었다. 러시아의 지배를 받는 동안 칸트는 당연히 평화를 갈구했고, 세계시민주의와 반식민지주의 및 국제연합의 이념을 제기했다. 오랜 식민지 시절과 분단을 경험한 우리에게 칸트가 의미 있는 것은 바로 이런 이유다.

죽은 철학은 버려야 한다

칸트는 '이성의 용기'를 가진 탓에 정치적 핍박을 받기도 했다. 1781년 출간된 『순수이성비판』은 위험한 무신론자의 책이라는 이유로 빈에서 금서가 되었다. 또 독일 유대인 해방의 아버지이자 독일의 소크라테스라 불린 모제스 멘델스존Moses Mendelssohn조차 칸트가 모든 것을 파괴한다고 비판했다. 그 후로도 그는 여러 차례 검열을 당했다. 물론 칸트는 직접 정치권력을 비판한 적도, 이로 인해 투옥당한 적도 없다. 하지만 이미 40대부터 그의 사상은 반체제적이라는 비판을 받았다. 1세기가 지난 뒤에도 '신칸트학파'의 거점이었던 마르부르크대학에서 칸트의 강의가 금지되었을 정도였다.

칸트는 한마디로 계몽의 철학자였다. 계몽이란 무지몽매를 깨친다는 뜻이다. 19세기 말 일본에서는 영어의 enlightenment를 '대각大覺'이라고 번역했다. 대오각성의 준말이라고 할까.

이는 불교에서 말하는 내면적 각성을 뜻하지 않는다. 칸트는 도리어 종교를 반대했다. 무지몽매란 말은 무엇보다도 기적을 믿는 계시 종교를 겨냥하고 있다. 깨우친다는 뜻의 계몽은 이교도 박해나 억압과 같은 불관용不寬容에 대한 비판과 종교의 자유를 뜻했다.

자연과 세계를 초월하는 신이나 영혼을 부인한 점에서 계몽주의는 과학적 자연주의와 유물론으로 나아갔다. 이러한 과학주의에는 극단적인 것도 있었으나, 칸트는 과도한 과학만능주의를 비판했고 과학기술의 발전이 인간의 정신과 사회에 미치는 영향을 자각하고, 과학과 자연의 공존 가능성을 모색했다. 그것은 기본적으로 휴머니즘이었다. 즉 종교적이고 초월적인 권위나 세속 권력에 대한 복종을 배척하고 인간성에 근거한 자유의지의 윤리를 존중했다.

이는 이성적인 자연법이나 사회적 공리성에 국가나 사회의 성립 근거를 구하는 견해와 연관이 있다. 인간 개인의 자립성, 주체성, 자유의지의 존중에 근거해 사회를 인간의 의도나 공동생활을 통해 형성하고 개조한다는 개혁 사상으로도 연결되었다.

신의 섭리를 부정하고 인간에 의한 역사 창조를 믿는 계몽주의는 당연히 진보사관으로 나아갔다. 진보사관은 신학적 요소를 갖는 헤겔 철학을 거쳐 스스로 과학임을 주장한 마르크스주의로 이어졌다.

칸트는 문명의 전개에 따라 인간성이 개선된다거나 인간 사회가 무조건 진보하고 발전한다고 생각하지 않고 그 부정적인 측면까지 고찰했다. 또 문명을 타락이라고 보고 문화를 멸시한 루소와 달리 칸트는 문화를 중시했다.

칸트는 문화를 두 가지로 구분했다. 즉 개인적 문화인 교육을 중시해 그것을 연구했고, 전체적 문화에 대해서는 그것이 개인의 자유와 모순되는 점을 비판했다. 계몽의 수단인 교육과 문화는 당연히 중요하나, 그것은 어디까지나 개인에게 이성의 용기를 계몽하는 것이어야 한다는 칸트의 말은, 여전히 개인을 억압하는 한국의 수험 지옥과 문화 산업에 대한 철저한 비판의 목소리가 아니겠는가?

누구나 세계시민이 되어야 한다

칸트가 60세던 1784년에 쓴 『계몽이란 무엇인가』를 통해 칸트 사상의 핵심이 무엇인지 짚어보자. 칸트는 그 글에서 당시를 계몽이 실현된 시대가 아니라 계몽이 진행되는 시기라고 보았다. 흔히 역사책에서 1784년은 이미 계몽사상이 끝날 무렵으로 보기 때문에 칸트의 이러한 설명에는 의문이 생긴다.

일반적으로 계몽사상은 17세기 말 영국에서 시작되어 프랑스에서 발전하고 독일에서 완성되었다고 한다. 여기서 생기는 의문점은 그때부터 200년도 더 지난 지금, 우리가 과연 계몽된 시대에 살고 있느냐는 것이다. 칸트가 18세기 말을 계몽이 진행되고 있는 시대라고 말한 것처럼 지금도 계몽은 완성되지 않았다.

칸트는 계몽을 미성년을 벗어나 성년이 되는 것이라고 정의했다. 물론 여기서 성년은 육체적 성년이 아니라 정신적인 성년을 의미한다. 미성년이란 자신의 이성이 아닌 선입견이나 권위에 의존하는 태도를, 성년이란 스스로 생각하고 행동하는 자세를 뜻한다. 정체불명의 선입관이나 암묵의 사회적 규제 또는 폭력적 질서에 의해 지배되는 사회가 바로 칸트가 말하는 미성년이다.

칸트는 계몽의 완성을 위한 표어로 자신의 이성을 공공적으로 사용하는 용기를 가지라고 말했다. 이는 서재나 자택에 고립된 개인이나, 지식 획득이나 사고 능력 개발을 뜻하는 것이 아니라, 개인과 사회, 국가와 세계의 변화를 추구하라는 실천적 뜻을 가지고 있다. 이처럼 칸트의 사상은 기본적으로 사회적인데, 그런 사회성을 무시하고 수신용 명심보감쯤으로 곡해해서는 곤란하다.

칸트는 계몽을 촉진하는 이성의 사용을 공과 사로 구분한다. 공적 사용이란 세계시민의 입장에서 의견을 말하거나 논평하는 것을 말한다. 여기서 세계시민이란 직업적인 학자나 지식인을 말하는 게 아니라 누구나 그렇게 될 수 있는 존재를 뜻한다. 반면 사적 사용이란 작은 공동체나 조직에서 주어진 역할을 수행하는 것을 말한다.

칸트는 계몽을 미성년을 벗어나 성년이 되는 것으로 정의했다. 또한 이성을 공공적으로 사용하는 용기를 가지라고도 말했다. 지혜의 여신 미네르바가 빛을 비추는 동안 전 세계의 종교들이 회합하는 모습을 그린 다니엘 호도비에츠키의 그림.

예컨대 장교가 군인 제도의 모순을 말하는 것은 세계시민으로서의 공적 사용이고, 군대 규율을 지키는 것은 사적 사용이다. 여기서 공적 사용은 사적 사용에 우선한다. 따라서 공적 사용이 사적 사용과 모순되면 자신의 양심을 지키기 위해 당연히 그 직책을 사임해야 한다.

칸트는 세계시민으로서 이성을 공적으로 사용하기 위해서는 언론과 출판의 자유를 제한 없이 인정해야 한다고 주장했다. 칸트는 계몽을 방해하는 것으로 당시의 권위를 체현한 교회 제도를 비판했다. 언론과 출판의 자유를 막는 교회의 검열제도는 인간 본성에 반하는 범죄라고 규탄했다. 반면 군주제에 대해서는 국민의 의지에 입각한 계몽 군주를 주장하면서 당시의 프리드리히 대왕을 그렇게 평가했다.

반쪽짜리 사상의 자유

당대 독일에서 칸트만큼 계몽 군주에 대한 원칙적 판단에 입각해 정권을 인정한 사상가도 드물다. 칸트는 현실 정권을 인정하되 그가 주장하는 계몽주의에 합치된다는 전제에서 인정한 것이므로, 그것은 동시에 정권 비판의 여지를 갖고 있었다.

여러 한계가 있음에도 칸트의 세계시민주의가 중요한 이유는 첫째, 개인의 독립과 자유, 특히 사상, 출판 및 언론의 자유를 강력하게 주장한 점이다. 여기서 칸트가 말한 사상의 자유란 내면적 정신의 자유에 그치지 않고, 사상의 자유를 타인에게 공적으로 전하는 자유까지를 포함한다. 양심의 자유를 아직도 내면의 자유로만 인정하는 우리 학자나 관료들이 이를 어떻게 생각할지 궁금하다.

칸트가 주장하는 다원주의란 세계를 구성하는 원리가 하나가 아니라 다수라고 보는 입장이다. 이에 반해 유물론이나 유심론은 일원주의다. 다원주의는 진리나 가치 기준, 혹은 존재 자체를 부정하는 상대주의와는 다르다. 칸트는 다원주의를 자신의 주장만 옳다고 생각하고 행동하는 이기주의와 구별했다. 칸트는 이기주의를 통한 행복 추구를 인정하면서도 타인의 행복 추구를 무시하는 인간은 도덕에 반한다고 보았고, 도덕에 따르는 것을 다원주의라고 이해했다. 칸트는 미에 대한 판단도 마찬가지라고 보았다. 이러한 다원주의는 앞에서 말한 세계시민주의의 관용 정신과도 관련된다.

관용은 오류주의와도 관련이 있다. 오류주의란 인간이 얻을 수 있는 지식은 무변하는 진리가 아니라, 언제나 틀릴 수 있기 때문에 수정하고 변경할 수 있다고 보는 태도다. 그러나 이는 누구나 오류를 범하기 때문에 관용해야 한다거나, 진리는 있을 수 없다는 뜻은 아니다.

칸트는 타인과의 공공적인 사고 공간을 통해 오류를 수정해야 한다고 주장한다. 따라서 타인이 중요하다. 그러나 전쟁이나 분쟁은 적대적 상대인 타인의 존재를 말살하거나 지배하려 들기 때문에 타인의 입장에 서는 것을 거부한다.

카를 폰 클라우제비츠Karl von Clausewitz는 『전쟁론』에서 전쟁을 정치의 수단이라고 보았는데, 그 말이 옳다면 정치가 없어지지 않는 한 전쟁도 끊이지 않는다. 현실도 분명 그렇다. 그러나 칸트의 다원주의를 잇는 해나 아렌트Hannah Arendt는 정치를 전쟁에서 떼어내 그것의 적극적 의의를 주장했고, 나아가 타인의 입장에 서야 한다고 주장했다. 유대인이었던 아렌트는 가혹한 대접을 받았지만 시오니즘에 빠지지 않고 '민족애'가 아닌 '인류애'를 주장했다. 바로 칸트의 '판단하는 관찰자의 시각', 즉 스스로 생각해 편견에서 해방되는 계몽, 넓고 유연한 사고방식, 모순 없는 일관된 사고방식을 적극적으로 평가했다.

칸트 철학의 핵심은 자유에 있다. 아렌트는 칸트의 자유 가운데 '상상력의 자유'를 중시한다. 이는 각자가 자신의 판단 기준에 따라 판단하고 그 결과에 책임을 지는 것으로, 자신과 다른 견해를 갖는 타인과의 잠재적 합의에 도달할 가능성을 갖는 것을 말한다. 아렌트는 이러한 다원주의적인 반성적 판단력을 '정치적 판단력'이라고 부른다. 정치에서는 다양한 의견을 갖는 타인과 공존해야 하기에 다원주의가 당연히 요구된다는 것이다.

그러나 여기서 말하는 타인은 지금 눈앞에 있는 타인만이 아니라 어딘가에 있을 타인, 또는 과거나 미래의 어떤 시점에 있었거나 혹은 있을지도 모르는 타인도 포함한다. 이는 환경오염이나 사회보장이 미래 세대에 초래할 위험성을 고려할 때 당연한 것으로 판단된다. 따라서 이러한 입장에 선다면 당연히 지금의 당파나 현실과는 거리를 두고 판단해야 한다. 아렌트는 이를 '공공권'이라고 하고, 여기서 사상이나 표현의 자유가 비로소 가능하다고 본다.

이는 일반적인 생각과는 다를 수 있다. 왜냐하면 일반적으로는 표현의 자유가 침해당해도 사상의 자유는 남는다고 보기 때문이다. 그러나 이는 자기와 타인을 분리시킨다는 전제하에, 사상을 공공적인 것으로 보지 않고 표현을 2차적 도구로만 보는 생각이다. 이에 반해 칸트와 아렌트는 표현의 자유를 금지당하면 사상의 자유 그 자체도 금지된다고 보았다. 자신의 사고와 타인의 존재는 분리될 수 없으므로 사상과 표현은 분리될 수 없다는 것이다.

국제법과 세계시민법을 제안하다

지구의 환경 악화만 보더라도 역사는 진보한다고 낙관적으로 보기 어렵다. 도리어 인류는 그 땅을 파괴해 파멸의 길로 접어들었다는 비관론이 더욱 설득력 있다. 냉전 후 세계 정치에 대해서도 마찬가지다.

위기를 말하는 비관론은 언제나 있었다. 칸트의 시대에도 그랬다. 인류는 진보가 아닌 퇴보를 하고 있다는 루소를 들먹일 필요도 없다. 칸트도 루소의 영향을 받아 낙원의 타락에서 인간의 역사가 시작되었으나 법에 의한 인간의 자유와 질서, 즉 법치국가와 국제법, 세계시민법의 실현에 따른 정의의 공존에 의해 인류는 진보한다고 믿었다.

따라서 칸트는 당시 다수의 계몽주의자처럼 문화의 진보에 의해 도덕성이 완성된다고 보지 않고 법질서의 진보를 믿었다. 칸트에게 역사의 목적은 법질서의 완성이다.

칸트는 국내법은 물론 국제법이 완성되어야 평화가 가능하다고 본 최초의 철학자였다. 전쟁은 법에 반하는 불법 상태이므로 금지되어야 한다

칸트의 시대에도 위기를 말하는
비관론은 있었다. 다만 칸트는 문화의
진보에 의해 도덕성이 완성된다고 보지
않고 법질서의 진보를 믿었다. 법치국가와
국제법, 세계시민법의 실현으로 인류는
진보한다고 믿었다.

고 주장했다. 법질서의 실현을 위해서는 도덕적 행위가 필요하다고 보았기에 도덕과 자유의 최대 걸림돌인 전쟁을 반대한 것이다. 이런 칸트의 영향은 20세기에 국제연합UN, 유럽연합EU의 결성으로 표면화된다. 따라서 칸트의 영구평화론이 현실을 무시한 이상주의로 평가받은 것과 달리, 칸트는 혁명이 아닌 세계시민법에 근거한 점진적 개혁을 제기했고 마침내 실현되었다는 점에서 높이 평가할 수 있다. 물론 현재의 국제연합이나 국제법에는 여러 가지 문제가 있지만 그 문제를 극복해야 하는 만큼 칸트가 주장한 세계시민과 세계시민법은 중요하다.

칸트와 그 적들

이제 칸트에 대한 비판을 살펴보자. 어찌 보면 칸트에 대한 비판은 칸트 이후 철학사 전체를 말하는 것이나 마찬가지다. 칸트와 계몽주의 비판은 칸트 사후에 제기되었다. 낭만주의는 칸트의 자연관을 비판하고 초자연적인 신과 영혼, 생명과 정신이 내재하는 유기체적 자연관을 주장했다. 그러나 이는 칸트의 자연관에 대한 과도한 단순화이자, 과학적 인식을 왜곡하는 결과를 초래했다. 특히 칸트가 엄밀히 구별한 존재와 당위, 자연과학과 정신과학을 서로 애매하게 만들어 혼동하게 하는 위험성까지 나타났다.

낭만주의가 비판하는 계몽사상의 이성 편중에 문제가 없는 것은 아니나, 이성을 버리고 감정에 편중하는 낭만주의에도 분명 문제는 있다. 왜냐하면 오늘날의 우리도 결코 이성을 버리고 감정에만 빠질 수는 없기 때문이다. 칸트는 이성의 한계를 자각했고 이성과 감정의 통합을 추구해 '풍부한 감정을 가진 이성'을 주장했다.

낭만주의는 계몽주의의 자유주의적 시민사회론을 비판하고, 대신 국가와 민족을 주장했다. 즉 칸트가 말한 인류나 보편적 이성을 추상적이고 실체가 없는 이념이라고 하며 그것에 근거한 세계시민주의를 비판하고, 역사적으로 형성된 민족과 국민성에 근거한 민족주의, 특히 순수한 독일 민족주의를 주장했다.

또 낭만주의는 자연법 사상도 추상적이고 비실증적이며 비역사적인 허구에 불과하다고 비판했다. 19세기에는 경험과 관찰로 증명할 수 있는 실정법을 주장해 실증법학과 역사법학이 주류를 형성했다. 이러한 19세기 독일의 정신 풍토가 20세기에 와서 히틀러의 나치즘으로 연결되었음은 이미 역사를 통해 알고 있는 바다.

계몽사상에 대한 보다 근본적인 비판은 헤겔이 했다. 헤겔은 19세기 초엽 독일의 현실에 계몽이 필요함을 인정했지만, 그것이 계산적인 공리주의에 그쳐 인간의 영혼을 높이거나 선하게 만들지 못한다고 지적했다. 헤겔의 결론은 계몽주의에서 비롯되는 시민사회는 욕망의 체계라는 것이었다. 오늘날에도 그런 결론이 타당한 만큼 헤겔의 지적은 날카롭지만, 칸트 대신 자신을 해결사로 내세운 헤겔에 대해 적어도 지금은 그다지 신뢰할 만한 상황이 아니다.

칸트 사상의 부활

헤겔을 잇는 마르크스나 레닌은 칸트의 이성을 노동자 계급을 배제한 부르주아의 그것이라 보고, 시민사회가 인간을 소외시키고 불평등한 계급을 낳는 가장 비이성적인 질서라고 비판했다. 이러한 비판을 가장 설득력 있게 보여주는 책은 막스 호르크하이머Max Horkheimer와 테오도어 아도르노Theodor Wiesengrund Adorno가 쓴 『계몽의 변증법』이다. 호르크하이머가 주도한 비판 이론은 본래 칸트의 비판 정신을 계승한 것이다. 즉 판단의 가능성이 항상 이성적이고 자유로우며 성숙한 사회를 실현하려는 노력과 불가분의 관계에 있다고 보았다. 그러나 제2차 세계대전을 겪으면서 그들은 자유주의 자본주의의 '문화 산업'이 모든 것을 조작하고, 파시즘의 권위주의가 개인을 '민족'에 완전히 예속시키는 것을 보았다.

그래서 그들이 이 책에서 계몽은 본래 그것이 극복하고자 한 신화로 다시 타락했다고 주장했다. 변증법이 정반합의 논리인 것처럼 이 책은 계몽正의 반反인 그 부정적 측면, 즉 신화로의 타락을 다룬다. 무지몽매를 극복하고자 한 계몽의 이성이 모든 것을 정당화하고 합리화하며 수량화하는 도구적 이성에 불과해 도리어 무지몽매에 빠졌다는 주장이다. 그러나 계몽의 변증법에 대한 해결인 합合을 결국은 신에게서 찾아 계몽 이전으로 돌아갔다는 문제점이 있다.

따라서 같은 프랑크푸르트 학파에 속하는 위르겐 하버마스Jürgen Habermas는 『계몽의 변증법』이 이성에 대한 불신을 낳을 뿐이라고 비판하고, 칸트의 계몽이 사회적, 비판적 기능을 갖는다고 적극적으로 평가하면서 대화적 합리성에 근거한 의사소통의 이성을 주장했다. 즉 무엇이 옳은 가에 대해 모든 사람이 자유롭고 평등하게 논의할 수 있는 사회를 건설하는 것이 진리 발견의 전제조건이며 계몽은 이를 실천적으로 구현해야 한다고 주장한 칸트의 가르침을 고수하면서, 지금보다 훨씬 광범한 자유와 정의를 목표로 삼는 저항이 사회에서 이루어져야 한다고 주장했다.

또 그는 저항은 이성을 통한 공공의 의사소통에 근거해 이루어져야 한다고 말했다. 이러한 의사소통을 통한 상호이해를 보편적으로 만들려는 이념이 바로 칸트가 말한 이성이다. 칸트에 대한 이러한 적극적 평가는 만년의 미셸 푸코Michel Foucault나 질 들뢰즈Gilles Deleuze에게서도 나왔다. 특히 들뢰즈는 니체의 '영원회귀'나 '힘에의 의지'가 칸트에서 비롯되었다고 해석했다.

이성으로 돌아가라

요컨대 칸트 이후 지금까지 서양철학은 칸트가 비판한 합리론과 경험론을 잇는 보편주의(또는 정초定礎주의)와 상대주의(회의주의)의 분열을 반복하고 있다. 후자로 최근 유행하는 포스트모더니즘을 꼽을 수 있는데, 그 이름과는 달리 근본은 전통적인 상대주의와 다름이 없다. 포스트모더니즘은 담론과 해석의 다원성을 주장한다.

이는 계몽주의의 초역사적인 보편성 주장에 반대하지만 회의주의에 빠진다는 문제점에서 벗어나기 어렵다. 합리성이나 이성에 대한 포스트모더니즘의 비판은, 우리 생활 구석구석까지 침투하는 부당한 권력관계를 시정하기 위해 이성의 비판이 더욱 절실히 요구되고 있는 현실에서 함부로 승인하기 어려운 것이다.

물론 포스트모더니즘이 칸트 철학을 비롯한 모더니즘을 보완한다는 의의까지 부정할 수는 없다. 즉 모더니즘이 말하는 강력한 보편성에 대한 신뢰의 근거는 없으며, 역사와 문화의 다원성을 부정해 독단에 빠진다는 비판이다. 그러나 그런 비판 역시 회의주의에 빠져 결국은 비판을 위한 비판이 되기 쉽고 끝없이 비판이 악순환하는 상태가 될 수 있다.

여기서 중요한 것은 역시 서로에 대한 관용이다. 관용을 거부하는 원리주의는 흔히 이슬람 과격주의에 적용되는 말이지만, 그런 식의 사고는 언제 어디에나 존재한다. 특히 민족주의와 자국중심주의라는 전근대와, 해체주의라는 탈근대가 혼재하는 우리의 정신 상황에서는 더욱 그렇다. 따라서 칸트가 주장한 소크라테스적인 이성에 대한 신뢰가 우리에게는 여전히 필요하다.

헨리 데이비드 소로

HENRY DAVID THOREAU
1817~1862

자연
'삶의 예술'을 **실천**하다

"삶의 예술을 탐구하라!"

『월든』의 저자 헨리 데이비드 소로는 위대한 자연주의자이자 자연애호자, 환경보호자로 숭상되고 있지만, 동시에 반역자이고, 무법자이기도 했다. 그는 돈에 미쳐 서로 싸우는 썩은 악당들을 미워하고, 그들이 착취하는 원주민과 흑인 노예의 편을 들었다. 소로 생존 당시의 백인들은 모두 돈에 미쳐 싸우는 짐승들이었다. 소로는 노예를 구출하고 캐나다로 도망시키기 위해 비밀리에 자금을 마련했으며, 밤에 숲을 이용해 그들을 이동시키고 야간열차에 태워 보내는 서부 활극의 주인공 같은 역할을 하기도 했고, 국가가 그 노예를 해방시키지 않는다는 이유로 납세를 거부해 감옥살이를 하기도 했다. 그는 『시민의 불복종』의 첫 줄에서 "가장 적게 통치하는 국가가 가장 좋은 국가다"라고 선언했다. 그리고 『월든』에서는 노동자가 기계처럼 사는 것을 개탄했다. 소로만큼 노동자의 기계 같은 나날을 정확하게 파악하고 그 기계 생활에서의 탈출을 시도한 사람은 없다.

또 돈을 벌기 위한 수단은 거의 예외 없이 인간을 타락시킨다고 비판했다.

이러한 소로의 태도를 한마디로 말하면 반지성주의다. 즉 대학 교육에 의해 형성된 지성주의에 의문을 던지고 '삶의 예술the art of life'을 존중하는 것이다. 이를 『월든』 앞부분에서 소로는 "오늘날 철학 교수는 있지만 철학자는 없다"는 말로 요약한다. 그 말은 단지 철학만이 아니라 모든 학문과 예술에 다 해당된다. 오늘날 교수는 있지만 학자도, 예술가도 없다. 오늘날 교수는 있지만 인간은 없다.

소로는 교수만이 아니라 대학 자체를 부정한다. 그는 하버드대학 출신이지만 재학 중은 물론 평생 그 대학을 자랑하기는커녕 극도로 경멸했다. 그곳은 규칙과 관습, 그리고 허용되는 이념만을 대변하는 곳이었다. 그래서 평생 그곳 동창회의 회원이 되는 것조차 거부했다.

『월든』에서 자기가 29달러 정도로 오두막을 지은 것을 상세히 말한 뒤, 하버드에서는 비슷한 크기의 방에 매년 30달러씩 받는다고 비난하며 학생 자치로 관리한다면 비용이 10분의 1로 줄 거라고 했다. 그 비싼 대학은 '삶의 예술'을 가르쳐주지 않으니 대학에서 공부하는 것보다 직접 인생에 뛰어드는 것이 더 좋다고 권한다. 이런 소로에게 천재나 위인은 도리어 보잘 것 없는 것이고, 인디언이나 농민들이 훨씬 훌륭한 사람처럼 보이는 것은 당연하다. 소로는 한가하게 공부를 하는 것보다 더 수치스러운 일은 없다고 하면서 장작 패는 법이라도 배우라고 권한다. 작가란 모름지기 노동자의 세계를 다루어야 하며, 따라서 삶의 원칙도 그러해야 할 것이라고 한다.

소로의 천재와 위인 비판은 대학과 문명과 산업 등에 대한 비판과 통한다. 그 모든 것은 지성의 소산이기 때문에 소로는 철저히 반지성을 지향한다. 소로는 『월든』을 통해 지성의 향상이 아니라 내면의 각성을 촉구한다. 이는 미국의 전통인 반지성=개성=인격 중시와 통한다.

소로 당대에 미국의 지성을 대표한 철학자는 랠프 월도 에머슨Ralph Waldo Emerson이었다. 에머슨은 소로의 선배이자 교사로서 그에게 큰 영향을 끼쳤으나 사실 그 두 사람은 서로 대조적인 사람이었다. 저항을 가르친 소로와 달리 자기 신뢰를 가르친 에머슨은 뒤에 비합리주의 철학자 니체나 전체주의의 상징인 히틀러에게 영향을 끼쳤다. 반면 소로는 비폭력주의자들인 간디와 킹에게 영향을 끼쳤다. 19세기 전반을 함께 살았던 에머슨과 소로가 20세기 사상의 중요한 기원이었다는 점은 대단히 흥미롭다.

소로가 숲으로 간 사연

흔히들 『월든』을 읽고 전원생활을 시작하거나 귀농을 했다는 사람들은 그 책을 『성경』처럼 생각하고, 소로를 성인이나 도사처럼 받드는 경향이 있다. 그러나 소로는 2년 정도 자유롭게 호숫가에 통나무집을 짓고 건들건들 놀았을 뿐이다. 심심하면 마을에 내려와서 놀기도 했고 그 사이에 세금을 내지 않아 감옥에 갇히기도 했다. 이는 남들이 오로지 돈벌이에 미쳐 달리 사는 방법이 없다고들 하는 통에 화가 나서 그렇지 않다는 것을 보여주기 위한 것이었지, 농촌에서 농사를 짓는 것이 대단한 일이라고 생각해서가 아니였다. 그는 무슨 일이든 열심히 하는 것을 싫어했고, 1주일에 6일 일하고 하루 쉬는 게 아니라 하루 일하고 6일을 놀자고도 했다. 물론 그 말도 하나의 실험이자 구호였다.

소로가 숲 속에 들어간 것은 썩은 세상이 지겨워, 기계가 아닌 인간이 되고자 잠시 들어가 본 것이다. 게다가 당시의 숲이란 인디언이나 노예들이 숨어 살기 위해 들어가는 음험한 소굴로 백인 신사숙녀들이 살 만한 곳이 아니었다. 그러나 소로는 도리어 평생 그 우아한 신사숙녀들을 싫어하고, 학대 받는 원주민이나 노예에게 공감했다. 늘 새로운 모험을 원했고, 단 한순간도 정형적인 생활 습관에 메이는 것을 극도로 싫어했으니 숲에 들어가는 것이 조금도 이상하지 않았다. 그에게는 자신이 옳다고 생각하는 정의에 따라 사는 것이 인간다운 행위로, 이는 국민으로서 법을 지키는 것보다 앞서는 일이었다. 소로는 우리는 먼저 인간이어야 하고 그 다음 피통치자여야 한다고 생각했다. 정의에 대한 존경심과 같은 정도로 법에 대한 존경심을 기르는 것은 바람직하지 않고, 사람이 당연히 받아들여야 하는 유일한 의무란, 언제나 스스로 옳다고 생각하는 대로 실천하는 것이라고 했다.

따라서 그는 숲 속 나무 밑에서 도가 저절로 찾아오기를 기다리며 불철주야 앉아 도를 닦는, 또는 밑도 끝도 없는 말을 주절거리며 선을 한다고 하는 도사가 아니다. 또 나라의 임금이 귀양을 보내서 시골에 온 선비가 하염없이 그 임금을 그리워하면서 음풍농월을 읊었다는 저 귀거래사의 주인공도 아니다. 굳이 우리 역사에서 소로와 비슷한 이를 찾는다면 홍길동이나 임꺽정이나 장길산이고, 소로의 자연은 그런 이들이 숨어 살

소로가 숲으로 들어간 이유는
타락한 세상에서 기계가 아닌 인간이 되고자 했기 때문이다.
그는 정형적인 생활에 메이는 것을 극도로 싫어했고,
자신이 옳다고 생각하는 것을 평생 추구하면서 살았다.
월든 호수의 정경.

던 자연이다. 소로는 들판의 사람이었다. 숲보다 도리어 황야에 어울리는 사람이었다. 그야말로 고독한 황야의 무법자였다.

숲으로 들어가기 전에도 그는 나무로 직접 만든 보트를 타고 강을 가로질러 그 원류를 찾아가는 위험한 모험을 했고, 그 뒤로도 수많은 산과 강을 탐험했다. 그는 대학교수는커녕 서재에 앉아 있는 나약한 학자였던 적이 평생 단 한 번도 없었고, 언제나 모험을 하면서 그 모험을 토대로 삼아 글을 썼다는 점에서 헤밍웨이의 대선배였다.

소로는 평생 동안 무명이었다. 몇 번의 강연으로 인구 2,000명인 고향 콩코드와 그 주변 마을에 조금 알려졌으나 그나마 악평이 더 많았고, 평생 동안 출판한 단 두 권의 책은 몇 년 동안 몇백 부 정도밖에 팔리지 않았으며, 몇 권의 잡지에 발표한 글들도 거의 인기가 없었다.

하버드 출신 일용직 비정규노동자

소로는 "교사, 가정교사, 측량사, 정원사, 농부, 페인트공, 목수, 석공, 일용 노동자, 연필 제조업자, 종이 제조업자, 작가, 때로는 삼류 시인이라는 직업을 가졌다"고 했다. 그 앞에는 다음과 같이 썼다. "나의 일을 직업이나 상업이라고 말할 수 있는지는 모르겠다. 그런 일은 아직 배우지 못하고 있다. 내 일은 연구보다는 실행이 먼저다. 그 일의 상업적인 부분은 나 한 사람으로 시작된다. 그것은 하나가 아니고 여러 개다. 그 괴물의 머리 몇 가지를 들어본다." 그리고 위의 몇 가지 직업을 열거한 뒤 다음과 같이 이어 썼다.

> 실제로 내가 가장 일상적으로 종사한 직업은, 그것을 직업이라고 불러도 좋다면, 자신을 가장 훌륭한 상태로 유지하고, 하늘과 땅에 출현하는 것에 대해 언제나 준비를 갖추는 일이다. 최근 2~3년은 콩코드의 숲에서 1마일 이상 떨어진 곳에서 혼자 살았다. 물론 집은 스스로 지었다.

그가 30세였던 1847년에 대학 동창회 앙케트에 응해서 쓴 글이다. 그는 마지막으로 다음과 같은 추신을 붙였다. "동창들이 나를 자선의 대상으로 생각하지 말기 바람. 누군가 돈 문제로 고통을 받아서 도움을 필요로 한다면 알려주기 바람. 돈보다도 가치 있는 충고를 할 것을 보증함."

소로는 그 후 17년을 더 살았으나 그 밖에 다른 직업을 가진 적이 없다. 소로가 대학을 졸업한 해인 1837년은 미국에서 처음으로 경제공황이 발생한 해였으니 그로서는 지독하게도 운이 없기도 했다. 경제 사정이 나빠서 모두가 직장 갖기에 광분했으나, 소로는 평생 동안 유일하게 교사직을 희망했고, 교사로 몇 년을 지내고는 죽을 때까지 안정된 직장을 갖지 않았다. 당시 2,000명 정도가 살던 콩코드 마을에서 사람들에게 필요한 각종 잡일을 닥치는 대로 하는 임시 비정규직이었다.

소로가 어쩔 수 없어서 그랬던 것은 아니었다. 가령 그가 종사한 연필 제조업은 미국에서 최초로 연필 제조업을 시작한 아버지의 가업이었다. 소로는 그 분야에서 주목할 만한 발명을 해내 그야말로 청년 벤처 사업가로 장래가 촉망되었으나, 어떤 일이든 진득하게 일하는 것을 싫어한 그는 발명을 끝으로 더 이상 연필을 만들지 않겠다고 선언했다. 그래서 가족이나 마을 사람들에게 왜 가업을 발전시키지 않는가라는 핀잔을 들었다.

그는 돈에 구속되어 마음의 자유를 잃는 생활을 철저히 거부했다. 그밖에도 소로는 모든 일을 전문적으로 하기를 싫어했다. 가령 소로는 스스로 농부라고 하고 다녔지만, 실은 그는 농사일을 싫어했다. 그가 사랑한 것은 소 목에 달린 작은 종이 딸랑거리는 소리뿐이었다. 그래서 '한 우물을 파라'고 하는 자본주의 직업윤리는 소로가 가장 싫어하는 것이었다.

그는 30대 이후로 일주일을 반으로 나누어, 측량 등 일용 노동이나 가업인 연필 제조업으로 1~2일을 보내고, 나머지 3~4일 동안은 오전에는 서재에서, 오후에는 산책으로 보냈다. 그가 하루 생활 중에서 가장 중시한 것은 독서나 집필이 아니라 하루 4시간 정도 하는 산책이었다. 게다가 보통 산책이란 운동이나 기분 전환 등을 이유로 하는 것이지만, 소로의 산책은 그 자체가 일이었다. 그의 글은 대개 산책 중의 관찰이나 사색에서 나왔다. 그는 언제나 플루트와 노트를 들고 산책에 나섰다.

소리에 대단히 민감했던 소로는, 자신이 모래밭을 밟을 때 나는 소리를 싫어해 언제나 풀 속을 걸었다. 이런 소로를 평생 지켜본 고향 사람들이 그를 얼마나 멸시했을지는 쉽게 상상할 수 있다. 반면 소로는 44세에 죽기까지, 적어도 대학 졸업 후 24년을 그런 멸시 속에 살면서도 도리어 그들을 철저히 멸시했다. 소로는 세속적 의미에서 성공을 이루지는 못했으나 지극히 단순한 생활 방식과 적당한 가난과 자급자족을 통해 자신이 이상으로 삼은 소박한 삶을 꾸려가는 데는 성공했다. 그런 그에게 문명이란 지옥이었다.

자연과 문명의 교차를 꿈꾸다

우리는 소로를 청빈의 은둔자로 보고『월든』을 은둔 문학으로 보는 경향이 있다. 이는 19세기말 일본이『월든』을 받아들이며 일본 문학 내지 동양 문학의 관점에서 바라보았기 때문이다. 그래서『월든』을 산 속에 들어가 은둔 생활을 하기 위한 안내서로 보는 경향도 짙다. 그러나 소로는 대단히 합리주의적인 사람이었고, 월든에서 산 것도 사람들에게 삶의 한 가지 방식을 보여주기 위한 합리주의적인 시도에 불과했다. 즉 콩코드 사람들과의 정신적인 거리를 의식하면서 자연과 문명에 대한 새로운 시각을 얻기 위한 시도였다.

소로는 자연과 인간을 늘 생각한 사람이었다. 그는 셰익스피어를 비롯해 당대의 영국 문학에 대해, 본질적으로 길들여지고 문명화된 문학이자 그리스 · 로마의 신화의 모방에 불과하다고 보았고, 새로운 미국 문학으로 자연과 문명이 교차하는 경계의 문학을 구상했다.

『월든』에서도 이 두 가지는 교차하고 있다. 가령 제3장「독서」는 문명의 세계이나 제4장「소리」는 자연의 세계다. 제5장「혼자 살기」뒤에는 제6장「방문자들」이 나온다. 또 제7장「콩밭」과 제9장「호수」사이에는「마을」이 있다. 또 제11장「고상한 법칙」은 고상한 생활에 대한 이야기인데, 제12장은「동물 이웃」이라는 자연을 다루고 있다.

이는 모순이나 역설이 아니라 자연과 문명의 공존을 주장한 것으로 보아야 한다. 즉 소로에게는 문명도 인간 사회도 자연 이상으로 중요했다. 그에게는 야성만큼이나 지성이, 정신만큼이나 신체도 중요했다.

WALDEN;

OR,

LIFE IN THE WOODS.

By HENRY D. THOREAU,

AUTHOR OF "A WEEK ON THE CONCORD AND MERRIMACK RIVERS."

I do not propose to write an ode to dejection, but to brag as lustily as chanticleer in the morning, standing on his roost, if only to wake my neighbors up. — Page 92.

BOSTON:
TICKNOR AND FIELDS.
M DCCC LIV.

『월든』은 세간에서 보듯
은둔 생활의 안내서나 은둔 문학이 아니다.
소로는 당대 영국 문학이 길들여진 문명의 문학
이라고 보고, 여기에 대한 대안으로 자연과
문명이 교차하는 경계의 미국 문학을 시도했다.

소로는 『월든』 제8장 「마을」에서 말하듯 매일 또는 이틀에 한 번 정도 는 마을에 나가 주민들의 이야기를 듣기도 하고, 부모님도 만났다. 또 그 의 집을 찾는 방문객도 많았다.

특히 에머슨 같은 당대의 저명한 지식인은 물론 아이들, 사냥꾼들, 어 부들, 낚시꾼들, 철도 노동자들, 상인들, 도망 노예, 정신박약자, 거지, 주 부 등이 그를 찾아왔다. 어떤 때는 20명 정도가 한꺼번에 들이닥친 적도 있었다. 가령 소로가 콩코드에 있는 교도소에 갇힌 며칠 뒤, 노예제에 반 대하는 콩코드 부인협회는 소로의 오두막 앞에서 집회를 열기도 했다.

그런 의미에서 굳이 소로의 직업을 정의하자면 시민운동가였다. 게다 가 그는 5년간 탈세를 한 범죄인이었다. 물론 세금을 포탈해서 부자가 되 겠다는 것이 아니라, 그 세금이 부정한 일에 사용된다는 이유로 세금 납 부를 거부한 것이긴 하지만 말이다.

문명이라고 하는 지옥

소로는 월든에 들어가기 전에 '지옥의 독신생활'을 선택한다고 말했 다. 그것에 대응하는 '천국의 기숙사 생활'이란 당시 유행한 지식인의 공 동체 생활을 뜻했다. 소로가 그런 공동체 생활을 부정한 것은 아니지만, 가령 그가 감옥에 들어갔을 때 그의 친구인 에머슨이 "그 안에서 무엇을 하고 있습니까?"라고 묻자 소로가 "그 밖에서 무엇을 하고 있습니까?"라 고 되물은 것처럼, 이 둘에는 차이가 있다.

소로는 자신이 살았던 미국이라는 나라, 19세기 자본주의 사회와 문화를 지옥이라고 생각했고 그 지옥을 벗어나기 위한 저항의 의미로 자연으로 돌아가기를 주장했다. 소로 시대의 미국에서는 산업혁명이 진행 중이었고, 대륙의 동서를 연결하는 횡단철도가 건설되고 있었다. 그러면서 미국이라는 국가는 점점 확대 팽창 일로로 발전했다.

그런 시대 분위기 속에서 소로는 이단아였다. 심지어 그는 철도가 걷기보다 빠르지 않다는 사실을 증명하기도 했다. 가령 콩코드에서 보스턴까지는 25킬로미터로, 철도를 타면 약 1시간이 걸렸고 운임은 50센트로 당시 노동자의 하루치 임금이었다. 반면에 소로는 하루 노동시간의 반 정도로 보스턴까지 걸어갈 수 있었다. 나아가 소로는 우편이나 신문에 대해서도 부정적이었다. 가령 우표를 붙일 만한 가치가 있는 편지가 거의 없고, 특히 신문에는 읽을 가치가 있는 기사가 거의 없다고 했다. 그는 문명 자체를 파괴해야 한다고 주장하지는 않았으나, 그런 것과 관련되어서는 안 된다고 말했다.

소로는 급격히 변하는 시대에 적응하기를 거부했다. 그렇게 명백하게 의식된 부적응이야말로 시대에 대한 비판력의 근원이었다. 그것도 너무나도 단순하고 명쾌하며 생생한 반항으로 나타났다. 그는 "법이 인간을 조금이라도 더 옳게 만드는 일은 결코 있을 수 없다. 도리어 법에 대한 존중 때문에 선량한 사람조차도 날로 불의의 하수인이 되고 있다"라고 말했다. 그런 법에 대해 소로는 법을 어기라고 말한다. "나는 수치감 없이는 이 국가와 관련될 수 없다. 나는 그 정치조직을 '노예'의 국가이기도 한 '나의' 국가로 잠시라도 인정할 수 없다."

이 말은 적어도 법치주의를 기본으로 한다는 나라에서는 무서운 말이다. 물론 법치주의는 항상 옳은 것이 아니었다. 가령 나치의 법치주의는 분명 옳지 않았다. 반면 민주주의의 법치주의는 언제나 옳지 않다고 말할 수 없지만, 언제나 옳았다고도 할 수 없다. 소로는 정치인이나 법률가가 말하는 것이 다수결이라는 이유로 옳지 않음을 너무나도 분명하게 알았다. 그래서 그는 인권에 어긋나는 법률이나 정부에 대해서는 복종하지 않았다. 결국 1846년 노예제도와 멕시코 전쟁에 반대해 인두세人頭稅 납부를 거부했고 감옥에 갇혔다. 마찬가지로 1859년 노예해방운동가 존 브라운이 정부의 무기고를 습격하고 체포되자 그를 지지하는 연설을 했다. 당시 노예해방주의자들조차 존 브라운에 대해서는 소극적이었지만, 오직 소로만이 즉각 지지하는 태도를 표명했다. 친구들은 그를 말렸지만 그는 예정대로 지지 강연을 강행했다.

앞에서 말했듯 소로는 자연과 문명, 전원과 도시의 경계에 있는 인간이었고, 바로 그런 점 때문에 그 둘의 경계에 서 있는 우리에게 호소력이 있다. 월든에서 혼자살기를 시작한 직후 그의 일기에는 '경계'라는 말이 자주 나온다. 우선 하나는 일상생활의 경계에서 벗어난다는 것으로 이야말로 월든 생활의 핵심이라고 할 수 있다. 이는 물질적 가치관에서 벗어나 정신생활을 추구하는 것임과 동시에, 인식의 과정에서 '기대하지 않은 확장감unexpected expansion'을 체험한다는 시적이고 초월주의적인 것이었다.

존 스튜어트 밀

JOHN STUAT MILL

1806~1873

자유

자유 없이는 번영도 없다

조기교육을 받은 공리주의자

존 스튜어트 밀은 1806년에 태어나 3세부터 조기교육을 받은 것으로 유명하다. 3세부터 5세까지 그리스어와 그리스어로 쓰인 고전을 공부하고, 8세부터 라틴어와 라틴어로 쓰인 고전을, 9세까지는 대수학과 프랑스어를, 12세까지는 논리학을 습득했다. 밀이 받은 천재교육은 소위 영재교육의 전형으로 유명한데, 그것은 밀 아버지의 사상적 확신에서 나온 것이고, 그 교육의 대부분이 고전 읽기와 질의응답이었다는 점에서 우리의 영재교육과는 다르다.

아버지는 밀에게 자연과학과 고전을 중심으로 하되, 제러미 벤담이 인간을 바보로 만든다고 말한 종교나 형이상학, 특히 시는 가르치지 않았다. 밀의 아버지는 셰익스피어에 대해서도 부정적이었고 존 밀턴John Milton과 월터 스콧Walter Scott만을 높이 평가해 그들 작품을 읽도록 했다.

예술로는 유일하게 음악을 가르쳤다. 그 결과 밀은 12세에 이미 보통 성인이 되어야 이해가 가능한 지식을 습득했다. 밀은 자신이 받은 교육 가운데 가장 큰 혜택이었고, 정확한 사상을 낳는 데 가장 중요했던 것으로 논리학을 들었다. 15세에 그는 경제학, 역사학, 철학, 자연과학을 익혔고, 벤담의 저서를 통해 사물과 인생의 목표에 대한 관념을 형성했다.

영국의 공리주의를 대표하는 벤담은 밀의 아버지와도 친했고, 그 때문에 자연스럽게 벤담의 공리주의는 밀에게도 영향을 미쳤다. 공리주의에서 공리功利란 공명功名과 이득을 말한다. 벤담은 인간을 신의 창조물로 보는 기독교에 반대해 인간이 행동하는 유일한 근거는 오로지 '쾌락의 추구와 고통의 회피'이고, 따라서 인간은 본질적으로 이기주의자라고 보았다. 그리고 그 유용성의 원리를 사회에 적용한 것이 '최대 다수의 최대 행복'인데, 그것이 사회를 지배하는 법의 원리라고 주장했다.

벤담은 전통적인 사회계약설이 불합리하다고 비판하고, 미국과 프랑스의 혁명가들이 내세운 자연법 이론을 '과장된 난센스'라고 하며 반대했다. 그는 유용성 원리에 기초한 국가는 그러한 허구를 필요로 하지 않는다고 보면서, 국가란 지배자에 복종하는 습관을 가진 대다수로 구성된 하나의 편리한 고안품에 불과하며, 법이 그 지배자의 의지와 명령이라고 했다. 또 법적 처벌은 문제 행동이 야기한 고통에 대한 공리주의적 계산에 의해 결정된다고 보았다.

또 벤담은 일관되지 못하고 변덕스러우며, 그 전문용어가 착취와 궤변을 위한 칸막이에 불과한 점이 영국법의 최대 결점이라고 하며 이 점을 즉시 시정해야 한다고 했다. 유용성의 원리에 따라 법을 단 한 권의 책으

밀이 공리주의자가 된 것에는
제러미 벤담의 지대한 영향이 있었다. 최대
다수의 최대 행복을 추구하는 것이
사회를 지배하는 법의 원리라고 주장한 벤담과
마찬가지로 밀도 유용성을 최대 행복이라고 했다.

로 압축하면, 유용성으로 무장한 시민은 법률가의 전문 지식에 의존할 필요가 없다는 것이다. 또한 원형 감옥panopticon을 만들면 죄수를 유용하게 통제할 수 있다고 보았다.

밀도 벤담을 따라 유용성을 최대 행복이라고 했다. 즉 인간의 행동은 행복을 증진시키는 유용성의 정도에 따라야 옳다는 것이었다. 가령 사형은 그것이 사회적으로 유용한가, 참된 억제력이 있는가에 따라 판단되어야 하지, 그 자체를 두고 옳고 그름을 판단할 수 없다고 주장했다. 민주주의도 자연권에 대한 신념이 아니라, 그것이 좋은 국가를 만드는 유일하고도 확실한 방법이라는 이유에서 옹호했다. 특히 공리주의자들은 군주정치보다도 귀족정치를 더욱 혐오했는데, 그 이유는 그것이 국교회와 법률가 계급에 의해 조장되기 때문이었다.

개인적 자유의 보장 원리

밀이 『자유론』의 첫 부분에 인용한 "인간을 그 가장 풍부한 다양성 속에서 발전시키는 것이 절대적이고도 본질적으로 중요하다"라는 훔볼트의 말은 『자유론』의 핵심을 요약한 것이다. 훔볼트는 19세기 독일의 언어학자이자 정치가로 정치의 목표를 개성에 따라 인간을 발달시키는 것으로 보았다. '인간을 최대한 다양하게 발달시키는 것'이라고 하면 흔히 교육의 목표라고 생각하기 쉬우나 훔볼트는 그것이 국가와 정치의 목표라고 주장했다.

『자유론』의 핵심 원리는 '다양성'이다. 문제는 그 다양성이 대립하는 경우의 조정 원리인데, 이를 밀은 '타자 피해의 원리'로 설명한다. 즉 어떤 개인의 행동이 오로지 자기 자신에게만 관련되는 경우 그것은 절대적으로 자유로워야 하고, 그 행동이 타인에게 피해를 주는 경우에만 제한될 수 있다는 원리이다. 타인에게 손해를 가하지 않는 한 누구나 좋아하는 대로 살아야 한다는 것이다.

따라서 타인에게 피해를 끼치지 않는 한, 개인이 아무리 위험한 사상을 가져도 자유고, 어떤 악취미를 가져도 자유라는 것이다. 그것이 설령 개인에게 정신적·육체적으로 나쁜 영향을 미친다고 해도 그 개인이 성인이고 그 자신에게만 고통을 준다면 상관없다는 것이다. 가령 그것이 음주나 동성애라고 해도 마찬가지다.

설령 법에 의해 일체의 악을 박멸할 수 있는 경우에도, 그렇게 해서는 참된 도덕이 육성될 수 없으므로 그렇게 해서는 안 된다고 밀은 주장한다. 도덕이란 유혹에 저항해 선을 선택하는 것이고, 사회의 목표는 법적 금지가 아니라 훌륭한 인격의 육성을 장려하는 것이기 때문이다.

물론 타인의 이익이나 행복에 해를 끼칠 수 있는 경우에는 사회의 권력이 작용한다. 그러나 그때는 권력의 근원인 다수자의 의지가 소수자의 이익이나 행복을 억압할 수도 있다. 특히 여론이라는 형태로 나타나는 다수자의 폭정은 인간의 마음을 노예화하는 것이므로 단연코 배격되어야 한다. 여기서 사상과 언론의 완전한 자유가 요구된다.

『자유론』 제1장 「서론」 첫 문단에서 밀은 그가 말하는 자유란 '시민적·사회적 자유'이며, 책의 주제는 "사회가 합법적으로 개인에 대해 행사할 수 있는 권력의 본질과 한계"를 밝히는 것이라고 한다. 이는 알렉시드 토크빌Alexis de Tocqueville이 정치적 자유가 확보되고 민주주의가 수립된 19세기에 가장 중요한 자유의 문제는 민주주의라는 '다수의 폭정' 하에서 개인의 자유를 보장하는 것이라고 주장한 것을 이어받은 것이다.

밀은 그러한 개인적 자유의 보장 원리를 인류의 자기 보호라고 주장한다. 즉 "인류가 개인적 혹은 집단적으로 어떤 사람의 자유에 간섭하는 것을 보장받는 유일한 근거는 자기 보호"라는 것이고, 이를 "문명사회의 어느 구성원에 대해, 그의 의사에 반해 권력을 정당하게 행사할 수 있는 유일한 목적이란, 타인에 대한 침해를 방지하는 경우뿐"이라고 설명한다.

나아가 밀은 '인간 자유의 본래 영역'으로 세 가지, 즉 의식의 내면적 영역(양심의 자유, 사상과 감정의 자유, 의견과 감각의 자유, 의견 표명과 언론·출판의 자유), 취향과 탐구를 위한 행동의 자유, 그리고 집회와 결사의 자유와 노동자의 단결권을 포함한 단결의 자유를 요구한다.

자유의 원칙

밀이 『자유론』 제1장 「서론」에서 제시한 자유의 원칙은 제4장의 결론에서 다시 반복된다. 즉 인간의 행동을 타인의 이해관계와 관련된 부분 A와 자신에게만 한정되는 행동 부분 B로 구별한 뒤, 두 원칙에 근거해 상대적 자유의 영역을 A, 절대적 자유의 영역을 B라고 한다. 밀은 A는 개인이 책임을 져야 하는 영역이며, B는 개인이 사회에 아무런 책임을 질 필요가 없다고 봤다.

이어 개인행동에 대한 간섭의 부당함을 보여주는 예로, 이슬람교의 경우, 스페인인의 경우, 오락의 금지, 미국의 사치금지법, 노동자의 경우, 금주법의 경우, 사회적 권리, 휴일 준수법, 모르몬교의 경우와 같은 다양한 사례를 들어 설명한다.

밀은 제4장에서 내린 결론을 제5장에서 다시 언급하면서, 사회의 간섭이 정당화되는 경우로 독약의 판매 규제를 설명하고, 자기 행동에 대한 사회적 간섭 금지 원리의 한계를 음주를 통해 설명한다. 이어 교사敎唆 및 권유 행동의 보기로 매춘이나 도박은 원칙적으로 허용할 수밖에 없으나, 매춘집의 주인이 되거나 도박장 경영주가 되는 것은 두 가지 원칙(개인의 자유와 사회의 복지) 사이의 경계선에 놓여 있는 것이어서 애매하다고 하면서도 최소한의 규제를 주장한다. 그리고 국가에 의한 유해 행동의 간접적 억제에 관해, 음주 절제를 위한 주류 과세는 절대적 금주의 경우에만 인정되어야 하고, 노동계급에 대한 술집 규제는 부당하다고 주장한다. 이어 자유를 포기할 자유는 없다고 하고 이를 특별한 계약 행동(노예 계약과 결혼 계약)의 사례에 비추어 설명한다. 나아가 자유에 대한 제한의 필요, 자유의 원칙과 예외를 위 원칙을 적용해 설명한다.

밀은 인간은 누구나 하고 싶은 대로 행동할 자유를 가져야 한다고 말한다. 단 타인을 위해 행동할 때, 타인의 일이 전적으로 자기 일이라는 구실 아래 멋대로 행동하는 자유는 허용될 수 없다. 특히 국가는 개인에 관련되는 일에 대해 자유를 존중해야 하지만, 국가가 타인에게 권리를 행사할 자유를 특정 개인에게 부여하는 경우 그 권리를 국가가 충분히 감독할 의무를 져야 한다고 말한다. 그 사례로 가정에서 부인과 자녀의 자유가 제한되고 있음을 지적한다. 밀은 국민 교육의 전부나 대부분을 국가가 장악하는 것에 대해서 강력하게 반대하면서 교육의 다양성을 주장한다. 나아가 밀은 배심재판(정치적이지 않은 소송의 경우), 자유롭고 민중적인 지방 자치제도의 중요성을 강조한다.

『자유론』의 최종 결론에서 밀은 "국가가 개인이나 단체에게 그 활동과 능력을 촉구하기보다 도리어 그것을 자신의 활동으로 대체하고자 할 때"나 "정보와 조언을 제공하지 않고 필요에 의한 비난도 하지 않은 채, 국가가 개인에게 억압적으로 일을 시키거나 그들을 제쳐놓고 그들을 대신해 그들의 일을 할 때" 해악이 생긴다고 하면서, 국가는 간섭을 최소화해야 한다고 주장한다. 이는 국가의 간섭에 의해 국가권력이 불필요하게 커져서, 관료제의 폐해 같은 더 큰 폐해가 초래될 수 있다고 보았기 때문이다. 밀은 관료제의 폐해를 극복하기 위해서는 권력을 최대한 분산시키고, 관료와 동등한 능력을 갖는 재야 인물의 끝없는 비판이 필요하다고 주장한다.

사상과 행동의 자유

밀이 사상과 토론의 자유를 설명하는 제2장은 『자유론』 중에서도 가장 뛰어난 부분으로 평가된다. 밀의 작품 중에서 『자유론』이 가장 뛰어나다는 평가를 받고 있으니, 『자유론』 제2장은 밀의 모든 글 중에서 가장 빼어난 부분인 셈이다. 제1장에서 밀은 자유를 세 가지로 나누고 그 첫째를 사상과 표현의 자유라고 했다. 이 사상과 표현의 자유를 주로 다루는 제2장에서 밀은 철학자답게 진리를 찾기 위해서는 이러한 자유가 필요하다고 하면서, 이를 다음 세 가지로 나누어 논의한다.

첫째는 권력이 탄압하려는 의견이 진리인 경우(제1론)인데, 그때 진리를 탄압하는 것은 인류에게 해를 끼칠 무오류라는 전제에 선 것이므로 잘못이다. 둘째는 탄압받는 의견이 진리가 아닌 오류일 경우(제2론)인데, 그때 탄압은 널리 인정된 의견을 주장하는 사람들에게서 왜 그것이 진리인지를 인식하는 수단을 앗아간다. 셋째, 일반적 사회 통념과 이에 반하는 의견이 모두 진리일 경우(제3론)인데, 이에 대한 탄압은 한 세대가 다른 세대의 잘못에서 배우는, 의견이 경합하는 과정에 대한 간섭이다.

제1론에서 밀은 어떤 의견에 대한 판단 오류는 무오류의 독단에서 나온다고 하며, 그것에 대한 반대론을 설명한 뒤에 자신의 답을 제시한다. 이어 참된 판단을 위한 비판과 토론의 필요성을 역설하고, 무오류라는 것의 문제점을 지적한 뒤에 그 사례로 신앙, 소크라테스, 예수, 아우렐리우스Aurelius의 예를 든다. 또 박해 받은 진리의 사례와 19세기 영국의 사례를 들어, 현대 영국의 사상 부재를 지적하고, 지적 노예 상태를 극복하기 위한 사상의 자유를 역설한다.

이어 제2론에서 밀은 토론 없는 진리란 독단이고, 진리에 도달하기 위해서는 반대론을 알아야 한다고 주장한다. 이어 그러한 자유로운 토론에 대한 반대론과 그 문제점, 자유 토론의 결여로 인한 문제점을 지적하고, 그 사례로 죽은 신앙, 초기 기독교, 속담이나 격언을 들고서 소크라테스의 변증법에 대해 언급한다.

마지막 제3론에서 밀은 일반적 사회 통념과 이에 반하는 의견이 모두 진리인 경우의 사례로 루소를 언급하고, 그것에 대한 반대론으로 기독교 도덕을 설명한 뒤 공유된 진리의 판단에 반대론이 필요하다고 주장하고 자유 토론의 한계를 설명한다. 그리고 이 셋 중 어느 경우에도 소수 의견을 발표할 자유를 존중해야 한다며, 결론으로 다음 네 가지를 주장한다.

첫째, 비록 어떤 의견이 침묵을 강요당할지라도 그 의견은 틀림없이 진리일 수 있다. 우리가 이를 부정함은 자신을 무오류無誤謬라고 가정하는 것이다. 무오류란 오류가 없다는 것이다.

둘째, 비록 침묵된 의견이 오류라고 해도, 거기에는 진리의 일부가 포함되어 있을 수도 있다. 즉 어떤 주제에 대한 일반적이거나 우세한 의견이라고 해도 그 전부가 진리인 경우는 드물거나 전무한데, 그 나머지 진리를 보충할 기회는 서로 반대되는 의견이 충돌할 때만 기대할 수 있다.

셋째, 설령 일반적으로 공인된 의견이 진실일 뿐 아니라 완전한 진리라고 해도, 활발하고 진지하게 토론하도록 허용하지 않고 실제로 토론하지 않는다면, 그것은 승인자의 대부분에게 그 합리적 근거를 전혀 이해시키지 못하거나 느끼지 못하게 해 편견으로 신봉하는 데 그치게 할 것이다.

넷째, 이러한 주장의 의미가 상실되거나 약화되어 결국 인격과 행동에 미치게 되는 그 생생한 영향력이 박탈될 위험에 직면할 것이다. 즉 그 독단은 전혀 효과 없는 단순한 형식적 선언이 될 뿐만 아니라, 이성이나 개인적 경험에서 나오는 참된 진심의 확신이 발생할 여지를 막는다.

요컨대 사상의 발표와 토론은 어떤 경우에도 절대적으로 보장되어야 한다는 것이다. 우리가 오랜 숙원으로 삼아온 국가보안법을 비롯한 사상 악법을 철폐하기 위한 논리로 이상의 치밀한 주장에 동의한다고 해도, 위 논리를 악법 철폐 주장의 근거로 사용할 때 얼마나 설득력을 얻을 수 있을지는 의문이다. 사실 무작정 존치를 작정하는 사람에게는 그런 논리조차 통하지 않을지도 모르겠다. 그렇지만 지적 노예 상태에서 벗어나 사상을 창조하기 위해서는 사상의 자유가 반드시 필요하다는 주장은 우리의 무사상 풍토에서 더욱 강조되어야 한다.

제2장에서 논의한 사상의 자유에 이어 밀은 제3장에서 행동의 자유에 대해 설명한다. 여기서 밀은 앞에서 말한 사상 활동만이 아니라 모든 정신 활동에서 개인은 자신의 방식대로 행동할 자유를 가져야 한다고 주장한다. 또 '그가 무엇을 하는가'라는 점뿐만이 아니라, '그가 어떤 특징을 가진 사람인가'라는 점도 중요하므로, 개인의 개성이 장려되어야 한다고 주장한다. 즉 무조건적인 행복(이것이 밀의 아버지나 벤담이 가졌던 공리주의 사상의 명제였다)이 아니라, 다양한 개성에 기반한 행복을 주장한다. 그래서 벤담의 양적 공리주의와 대비되는 개념으로 밀의 공리주의를 질적 공리주의라고 한다.

밀은 행동의 자유를 주장한 뒤 개성에 대한 일반인의 무관심을 지적하고, 개성을 발전시키기 위해서는 두 가지 조건, 즉 '자유와 생활 형태의 다양성'과 '강렬한 욕망과 충동'이 필요하다고 역설한다. 이어 고대와 현대의 차이, 칼뱅 파의 반대론를 설명하고, 개성 존중의 필요성을 주장한다. 그리고 천재의 독창성과 집단 속에 매몰된 현대의 개인을 설명하는데 영웅숭배론은 부정한다. 나아가 생활 계획을 독자적으로 세울 것을 주장하고, 독자적 취향을 비난하는 것에 대한 부당함과 개성을 무시하는 여론의 문제점을 지적한다. 또 자유와 진보 정신의 필요를 주장하며 정체된 사회의 예로 중국을 들고, 유럽이 발전한 이유였던 다양성의 퇴화를 지적한 뒤 개성의 회복법을 제시한다.

『자유론』의 문제점

밀은 개인의 행동에 대해서는 권력이나 사회가 어떤 간섭도 할 수 없고, 오로지 타인에게 해를 끼치는 행동에 대해서만 사회가 간섭을 할 수 있다고 주장한다. 그런데 우리는 인간의 행동을 순수하게 개인적인 행동과 타인에게 해를 끼치는 행동으로 완벽히 이분할 수 있을까? 나아가 그런 구분은 누가 어떤 기준으로 결정하는 걸까?

단 여기서 우리는 밀이, 모든 사람에게 자유가 주어지는 것이 아니라 능력이 모자란 자나 미개사회의 구성원에게는 그것이 주어지지 않아도 좋다고 말한 것을 비판적으로 검토해야 한다. 밀이 말한 미개사회는 당대 식민지를 일컫는 것으로, 이곳에서의 전제가 정당하다고 한 주장은 제국주의자로서 식민지 지배를 정당화한 것이었다.

특히 "특정 국가가 정체되어 있다는 것은 그 국민이 개성적이지 않다는 것을 말한다"라고 말한 밀의 말은 옳지만, 그가 이 말을 유럽 사회와 비유럽 사회를 가르는 기준으로 쓰고 있음에 주의해야 한다. 밀은 "유럽인들의 성격과 교양에 놀랄만한 다양성이 있다는 점" 때문에 유럽이 동양과 같은 정체 상태에 빠지지 않았다고 말하는데, 이는 19세기 서양인의 오리엔탈리즘이었다.

이상의 문제점 말고도 밀의 공리주의와 자유의 관계도 문제점으로 지적되어 왔다. 즉 공리주의를 강조하면 자유의 가치가 위축된다는 점, 그리고 경험과 관찰을 중시하는 공리주의는 이성을 중시하는 선험주의를 비판하지만, 공리주의 역시 이성에 입각한 궁극적 가치를 주장한다는 점 등이 그것이다. 이러한 비판은 이성에 대한 불신을 전제로 하는데 문제는 과연 이성을 전적으로 부정할 수 있는가 하는 점이다. 이에 대한 논의는 사실 쳇바퀴처럼 도는 철학의 근본 문제로 정답이 있다고 할 수 없다. 학자들은 이에 대해 끝없이 논하는 경향이 있지만, 사실 이런 것이 밀의 『자유론』을 이해하는 데 근본적인 문제가 되지는 않는다.

이처럼 그의 진리관에도 문제가 있고, 사상과 토론의 자유를 얼마나 허용해야 하는지에 대한 문제도 있다. 그러나 적어도 사상의 자유가 내면의 자유에 그치는 한 어떤 제한도 할 수 없는 절대적 자유라고 보는 밀의 주장은 당연히 옳다.

반면 밀이 인간의 행동을 사적인 영역과 공적인 영역으로 구분한 점에는 문제가 있다. 인간의 행동이란 언제나 타인과 관련이 있기 때문이다.

존 던이 노래했듯이 누구도 고립된 고도孤島일 수 없다. 모두가 인류라고 하는 대륙의 일부다. 어쩌면 대부분의 사람들에게는 개인의 생활과 행동의 자유가 거의 존재하지 않는 듯한 곳에 사는 쪽이, 밀이 말하는 개인주의적 질서 속에 사는 것보다 더욱 행복할 수도 있다. 따라서 밀이 그러한 행복을 부정하는 것은 사실 근거가 없는 것이라고 할 수도 있다.

밀은 사회적·법적 룰이 지나치게 '좋고 나쁘다는 감정'에 의해서만 결정되는 걸 비합리적이고 비이성적인 무지에 근거한다고 보지만, 반드시 합리적이고 이성적인 사람의 판단이 옳다고 할 수 있는 근거도 없다. 만일 최대 다수의 최대 행복이 행동의 유일한 목적이라면 비이성적인 인간이야말로 가장 만족스러운 존재일 수도 있지 않을까? 설령 마녀재판이라고 해도 그것을 보고 즐긴 대다수는 거기서 기쁨을 느꼈을 수도 있지 않았겠는가? 종족에 근거를 두거나 공동체를 중심으로 하는 전통적이고 풍습에 입각한 생활방식도 행복일 수 있다.

이 같은 문제점에 비해 밀의 『자유론』이 공리주의 사상 체계 속에서 갖는 문제점은 그리 중요한 것이 아니라고 할 수도 있지만, 역시 문제는 은 문제이니 잠깐 살펴보자. 밀의 자유 원칙, 즉 타인에게 피해를 주지 않는 한 개인의 자유를 제한할 수 없다고 한 것은 행동에만 적용되므로 사상의 자유에는 적용될 수 없다. 여기까지는 좋다. 그러나 행동에 대해 밀의 원칙을 적용하고자 하면 공리주의에서 말하는 효용에 대한 엄격한 정의와 측정이 필요한데, 밀의 공리주의에서는 이를 찾기 어렵다. 밀의 더욱 근본적인 문제점은 최대 다수의 최대 행복을 주장하는 공리주의에서 개인 자유의 절대성을 이끌어내기 어렵다는 점이다. 따라서 밀의 『자유론』은 공리주의를 포기한 것이라고 볼 여지가 생기게 된다.

밀의 자유 원칙은 완전히 개인적 영역에서만 적용될 수 있는 것으로, 밀이 『자유론』에서 다루려고 하는 사회적 자유는 실제로 적용하기 힘들다. 사회적 자유는 타인에게 영향을 미칠 수밖에 없기 때문이다. 따라서 그 영향이 피해인지를 살펴야 하는데, 공리주의에서 피해란 부정적으로 평가될 수밖에 없다.

　여기서 중요한 점은, 밀이 인간은 선을 선택할 능력과 함께 악을 선택할 능력도 가지고 있다고 확신했다는 것이다. 즉 인간은 자발적인 존재고, 선택의 자유가 있으며, 자신의 성격을 스스로 만들어 갈 수 있다고 믿었다는 점이다. 또 인간과 자연의 관계, 인간과 인간의 관계의 결과로서 새로운 일이 끝없이 생겨나고, 그 새로움이야말로 인간의 가장 중요한 특징이며 가장 인간다운 것이라고 주장한다는 점이다. 즉, 밀은 인간이란 같은 것을 되풀이하는 존재가 아니라 스스로 변화하는 자발적 존재라고 믿었고, 따라서 의견의 다양성이 반드시 필요하다고 생각했다. 타인의 간섭을 받지 않고 자유롭게 살 수 있는 최저한의 생활 영역, 즉 기본적인 정신 영역이 보장되지 않으면 인류에게는 진보도 번영도 없다고 밀은 보았다. 그래서 그는 획일성과 전체성을 자유의 적이라 혐오했고, 진리의 다면성과 복잡성을 인정했다. 그리고 밀 스스로 그렇게 살았다.

마하트마 간디

MAHATMA GANDHI
1869~1948

비폭력

모든 폭력을 거부하라

인간 간디

마하트마 간디는 1869년 인도에서 태어났다. 그가 태어날 때 인도는 영국의 식민지였으나 그와 인도인의 노력에 의해 그가 죽기 1년 전 독립했다.

인도에서는 보통 간디를 '바푸(아버지)', '간디지(간디 선생님)' 또는 '마하트마(위대한 영혼)'이라고 부른다. 흔히 '마하트마'를 그의 이름이라고 알고 있지만 이는 간디의 본래 이름이 아니다. 간디를 마하트마라고 부르는 것에는, 그를 국부로 존경한다는 의미도 포함되어 있지만, 간디가 평생 욕심을 버리고 진실을 추구한 사람이라는 뜻도 있다. 그런 점에서 그는 이 세상의 수많은 영웅호걸이나 위인과는 다르다. 조국의 독립을 위해 싸우는 사람은 흔히 정치가나 혁명가, 웅변가나 장군이지만, 간디는 그 어느 것도 아니다.

그의 외양만 보아도 당장 그 차이를 알 수 있다. 그를 경멸한 영국의 정치가이자 군인이었던 윈스턴 처칠이 그를 '반나半裸의 걸승乞僧'이라고 비웃었듯 평생 그는 반쯤 벗고 거의 아무것도 가지지 않고 오두막에서 오로지 진실만을 추구하며 살았다. 그리고 그 인도의 진실이 대영제국의 허위를 눌렀다. 진실한 간디가 거짓의 처칠을 누른 것이었다.

간디는 사소한 거짓말이나 커닝을 하지 않는 소싯적의 단순한 진실 추구에서 서양의 거짓된 자본주의와 제국주의 문명을 따르지 않는 사회적 진실의 추구까지, 평생을 진실을 추구하며 살았다. 그에게는 거짓말이나 서양 제국주의 문명이나 마찬가지로 사악한 것이었다. 그는 인도가 영국에서 독립해야 하는 이유를 애국심에서 찾지 않고, 영국이라는 서양 제국주의 문명의 거짓에서 찾았다. 즉 그가 거부한 것은 영국이 아니라 서양 제국주의 문명 자체였다.

따라서 간디의 비폭력은 수동적이고 무기력하며 소극적인 무저항과는 본질적으로 다르다. 도리어 더 적극적인 것이다. 모든 법률을 거부하고, 모든 폭력을 배제하며, 군대·법원·학교·병원 등의 모든 행정 활동에 협력하지 않는 것이었다. 요컨대 서양적이고 근대적인 모든 문명을 거부하고 지역 자치를 중심으로 사는 것이었다.

'자본의 종'이 되지 마라

한국에서는 간디를 종교인으로 강조하고 그를 예수나 석가와 비교하기도 한다. 그러나 간디가 말한 종교란 일반적인 의미의 종교와는 다르다. 그는 "종교의 본질은 도덕"이라고 『자서전』 머리말에서 말했다. "신은 양심이며 무신론자의 무신론도 괜찮습니다"라고도 했다. 즉 간디에게 종교는 모든 종교를 망라하는 것인 동시에 비윤리적인 종교를 거부하는 것이기도 했다. 가령 자신이 믿는 힌두교의 카스트제도에 대해 그는 가차 없이 비판했다.

간디는 이러한 양심을 바탕으로 경제적 평등을 주장했다. 그는 모든 사람이 똑같은 양의 재화를 소유하는 것이 아니라, 모든 사람의 의식주가 충분한 평등 사회를 꿈꿨다. 그는 지주제의 철폐를 주장하지 않았다는 점에서 사회주의자와 달랐는데, 전면적인 토지개혁을 옹호했고 지주가 소작인에게 적절한 의식주를 제공하지 못한 경우 그 폐지를 인정했다.

간디는 재산의 소유를 선으로 여기지 않고 무소유를 이상으로 삼았다. 즉 그는 재화의 균등한 분배를 이상으로 삼았으나 그것은 실현될 수 없는 것이기에 공정한 분배에 신경을 썼다. 그래서 간디는 존 러스킨John Ruskin의 가르침에 따라 손노동을 통한 자급자족의 농장을 설립했다.

러스킨의 『나중에 온 이 사람에게도』는 간디뿐 아니라 영국 노동당을 비롯한 사회주의 운동에 큰 영향을 미친 책이다. 마르크스·레닌의 책이 아니라 러스킨의 책이 영국 사회주의의 토대였다. 그러나 러스킨은 계급제도를 인정했고 일반 대중이 무능력하다는 이유에서 그 정치적 통제력을 부정했다. 심지어 제국주의 침략을 긍정하기도 했다. 간디는 물론 러스킨의 이 점을 받아들이지 않았다.

간디는 러스킨뿐 아니라 레프 톨스토이에게서도 손노동의 중요성을 배웠다. 이것은 뒤에 물레 노동으로 발전했다. 그렇다고 해서 간디가 기

간디는 러스킨과 톨스토이에게서
손노동을 통한 자급자족의 중요성을 배웠고,
이것은 뒤에 물레 노동으로 발전했다.
간디는 자본이 노동의 주인이 되어서는 안 된다고 강조했다.

계를 전면 부정한 건 아니다. 다수의 희생으로 소수를 부유하게 하거나, 다수의 유용한 노동력을 그것이 대치하는 경우에는 기계를 부정했지만, 인간이 맡을 수 없는 공적 사업에는 기계의 사용이 불가피하다고 보았다. 물론 그 경우 기계는 국가가 소유하고, 전적으로 국가의 이익을 위해 사용해야 한다고 했다.

간디는 자본은 반드시 노동의 종이어야 하지 주인이어서는 안 된다고 했고, 노동과 자본은 서로 의존관계로 소비자의 이익을 위해 사용되어야 한다고 주장했다. 따라서 간디는 상류층의 개심改心을 요구했고, 자본가와 노동자는 근본적으로 평등하다고 하면서 노동자는 이를 인식하고 자본가의 개심을 위해 투쟁해야 한다고 주장했다. 동시에 간디는, 자본가의 파멸은 노동자의 파멸을 뜻하므로 노동자는 기업의 관리와 통제에 참여할 권리가 있고, 아울러 여가를 즐길 수 있으며 최소 생계비 등의 혜택을 누릴 권리를 갖는다고 주장했다.

간디는 개인주의적인 사회주의자였다. 그는 국가와 사회를 구별한 뒤, 사회는 개인의 발전을 위해 최대의 기회를 제공해야 하고, 무엇을 발전시킬 것인지는 개인이 결정해야 한다고 했다. 또 자유가 박탈된 개인은 단지 폐허 사회의 기계화된 인간에 불과하다고 했다. 간디는 국가에 대항해 맞서 싸울 수 있는 능력이 개인에게 있고, 또 어떤 환경에서는 그렇게 해야 할 책임이 있다고 주장했다. 특히 불의로 가득한 국가에 복종하는 것은 자유를 파는 부도덕한 물물교환이라고 하면서 이에 대한 시민적 저항을 주장했다.

비폭력주의, '아힘사'

이 세상에 진실이란 것이 있는가? 간디는 있다고 생각한다. 간디는 신도 존재한다고 믿었다. 간디는 유신론자였다. 간디는 '진실은 신'이라고 말했다. '신은 진실'이 아니라 '진실이 신'이라고 했다. 중요한 것은 신이 아니라 진실이다.

간디에게 신은 진리이거나 진실이지 형상으로 존재하는 것이 아니었다. 인간이 할 수 있는 것은 진실의 추구, 곧 진실에 가까이 가려는 노력뿐이다. 그것을 간디는 사랑이라고 했다. 그리고 사랑을 아힘사Ahimsā,즉 비폭력이라고 했다. 간디에게 종교는 실제적인 문제에 관여하고 그 해결에 도움을 주는 것이어야 했다. 간디는 동굴의 성자나 서재의 철인을 진실 추구자가 아니라고 생각했다.

어떤 수행자가 간디에게 출가해 동굴에 숨어 명상 생활을 하라고 권했다. 그는 "나는 그렇게 할 필요가 없다, 왜냐하면 나는 언제나 동굴을 짊어지고 걷기 때문이다"라고 답했다. 그 걸음은 바로 비폭력의 실천을 뜻했다. 그에게 종교란 언제나 행동, 실천과 같은 말이었다.

간디는 종교를 비합리적인, 또는 초합리적인 존재로의 귀의라고 생각하지 않았다. 도리어 이성, 도덕, 사랑에 호소하지 않는 종교를 유해하다고 보았다. 특히 배타적 교의나 종파주의, 종교라는 미명하에 횡행하는 비인도적이고 비과학적 인습이나 미신을 종교가 아니라고 생각했다. 그의 종교란 절대적인 가치인 진실에 대한 탐구일 뿐이었다.

간디의 신은 천국에 있는 게 아니라 지상 모든 존재 속에 있었다. 따라서 인간만을 신의 아들이라고 하는 서양 기독교의 인간 중심주의적인 전통과는 다르다. 인간만이 아니라 자연에도 신이 있다는 이런 생각을 우리는 원시적이라고도 하나, 오늘날의 생태 문제를 생각하면 도리어 가장 현대적인 생각이라고 할 수 있다.

간디에게 진실이 목적이라면 비폭력은 수단이다. 간디 사상의 핵심은 비폭력이다. 흔히 비폭력(주의)이라고 번역되는 아힘사라는 말은 신만큼이나 정의하기 어렵다. 간디의 저서 속에서 아힘사에 대한 체계적인 설명을 찾기란 불가능하다. 사실 그의 저서란 『자서전』과 『인도의 자치』를 제외하면 출판사에서 만든 것들이고, 그 어느 것이나 체계적이지 않다. 간디는 논문이나 저서 따위에는 아무런 관심이 없었다. 『자서전』도 전혀 체계적이지 않다. 간디 스스로 아힘사는 신과 같이 완전하게 묘사할 수 없다고 말했다.

산스크리트어 Ahimsā의 A는 부정 접두사이고 himsā는 해로움을 뜻한다. 따라서 그 말의 뜻을 '해롭지 않음'이나 '해롭게 하지 않음'으로 이해할 수 있다. 이를 원리로 삼는 종교인 자이나교는 행여 곤충을 밟을까 자신의 발 앞을 쓸어내는 행위로 유명하다.

비폭력은 모든 존재를 대상으로 한다. 여기서 폭력이란 살상은 물론, 분노, 증오, 악의, 등 직간접적으로 생물을 고통스럽게 하는 것까지 포함한다. 따라서 개인이나 집단이 자기 욕망을 채우고자 약자를 착취하고 굴욕을 주며 기아에 허덕이게 하는 것도 폭력이다. 따라서 인도를 지배한 영국은 폭력의 주체였다.

비폭력은 그러한 폭력을 거부하고 부정하는 것이자, 그것에 대한 적극적이고 능동적인 투쟁을 뜻한다. 곧 적이나 권력 앞에 두 손을 모으고서 불평이나 불만을 말해 상대방의 자비를 구하는 소극적이고 수동적인 무저항주의가 아니다. 그것은 사랑과 자기희생으로 상대방을 자각시키는 행위다. 따라서 비폭력은 엄청난 수난과 인내를 요구한다.

비폭력주의는 폭력을 거부한다. 폭력은 진리가 아니기 때문이다. 진리의 법에 어긋나는 세속의 법을 모두 거부한다. 그것도 진리가 아니기 때문이다. 또한 정부나 군대, 법원, 학교, 병원 등 모든 공권력에도 협력하지 않는다. 그것들이 식민지 지배국의 행정 활동이어서가 아니라 그 자체가 진리를 구현하는 것이 아니기 때문에 거부하는 것이다.

간디는 권력 자체를 폭력이라 여기고 거부했다. 그와 동시에 자신의 권력도 부정했다. 따라서 간디는 자신의 신념을 교의로 하는 어떤 조직, 정당, 교단도 거부했다. 그는 인도 독립의 아버지라고 불렸지만 어떤 정치적 지위도 거부했고 독립 축하 기념식에 참석하는 것조차 거부했다. 당연히 간디주의라고 하는 것도 거부했다. 이러한 점에서 간디는 아나키스트였다. 그는 인간의 자유와 자치, 그리고 자연과의 공존을 믿었다.

간디는 사상가로 불리는 것을 거부했다. 스스로 체계적인 사상을 세우고자 노력하지도 않았다. 그런 종류의 책을 쓴 적도 없다. 그가 남긴 것은 연설이나 신문 글, 또는 대담 등이다. 그것들은 항상 중복되고 즉흥적이며 심지어 모순적이기도 하다.

간디는 그런 점을 충분히 알고 있었고 도리어 그것을 당연하다고도 생각했다. 간디는 일관성을 처음부터 부정했다. 진리 탐구자로서 그는 늙어 죽을 때까지 매순간 새로 배우는 것이 당연하다고 생각했다. 그는 영원한 청년이었다.

간디는 식민지 당국의 정치적 개혁에는 관심이 없었다. 그래서 개헌 운동에도 반대했다. 도리어 개혁을 핑계로 지배를 강화할 것이라 생각했기 때문이다. 1919년 롤레트 법(영국에 반대하는 인도인을 영장 없이 처벌할 수 있도록 한 법)이 통과되자 비로서 간디는 그것이 자유의 원칙에 반하고 공동체와 국가 안전의 근거인 개인의 인권을 파괴한다고 하며 처음으로 전국적 시위운동의 지도자로 등장했다.

영국의 식민지 지배는 일본의 그것처럼 가혹한 것은 아니었다. 1906년 간디는 영국의 지배를 "강력한 통제력을 행사하지만 자율적인 정치 체제를 지향하는 편"이라고 보았다. 예컨대 그는 지방행정 당국에 대한 여론이 언제나 비판적이었다고 하면서 지방행정은 주민을 위한 민주주의 훈련장이므로 주민들은 반드시 적법한 절차를 거쳐 비판을 해야 한다고 주장했다. 그 당시 간디는 그의 스승인 고팔 크리슈나 고칼레Gopal Krishna Gokhale와 함께 온건파였는데 1906년 민족회의는 온건파와 과격파의 대립으로 파국을 맞았다.

비폭력주의는 테러리즘에 대한 실질적인 대안으로, 간디는 다음과 같이 제안했다.

> 자기 자신을 테러한 후에 그 내면으로 스며드십시오. 그리고 그것을 발견한 장소에서는 모든 수단을 동원해 그 압제에 저항하십시오. 모든 수단을 동원해 여러분의 자유를 지키십시오. 그러나 압제자의 피를 보진 마십시오.

간디는 권력을 부정하고 어떤 조직과 교단도 거부했다.
심지어 그는 사상가로 불리기도 거부했다.
그는 자신의 모순을 받아들였으며 진리 탐구자로서
매순간 새로 배우는 것이 당연하다고 생각했다.

간디는 용기에도 연습이 필요하다고 말했다. 지배자가 악행을 행하면 그를 충고해서 따르게 만들어야 한다는 것이다. 그 협력 요구의 대상에는 총독부만이 아니라 본국 정부도 포함되었다.

권리가 아닌 의무로 이루어진 인도의 종교와 같이, 간디는 인도인의 희망이 의무를 수행해야 이루어진다고 믿었고, 의무와 그 방법에 따른 투쟁에 골몰하면 된다고 주장했다. 이것은 정치 생활과 정치 체계를 정신적 차원으로 바꾸는 것이다. 간디는 이 변혁의 주체를 서양 문화를 전혀 모르는 농촌 사람이라고 보았다.

간디의 리더십

간디의 삶과 생각은 간디 『자서전』의 부제인 '진실 추구'라는 말로 압축된다. 그리고 그것은 무엇보다도 그 미소, 그 아기와 같은 미소로 증명된다. 그는 언제나 유쾌한 사람이었고 유머를 즐기는 순진한 장난꾸러기 같았다. 그는 전혀 근엄하지 않았다. 물론 그 미소는 정치적이거나 사교적인 미소도 아니었다. 평생 진실을 추구한 사람의 파안대소이자 조용한 미소였다. 그런 유머와 미소는 그의 말이나 글, 특히 그를 이해하는 데 필수적인 『자서전』에도 그대로 나타난다.

간디는 욕심을 버리라고 했다. 개인도, 사회도, 나라도 욕심을 버리라고 했다. 개인이 남을 해쳐서는 안 되듯이 나라도 다른 나라를 침략해서는 안 되므로, 대영제국에 맞서 싸우는 것이 간디에게는 진실에 대한 추구일 수밖에 없었다. 간디는 개인적 차원을 넘어서 사회적 진실을 추구한 사람이기에 위대한 영혼이었다. 그가 거짓말이나 거짓된 짓을 하지 않아서가 아니라, 그런 짓을 한 것을 솔직하게 인정하고 만천하에 고백하며 그런 짓을 다시 하지 않으려고 노력했기에 그는 위대했다. 간디가 처음부터 순결한 영혼이었다는 말이 아니라, 우리처럼 불결한 영혼이었지만 그것을 반성하고 진실하게 살려고 평생 노력했다는 말이다.

간디 리더십의 본질은 모든 것에 대해 정직하게 회의하고 성찰하는 것이었다. 우리가 배워야 하는 간디의 철학은 그러한 회의 정신과 실험 정신을 기본으로 하는 진실 추구의 태도, 자신의 주체적 각성을 통해 실천하는 태도, 기성의 절대적 가치가 아닌, 무수히 현존하는 다양한 상대적 가치를 인정하고 그것에서 하나의 보편성을 찾아 새로운 공통의 공공성을 확보하는 태도, 이를 위한 철저한 비폭력의 태도, 나아가 그 추구를 위한 철저한 실용성의 태도다.

정치만이 아니라 경제나 경영의 영역에서도 간디의 리더십은 이미 오래전부터 주목받았다. 미국을 비롯한 여러 나라에서 간디는 권력욕이나 부패와의 단절을 강조하는 리더 세미나에 단골손님으로 등장해왔다. 간디가 실천으로 보여준 자질들, 예를 들어 개인의 책임, 진실, 사랑, 사람을 공경하는 마음가짐과 용기 등은 우리의 직업과 사회생활 전반에 걸쳐 적용해 볼 수 있다는 견해도 정치학이나 행정학이나 경영학에서 예부터 제기되어 왔다. 간디를 모범으로 하는 서번트 리더십servant leadership은 유명한 경제잡지 『포천Fortune』이 선정한 '일하기 좋은 100대 기업' 중 3분의 1 이상에 도입되었다. 이는 몇 년 전 통계이니 지금은 더 늘어났을 수 있다.

시종이나 하인의 리더십을 뜻하는 서번트 리더십을 섬김의 리더십, 인간 중심 리더십이라고도 한다. 이는 타인을 위한 봉사에 초점을 두고 종업원, 고객 및 지역을 우선으로 여기며 그들의 욕구를 만족시키기 위해 헌신하는 리더십으로, 경청, 공감, 치유, 종업원을 위해 자원을 관리해주는 스튜어드십Stewardship, 종업원의 성장을 위한 지원, 공동체 형성을 특징으로 한다. 따라서 우리가 흔히 말하는 리더십인 권력과 권위로 사람 위에 군림하는 독재적이고 강권적인 리더십과는 전혀 다르다. 정치만이 아니라 기업에서도, 심지어 학교나 가정에서도 그런 올드 리더는 더 이상 환영받지 못한다. 대통령만이 아니라 공무원, 기업인, 기타 영역의 지도자급에 있는 사람에게 섬김과 봉사의 리더십을 요구하는 것은 이제 세계적 경향이 되었다.

나가는 말
세계를 바꾼 아이디어

노트르담대학의 역사학 교수인 펠리페 페르난데스-아르메스토는
『세계를 바꾼 아이디어』에서 대부분의 역사적 변화는 아이디어에 의한
것이라고 말했다. 아이디어란 어떤 일에 대한 착상이나 구상을 말한다.
세계 역사의 수많은 사건이 뛰어난 개인의 착상이나 구상에 의한 것이라
는 의견에 동의하기는 어렵지만, 비범한 생각이 역사를 움직이는 여러 가
지 요인 가운데 하나라고 볼 수는 있으리라. 세계 역사를 움직이는 요인
중에는 기후나 생태와 같은 자연적 요인도 있을 것이고, 통치나 계급이나
전쟁과 같은 정치·경제·사회적 요인도 있을 것이다.

특정 국가나 시대에, 특정 개인에 의해 생겨난 아이디어들이 모두 불
멸은 아니다. 특히 과학이 아닌 인문 분야는 더욱 그렇다. 과학이라고 불
멸의 아이디어가 있는지는 의문이지만, 적어도 인문 분야에서 영원불멸
의 아이디어란 아예 불가능한 것인지도 모른다. 대부분의 아이디어는 단
지 얼마간의 세월을 버틸 뿐이기 때문이다. 몇 년, 몇십 년, 몇백 년, 혹은

몇천 년을 버틸 수는 있어도 영원무궁할 수 있는 게 얼마나 될까? 개중에는 특정 지역에서만 유효한 아이디어도 있을 수 있으리라. 그래서 일찍이 파스칼은 "피레네 산맥 이쪽의 진리는 저쪽의 진리가 아니라"고 하지 않았던가? 불멸은커녕, '불명不明' 또는 '불순不純'일 가능성도 있다.

내가 인문 분야에서 세상을 바꾼 위대한 창조자로 지목한 이들도, 지극히 주관적 기준으로 뽑은 것이다. 지금 이 땅에 가장 필요하고, 앞으로도 영원히 지킬 만한 가치가 있는 발상을 해낸 사람을 뽑았다.

이들을 학문 분야별로 따져서 균형을 맞추는 것은 불필요한 일이다. 가령 붓다와 예수, 라스카사스나 간디는 종교인이라고 할 수 있지만 그들의 사상은 세상 모든 분야에 영향을 주었으니 그야말로 인류의 스승이라고 할 수 있다. 나머지 사람들도 마찬가지다. 따라서 그들을 하나의 아이디어와 연결하는 것(가령 붓다를 평등과 연결하는 것) 자체가 어리석은 일이지만, 가장 대표적인 아이디어라고 할 수 있는 것을 연결해보았다.

혹자는 왜 중국의 공자나 맹자, 노자나 장자 같은 이를 빼고 별로 유명하지도 않은 묵자를 꼽는지, 또 그리스의 소크라테스, 플라톤, 아리스토텔레스를 빼고 디오게네스를 꼽는지, 그밖에 르네상스나 계몽 시대, 근현대의 수많은 사상가를 제외하는 이유가 무엇인지에 궁금해할 수도 있을 것 같다. 이에 대해서는 뒤에서 상세히 설명하겠지만, 큰 이유를 간략하게 말하자면 그들이 오늘날 우리의 신념인 민주주의를 거부했기 때문이다. 공자나 노자, 소크라테스 등은 자유와 평등을 존중하는 민주주의를 거부했다. 그런 점에서 나는 그들을 세상을 바꾼 위대한 창조자라고 보지 않는다.

또 묵자, 디오게네스, 라스카사스를 뽑은 것에도 의문을 가질 수 있을 것 같다. 하지만 묵자는 예수보다 400년 이상 앞서 박애를, 디오게네스는 협의의 민족주의에 도전하는 세계시민 사상을, 라스카사스는 근대에 등장한 가장 새롭고 영향력 있는 아이디어 중 하나인 인류애와 인간의 단일성이라는 아이디어를 생각해낸 사람이다. 이 세 사람은 지금 한국에서 알려야 할 필요가 있다고 생각해 이 책에서 다루었다.

붓다로 처음을 여는 것은 그가 '평등'이라는 아이디어를 만든 최초의 사람이기 때문이다. 인간 불평등이 상식이었을 때 그는 평등을 부르짖고 자유와 민주를 실천했다. 즉 그는 나머지 9명의 아이디어를 모두 선취한 사람이다. 그리고 붓다보다 2,500년쯤 지난 20세기에 태어난 간디가 다시 붓다를 연상시키는 아이디어와 실천으로 인류에게 감동을 주었다. 내 글이 붓다에서 시작해 간디로 끝나는 것에는 이러한 의미가 담겨 있다.

2014년 7월

박홍규

가

갈라파고스 121, 123~125, 129
같음 22, 23
갤리선 52
결절사 실험 87, 88
겸애 204~210, 212, 213
계몽 263~267, 283~288, 290, 294~296
계몽주의 271~273, 276, 284, 285, 288,
　　291, 293, 294, 296
고지자기학 179, 180
곤드와나 대륙 164
공리주의 209, 211, 294, 313~316, 323,
　　325, 326
공전운동 69
관성계 143, 144, 151, 154
관성좌표계 143
관성질량 157~159
광전효과 145, 147, 148, 150, 151
교리 207
국제법 254~260, 274, 291~293
기대하지 않은 확장감 311
기적의 해 95

나

노예제도 216, 246, 268, 309, 311
뉴턴역학 91, 101~103, 158, 160, 161

다

다원주의 282, 283, 289, 290
대륙이동설 166, 172, 174, 176~181, 183
도그마 192, 194, 198
등가속도점 61
등가원리 154, 155, 158, 159

라

레무리아 대륙 164, 165
르네상스 5, 64, 92, 260, 264, 267, 272,
　　343

마

마그누스 효과 112
만유인력 91, 95~100, 102, 103, 145, 154,

158
맥스웰 방정식 145, 146, 152
메기스트 58
무상 200
미적분 37, 95, 100, 115

바

베르누이 정리 107, 110~112, 114, 115, 117
변이 132, 135, 140
부력 25, 32, 34, 101, 176
부력의 원리 32
불칸 157
비글호 122~124, 135, 136
비악 205, 209, 210
비폭력 242, 301, 330, 334~337, 340
빛의 속도 146, 152, 153

사

사복음서 232
산상수훈 232
삶의 예술 300
삼권분립 266, 270, 278, 279
상대성이론 143, 144, 147, 151~154,
　　156~161
상동 204, 205, 209
상친 209
상현 205, 209
생존경쟁 127, 128, 130, 133, 134
서번트 리더십 340, 341
성도표 60
성전세 235
세계시민 218, 285, 286, 288, 289
세계시민법 291~293
세계시민주의 216, 283, 288, 289, 294
소우주론 73, 86, 87
소의경전 195

십론 203~205
십자군전쟁 5, 240, 254

아

아나키스트 238, 336
아나키즘 240
아르키메데스의 나사 31
아힘사 334, 335
악의 축 189
양력 110~112, 114, 116
에우독소스의 증명 37
엥코미엔다 246
연기 197~201
연중운동 68, 69
오레리 36
우상숭배 246, 250, 253
원운동 62, 65, 69, 70, 97
원형궤도 71, 73, 97, 98
유레카 25, 33, 35
유용성의 원리 314
유전 121, 131~135, 140
유체역학의 기본 법칙 111, 114, 116
육교 165, 170, 176, 178
윤회 191, 197, 198
이심원 61, 62
인 206~208
인디오 245~254
인신 희생 249, 250, 253
인연 198
일반상대성이론 154, 156, 157, 159, 160
일함수 150, 151
임페투스 97

자

자리 207
자연법 249, 253, 256~258, 260, 273, 284,

294, 314
자연법칙 18~21, 100, 131
자연선택 120, 126, 135, 136
자유 191~194, 201, 216, 220~222, 233,
      241, 259, 260, 270, 274, 276, 278,
      279, 282, 284, 285, 288~291, 293,
      296, 306, 316~327, 333, 336, 337, 344
자유전자 150
전생 191, 196, 197
전자기파 146
절대공간 156, 158, 160
절용 205, 209~211
점보제트 117
정역학 29, 32
정체 275, 276, 278
제국주의 137, 249, 330, 331
주전원 61~63, 66, 67, 70, 73
중력질량 157, 159
지구중심설 55~58, 61~63, 66, 70
지렛대의 원리 25, 28, 29, 31
지수 36
직지인심 198
진화론 119, 120, 123, 125~127, 129, 131, 133,
      135~137, 139~141, 164~166, 183

차

천변지이설 131, 132
천부 노예 249, 250
철학적 자연학 122
추력 110, 112
축의 시대 189, 190, 194

카

카스트 192, 196, 331
콩코드 116

타

타원궤도 70, 71, 73, 96
태양중심설 57, 60, 61, 68, 70, 73~75
통화위조사건 216, 217
특수상대성이론 152~154

파

판게아 172, 173
판구조론 179, 181~183
평저선 50
프테로푸스 165
플랑크 상수 151
피테칸트로푸스 에렉투스 164
핀치 123~125, 129

하

한선 50
항력 110, 112
해왕성 102, 104
핼리혜성 102
헬레나 시대 13~15
헬릭스 포마티아 171
혈액순환설 79, 85~87
혈액파도설 86
형질변경 131, 133, 135, 140, 141
화약 무기 42, 44, 45, 46, 48~50, 51
화통도감 46~48
화포 41~44, 48~50, 52
환생 191
휴머니즘 272, 279, 284
흑색화약 46
흡인 원리 83, 84

도서 찾기

가

『계몽의 변증법』 295
『계몽이란 무엇인가』 285
『구약성경』 231
『고린도전서』 239
『골로새서』 239
『그리스 철학자 열전』 215
『금강경』 195

나

『나중에 온 이 사람에게도』 331
『네이처』 104
『논어』 195, 211
『논평』 65, 70
『누가복음』 233, 237, 240, 241

다

『대기권의 열역학』 170
『대륙과 대양의 기원』 174
『동물철학』 131

『동방견문록』 63
『디도서』 238

라

『라이프』 91
『로마서』 238, 239
『로마인의 흥망성쇠 원인론』 269
『리그베다』 196

마

『마가복음』 234
『마태복음』 235, 237, 242, 243
『맹자』 207
『물체의 질량을 그것이 포함하는 에너지를
　　　통해 알 수 있는가?』 147
『모든 사람을 참된 가르침으로 이끄는 유일한
　　　방법』 247
『묵자』 203
『문명의 충돌』 254

바

「발견적 견지에서 본 빛의 발생과 변환」 146
「법의 정신」 266, 269, 270, 273, 274, 276, 277
「베드로전서」 238
「부유체에 대해」 34
「분자의 크기를 정하는 새로운 방법」 146

사

「사도행전」 238, 239
「사이언티스트 100인」 91
「세계를 바꾼 아이디어」 342
「수상록」 269
「수학 집대성」 58
「수학연습」 115
「순수이성비판」 283
「시민의 불복종」 299
「시편」 55
「신약성경」 195

아

『알마게스트』 58~60
「역사」 247
「역사의 기원과 목표」 189
「14개의 차선책」 246
「운동하는 물체의 전기역학」 140, 152
「오리엔탈리즘」 268
「요한복음」 237, 241~243
「월든」 299~301, 307~309
「인구론」 128, 130
「인도의 자치」 335
「인디아스 문명지」 247
『인디아스 역사』 247, 251, 253

자

『자서전』(간디) 331, 335, 339
「자서전」(아인슈타인) 144
「자연선택에 의한 종의 기원」 136
『자유론』 316~318, 320, 324, 326
『장자』 212
「전등법어」 195
「전쟁론」 289
「정지하고 있는 유체 속에 떠 있는 입자의 운동과 열의 분자 운동과의 관계」 146
「정치학」 249
「종의 기원」 131, 136~138, 163
『중용』 207

차

「천구의 회전에 관해」 74

카

「콜럼버스 항해지」 260

파

「페르시아인의 편지」 268, 269
「평면의 평형」 28
「포천」 340
『프린키피아』 101, 103

하

「항공의 기초로서의 새의 비행」 108
「황제내경」 84
「히브리서」 238

참고 도서

A. 섯클리프 외, 정연태 옮김, 『과학사의 뒷얘기』(전파과학사, 1996).

구삼옥, 「라이트형제의 가솔린 비행기 발견」, 네이버캐스트, 2011년 5월 24일.

국가과학기술자문회의, 한국과학문화재단 옮김, 『과학이 세상을 바꾼다』(크리에디트, 2007).

권영대 외, 『우주?물질?생명』(현대과학신서, 1986).

김경렬, 「판구조론」, 네이버캐스트, 2011월 7월 19일.

김용준, 『사람의 과학』(통나무, 1994).

남미란, 「비행기의 원리」, 네이버캐스트, 2010년 7월 29일.

데이비드 엘리엇 브로디 외, 이충호 옮김, 『내가 듣고 싶은 과학교실』(가람기획, 2001).

동아출판사 편집부, 『세계상식백과』(동아출판사, 1983).

디오게네스 라에르티오스, 전양범 옮김, 『그리스 철학자 열전』(동서문화사, 2008).

레슬리 앨런 호비츠, 박영준 외 옮김, 『유레카』(생각의 나무, 2003).

로버트 E. 아들러, 송대범 옮김, 『사이언스 퍼스트』(생각의 나무, 2003).

로이 포터, 조숙경 옮김, 『2500년 과학사를 움직인 인물들』(창비, 1999).

루이스 피셔, 박홍규 옮김, 『간디-그의 삶과 세계를 위한 교훈』(문예출판사, 2014).

루치아노 데 크레센초, 김홍래 옮김, 『그리스 철학사』(리브로, 1996).

마이클 H. 하트, 김평옥 옮김, 『세계사를 바꾼 사람들』(에디터, 1992).

모리 이즈미, 「알프레트 베게너」, 『뉴턴』, 2005년 5월.

몽테스키외, 하재홍 옮김, 『법의 정신』(동서문화사, 2007).

미하일 일린, 동완 옮김, 『인간의 역사』(오늘, 1993).

박부성, 『천재들의 수학노트』(향연, 2004).

박진구, 『세계의 현대 병기』(한국일보사, 1984).

박홍규, 『누가 아렌트와 토크빌을 읽었다 하는가』(글항아리, 2008).

빌 브라이슨, 이덕환 옮김, 『거의 모든 것의 역사』(까치, 2005).

송성수, 『한 권으로 보는 인물 과학사』(북스힐, 2012).

수 넬슨 외, 이충호 옮김, 『판타스틱 사이언스』(웅진닷컴, 2005).

스티븐 존슨, 김한영 옮김, 『미래와 진화의 열쇠 이머전스』(김영사, 2004).

쑤치시 · 웡치빈, 김원중 · 황희경 옮김, 『동양을 만든 13권의 고전』(글항아리, 2011).

안드류 그레고리, 박은주 옮김, 『과학혁명과 바로크 문화』(몸과마음, 2003).

앙드레 보슈아, 지방훈 옮김, 『잔다르크』(범우사, 1985).

앤소니 헬드만 외, 문탁진 옮김, 『과학자와 발명가』(약암출판사, 1995).

예병일, 『의학사의 숨은 이야기』(한울, 1999).

윌리엄 L. 알렌, 「독자 여러분께」, 『내셔널 지오그래픽』, 2004년 11월.

윤소영, 『종의 기원, 자연선택의 신비를 밝히다』(사계절, 2004).

이상옥 외, 『과학으로 생각한다』(동아시아, 2007).

이성규, 「중국 사신도 깜짝 놀란 조선의 화약 기술 이야기」, 『사이언스타임스』, 2008년 9월 15일.

이재진, 『과학교과서 영화에 딴지를 걸다』(푸른숲, 2004).

이필렬 외, 『과학 우리 시대의 교양』(세종서적, 2005).

임용한, 「고려 후기 수군 개혁과 전술변화」, 『군사』, 2005년 4월(제54호).

제임스 E. 매클렐란 3세 외, 전대호 옮김, 『과학과 기술로 본 세계사 강의』(모티브, 2006).

조 슈워츠, 이은경 옮김, 『장난꾸러기 돼지들의 화학피크닉』(바다출판사, 2002).

존 캐리, 이광열 외 옮김, 『지식의 원전』(바다출판사, 2006).

존 판던 외, 김옥진 옮김, 『열정의 과학자들』(아이세움, 2010).

찰스 다윈, 김관선 옮김, 『인간의 유래』(한길사, 2006).

찰스 다윈, 박민규 옮김, 『종의 기원』(삼성출판사, 1983).

최재천, 『최재천의 인간과 동물』(궁리, 2007).

카렌 암스트롱, 정영목 옮김, 『축의 시대』(교양인, 2010).

페터 크뢰닝, 이동준 옮김, 『오류와 우연의 과학사』(이마고, 2005).

펠리페 페르난데스 아르메스토, 안정희 옮김, 『세계를 바꾼 아이디어』(사이언스북스, 2004).

프란츠 M. 부에티츠, 도복선 옮김, 『이타적 과학자』(서해문집, 2004).

피터 왓슨, 남경태 옮김, 『생각의 역사 1』(들녘, 2009).

핼 헬먼, 이충호 옮김, 『과학사 속의 대논쟁 10』(가람기획, 2007).

세상을 바꾼
창조자들

ⓒ 이종호 · 박홍규, 2014

초판 1쇄 2014년 7월 14일 찍음
초판 1쇄 2014년 7월 18일 펴냄

지은이 | 박홍규 · 이종호
펴낸이 | 강준우
기획 · 편집 | 박상문, 안재영, 박지석, 김환표
디자인 | 이은혜, 최진영
마케팅 | 이태준, 박상철
인쇄 · 제본 | 제일프린테크

펴낸곳 | 인물과사상사
출판등록 | 제17-204호 1998년 3월 11일

주소 | (121-839) 서울시 마포구 서교동 392-4 삼양E&R빌딩 2층
전화 | 02-325-6364
팩스 | 02-474-1413
www.inmul.co.kr | insa@inmul.co.kr

ISBN 978-89-5906-262-1 03100

값 15,000원

이 저작물의 내용을 쓰고자 할 때는 저작자와 인물과사상사의 허락을 받아야 합니다.
파손된 책은 바꾸어 드립니다.

이 도서의 국립중앙도서관 출판시도서목록(CIP)은 서지정보유통지원시스템 홈페이지(http://seoji.nl.go.kr)와
국가자료공동목록시스템(http://www.nl.go.kr/kolisnet)에서 이용하실 수 있습니다. (CIP제어번호 : CIP2014020821)